대한민국 지성
문명의 기본을 묻다

대한민국 지성 문명의 기본을 묻다

초판 1쇄 발행 2022년 9월 20일
초판 1쇄 인쇄 2022년 9월 26일

지은이 | 사회정의를 바라는 전국교수모임

펴낸곳 | 북앤피플
대 표 | 김진술
펴낸이 | 김혜숙
디자인 | 박원섭
마케팅 | 박광규

등 록 | 제2016-000006호(2012. 4. 13)
주 소 | 서울시 송파구 성내천로37길 37, 112-302
전 화 | 02-2277-0220
팩 스 | 02-2277-0280
이메일 | jujucc@naver.com

ⓒ 2022, 사회정의를 바라는 전국교수모임

ISBN 978-89-97871-59-9 03340

대한민국 지성
문명의 기본을 묻다

사회정의를 바라는 전국교수모임

북앤피플

왜 우리는 문명의 기본을 묻는가

사회정의를 바라는 전국교수모임

2019년 11월 2일 "대한민국 헌법과 보편적인 양심에 따라 자유·진실·정의를 수호하기 위해 모든 교수가 연대하여 노력해 나아가는 것"을 활동 목표로 정하고 전국 6천여 명의 교수들이 '사회정의를 바라는 전국교수모임(정교모)'을 결성하였습니다.

상식이 상식으로, 정의가 정의로, 진실이 진실로 받아들여지지 않는 사회가 도래할지도 모른다는 두려움이, 그것은 지성인들이 상아탑 안에 안주하며 직업인으로서 개인의 영예와 평안에 집착한 결과라는 부끄러움이, 우리 미래 세대가 여전히 문명과 이성의 바른 빛 가운데 살아가도록 해야 한다는 시대적 소명감이 교수들을 불러냈습니다.

2019년 9월 12일 '사회정의를 바라는 전국교수모임(정교모)'은 "조국 법무부 장관의 임명으로 사회정의와 윤리가 무너졌다"는 발기 선언문을 채택하고 전국 대학교수의 서명에 들어갔습니다. 그리고 19일(목) 11시 청와대 분수대 앞에서 제1차 시국 기자회견, 27일(금) 11시 제2차 시국 기자회견을 연달아 열었습니다. 그리고 10월 22일(화) 11시 국회 정문 앞에서 제3차 기자회견을 열어 '정교모 시국선언문' 실명 서명

(署名) 명단을 발표했습니다. 최종 서명자는 국내외 377개 대학 6,214명이었습니다.

이른바 '조국 사태'를 계기로 태동한 정교모는 40일간 호국(護國)의 질주를 거쳐 11월 2일 대학 대표자 회의에서 설립 정관을 확정하고 중앙집행부를 발족시켰습니다. 이후 지난 3년 동안 정교모는, "한 번도 경험하지 못한 세상"이라는 유토피아를 구호로 내걸고는 실제로는 우리 조국 자유 대한민국을 디스토피아로 만들어 버린 문재인 정권의 기만 정치와 국민 약탈의 폭정을 규탄해 왔습니다.

반헌법적인 '촛불혁명정부'를 자처한 문 정권의 출범은 한국 사회를 정파와 이념의 내전으로 극단화시키는 신호가 되었습니다. 한국 사회의 이념 갈등은 늘 있어 왔으나, '조국 사태'를 비롯하여 문재인 집단이 거듭한 수많은 반문명적·반국가적 국정 농단 행위는 사상과 정치의 차원을 넘었습니다. 그것은 인간의 보편적 윤리, 오랫동안 공동체에 구축되어 온 선한 습속, 상식으로 침전된 사회정의의 기준을 전도(轉倒)시킴으로써, '참을 수 없는 문명의 타락'에까지 다다랐습니다.

인간은 항상 불완전하며, 국가공동체는 복잡한 갈등 속에서 역사를 항행하고 현재를 거쳐 미래로 나아갑니다. 우리는 '조국 사태'와 집권 세력의 독선적 일탈에서 단순한 지식인의 허위의식만을 본 것이 아닙니다. 일상생활과 상식 세계에서 결코 용납될 수 없는 오만과 몰염치, 특권주의의 끝판을 본 것입니다.

1898년 프랑스 유대인 드레퓌스 대위에 대한 간첩죄 누명 판결에 대해 당대의 문호 에밀 졸라(Emile Zola)가 지방 신문 '여명(L'Aurore)'지에 "나는 고발한다(J'accuse)"를 게재하자 순식간에 30만 부가 팔렸습니다. 졸라의 글은 진실과 정의를 갈구하는 프랑스와 세계 지식인에게 공명을 일으켰습니다. 그리고 이것은 현대 지식인 운동의 원형이 되었습니다.

권력이 거짓과 부정을 저지를 때 사회가 침묵하고 지식인이 진실과 정의를 일깨우지 못하면 역사는 퇴보하고 문명은 소멸하게 되는 것이 세계사의 진실입니다. 이것은 안타깝게도 먼 옛날의 이야기, 남의 이야기가 아니라, 지금 여기 대한민국의 이야기입니다.

정교모가 지속하여 폭로하고 규탄해 왔던 바와 같이 모든 자유 시민이 '유사(類似)전체주의' 기만세력, 떼강도 정치의 무도함을 극복하고자 노력할 때에 비로소 자유민주공화국의 헌법 규범, 보편적 양심, 자유·진실·정의의 가치는 보존될 수 있습니다. 선동으로 진실을 가리고, 도둑 정치로 민주주의를 참칭하는 무리가 있는 한, 우리는 우리의 외침과 싸움을 멈추지 않을 것입니다.

이 책은 우리 정교모 활동의 기록이지만, 이것은 폭정과 약탈로 인한 위기와 위선의 시대에 '문명의 기본'을 묻고 지키려는 지성과 정신의 원천이자, 미래를 향도하는 지침이 될 것으로 믿습니다.

우리 조국의 현재가 외롭지 않고 그 미래가 어둡지 않은 것은, 거짓과 궤변의 홍수 속에서도 바른 통찰과 맑은 양심을 잃지 않고 헌신을 아끼지 않는 이 시대 자유의지의 시민들이 있기 때문입니다. 우리 정교모는 자랑스러운 이성적 국민과 함께, 더 높은 수준의 문명과 번영을 향한 대한민국의 전진을 가로막는 광기의 파도를 지성의 방파제가 되어 막아낼 것입니다.

2022년 9월 17일

차례

공익 고발문

부록

시국 선언문 외

제1차 정교모 시국 선언문: 정교모 출범 선언문

●●●

조국 법무부장관 임명으로 사회정의와 윤리가 무너졌다!

다수 국민의 열망과는 달리, 마침내 문재인 대통령이 온갖 편법과 비리로 큰 의혹을 받고 있는 조국 지명자를 법무부 장관에 임명하였다. 지금 우리는 대한민국의 사회정의와 윤리가 무너지는 것을 목도하고 있다.

문재인 대통령은 국민에게 "기회는 균등하며, 과정은 공정하고, 결과는 정의로울 것"이라고 약속하였다. 문재인 정부가 내세운 이 슬로건으로 많은 국민이 크게 위로를 받았다.

나아가 산업화와 민주화에 성공한 대한민국이 이제는 평등하고, 공정하며 또한 정의로운 나라가 되어 자랑스러운 국가가 되리라고 기대하였다.

그러나 지위를 이용하여 사모 펀드를 운용하는 등 온갖 비리의 의혹을 받고 있고, 그 부인은 자녀 대학원 입학을 위한 문서위조혐의로 기소까지 되었음에도 불구하고, 문재인 대통령은 조국 교수를 국민이 법을 지키도록 선도해야 할 법무부 장관에 임명함으로써 사회정의와 윤리를 무너뜨렸다.

기회는 균등할 것이라 했는데, 조국 교수 부부는 자신의 지위와 인맥을 이용하여 대학교 관련 기관에서 쇼핑하듯 부정직하게 스펙을 쌓아 자녀를 대학과 대학원에 입학시켰으며 50억 이상의 재산을 가진 서울대 교수 자녀이면서도 과도한 장학금을 받도록 하였다.

과정은 공정할 것이라 하였는데, 조국 교수는 딸이 불과 2주의 인턴 생활로 국제 학술지 수준의 논문에 제1저자가 되도록 하였다. 이는 오랫동안 연구 생활에 종사하는 교수의 입장에서는 말이 안 되는 것이며, 수년간 피땀을 흘려서 논문을 쓰는 석박사 과정의 학생들을 조롱하는 것이다.

부인과 자녀에게 드러난 비리에 대해 다른 사람에게 책임을 돌리고, 심지어는 부인과 자녀에 대한 일들도 그들이 책임질 일이라고 하면서 자신에게는 아무런 문제가 없다고 강변하는 불의하면서도 비윤리적인 모습을 보였다.

결과는 정의로울 것이라 했는데, 그럼에도 불구하고 조국 교수는 법무부 장관에 임명되었다. 법무부 장관에 임명된 이후 자신을 수사하고 있는 검찰을 향해 개혁하겠다고 주장하고 있다. 이러한 상황은 자신의 가족을 수사하는 검찰이 정의로운 조사를 하지 못하도록 하는 결과는 낳는다.

이번 사태에 힘없는 서민들과 청년들은 심각하게 불평등하고 불공정하며, 불의한 이 나라에 크게 좌절감을 느끼며 분노하고 있다. 또한 이번 사태는 특권층이 자신의 지위와 권력을 이용하여 온갖 편법적인 일을 서슴지 않고 행한 후에, 죄책감도 없이 뻔뻔하게 자신의 주장을 할 수 있는 선례를 만들었다.

우리는 조국 교수가 법무부 장관이 됨으로써 발생할 심각한 사태를 우려한다.

자신의 특권과 기득권은 조금도 양보하지 않고 오히려 편법적으로 활용하는 자가 고위 공직에 적임자란 주장하는 근거는 무엇일까? 일반 국민들이 생각하는 사회정의 및 윤리와 맞지 않은 생각을 가진 자가 주장하는 개혁의 사명이란 과연 무엇일까?

내심으로 여전히 사회주의를 신봉하는 자가 도대체 무엇을 개혁하겠다는 말인가? 자신의 가족조차 갈라치기를 하며, 대다수 국민의 민의를 무시하고 특정 집단끼리 옹호하며 자축하는 그들만의 목적은 과연 무엇일까?

이번 사태가 앞으로 밀어닥칠 수많은 불법의 시발점인 것 같아 매우 우려된다. 다양한 생각과 주장이 존재함에도 사회정의와 윤리가 무너지면 국가권력에 대하여 민심은 이반 되고 심각한 사회 갈등이 발생하여 나라는 큰 혼란에 빠질 수밖에 없다.

그래서 우리는 문재인 대통령에게 초심으로 돌아가서, 대한민국이 "기회는 평등하고 과정은 공정하며 결과는 정의로운 나라"가 되게 해 줄 것을 요청한다.

문재인 대통령은 수많은 비리를 가지고 국민의 마음을 낙망하게 만든 조국 대신에 사회정의와 윤리를 세우며 국민적 동의를 받을 수 있는 새로운 사람을 법무부 장관으로 조속히 임명할 것을 강력히 요청한다.

    만약 조국 법무부 장관이 교체되지 않으면, 국민의 마음을 모아서 강력한 반대를 행동으로 나타낼 것을 엄중히 천명한다.

2019년 9월 12일

제2차 정교모 시국 선언문

문재인 정권의 거짓에 대하여 진실의 가치전쟁을 선포한다!

여러 세대의 대한민국 정부와 국민이 힘을 합쳐 쌓아 올린 자유민주주의 체제와 경제·외교·국방·민생·교육정책의 성과가 한꺼번에 무너져 내리고 있다. 대통령 탄핵의 비극을 딛고 출범한 문재인 정부는 "상식과 공정가치가 지배하는 나라다운 국가"를 만들겠다고 공언하더니 반환점을 돈 지금 상식과 공정 궤도로부터 무한 이탈하는 한 번도 경험해 보지 못한 거짓의 나라가 되어가고 있다.

한국경제는 성장률 2%가 위협받고 있는 상황에서 초고령 사회로 진입하고 있는데도, 분배위주 경제정책과 세금주도 복지정책만 가속화하고 있다. 미래 경제성장 동력이 사라지고 있는데, 기업 규제는 강화되고 국민연금과 같은 공적 자금을 통한 대기업 지배구조 장악이 추진되고 있다. 근거 없는 탈원전 정책을 고집해 세계 최고 경쟁력을 지닌 한국형 원전을 녹슬게 하고 관련 산업 기반을 무너뜨리고 있다. 대부분의 학부모와 국민들이 이념편향 교육의 심각성을 느끼고 있는데도, 획일적 평등에 경도된 청와대 교육정책 방향은 전교조 이념교육을 오히려 강화하고 학력의 하향평준화를 유도하고 있다. 선량한 얼굴로 위장한 분배·복지·환경·교육 민주화 구호의 선동 뒤에 숨은 거짓 정책들이 청년실업 급증, 40·50대 가장의 실직, 소상공인·자영업자의 파산, 기업의 해외탈출, 수출·투자의 급감, 사립학교 교육의 파산을 가져오고 있다. 사상 최대의 예산지출과 국채 발행은 대한민국호(號)의 미래까지 격침시키고 있다.

호기롭게 외쳐대던 한반도 운전자·중재자 외교는 '삶은 소 대가리의 웃음' 섞인 조롱으로 되돌아 왔고, 대한민국의 외교적 입지는 점점 더 벼랑 끝으로 몰리고 있다. 북한 핵 위협은 더욱 현실화되고 있는데, 자유민주질서의 확고한 버팀목인 한·미·일 삼각동맹과 그 최후의 보루인 국방력은 북한에 굴종하는 거짓 평화 선동으로 인해 급속히 해체되고 있다.

지난해 '조국 사태'를 통하여 단적으로 드러났던 집권 세력의 거짓, 위선 및 기만은 살아 있는 권력에 대한 수사에 재갈을 물리려는 공수처 설치와 좌파 이익 연합을 위한 장기집권 계획의 일환인 연동형 비례선거법 강행으로 더욱 집요하게 우리 헌정 질서를 유린하고 있다. 각종 권력형 비리가 속속 드러나고 있는데도 집권세력은 오히려 법무장관의 자의적 검찰 인사제청권을 통한 수사 무력화를 시도하고 특정 어용시민단체들과 연합하여 사법행정위원회 설치를 통한 사법부 장악까지 획책하고 있다. 이는 대한민국 헌법의 핵심인 삼권분립 원칙을 훼손하고 제왕적 대통령제를 강화시키는 나쁜 정치가 아닐 수 없다.

이제는 대한민국의 자유와 헌정질서를 인정하는 사람들이라면 이 모든 현상을 하나로 묶는 거짓 정책 및 기망전략과 그 배후세력을 간파하기에 충분하다. 그 거짓과 술책의 지향점이 '유사 전체주의(類似 全體主義)'임은 부인할 수 없는 진실이 되고 있다.

이러한 총체적 국가 위기의 진원지는 현 집권세력의 무능을 넘어선 고집스러운 시대착오적 이념 노선임에 틀림없다. 이들은 적폐청산, 공수처 설치, 전교조 의식화 교육, 언론 장악, 통계·여론 조작 및 왜곡, 친북한노선, 일본 때리기 외교 등을 통해 정치·행정·외교·교육·법조 등의 분야에서 이데올로기적 진영을 구축해 왔다. 우리가 어떤 사회를 지향해야 하는지에 대한 국민적 토론은 생략하고, "내가 가는 방향이 적폐청산이니 이를 따르지 않는 세력은 적폐세력"이라는 밀어붙이기를 통해 진영을 강화해 왔다. 어느 한 분야의 진영이 공격당하면, 다른 진영들이 나서서 무한정 지원사격을 가했다. 정치, 연예, 문화예술, 교육, 언론 분야의 경계선도 없이 '조국 수호'와 '검찰 개혁'의 목소리 하에 뭉친 것은 그런 '진영 전쟁'의 모습이었다.

이들은 우리 사회의 신(新) 이권 수탈층을 구성하여 거리낌 없이 불법·탈법·비리를 자행하고 있어 국가를 심각한 공동체 위기 속으로 몰아가고 있다. 자기들끼리 공고한 진영을 구축해 서로 밀어주고 끌어주며, 청와대를 비롯한 정부 기관, 법원, 공기업, 언론기관, 해외공관 등에 인사 적폐를 쌓았다. 자신들의 동지를 보호하기 위해서는 적법한 감찰에 대해서도 떼를 지어 무마시키는 행위, 선거에 수단과 방법을 가리지 않고 개입해 동지를 당선시키는 행위, 그리고 자신은 부동산과 교육으로 신분을 대물림하면서도 남의 신분 상승 사다리를 가로채는 파렴치한 행위까지 벌여왔다. 이들이 초래하는 '조로남불', 거짓과 진실의 문제 그리고 가치관과 직업윤리의 마비 현상은 정치 영역을 넘어 한국 사회 전반을 치유하기 힘든 단계로 오염시키고 있다.

자유 대한민국이 해체되고 국가 부도 상황이 발생하기 전에 지식인들이 나서 작금 벌어지고 있는 어처구니없는 상황의 이념적 배경과 거짓을 밝혀내어, 국민들의 합심어린 노력으로 거짓 정책들을 몰아내고 국가 위기를 극복하는 초석을 놓아야 한다. 우리는 거짓의 정책을 진실의 정책으로 전환하기 위해, (1) 진영논리를 극복하고 보편적 양심에 입각한 정책을 수립할 것, (2) 현실성·근거 없는 이념정책을 몰아낼 것, (3) 자유민주주의 헌법질서를 수호할 것 등 3대 원칙을 제시한다. 이러한 원칙에 입각하여, 우리 지식인은 대한민국 사회를 자유민주주의 헌정질서 속에서 "기회는 평등하고 과정은 공정하며 결과는 정의로운 나라"로 되돌리기 위해, 이를 스스로 공언했던 국정책임자인 문재인 대통령이 아래와 같은 조치를 즉시 시행할 것을 요청한다. 그렇지 않을 경우 국민의 마음은 신속히 현 정부에 대한 집단적 저항으로 바뀔 것이고, 우리는 이러한 국민의 마음을 모아서 강력한 반대를 행동으로 나타낼 것을 엄중히 천명한다.

1. 헌정질서 파괴를 통한 유사 전체주의 실현 시도를 즉각 중단하라. 공수처 설치, 사법개혁 등 권력기관 개혁은 원점에서 다시 검토하여 위헌적 요소를 즉시 제거하고 권력의 견제와 정치적 독립성 보장이라는 두 가지 목표를 동시에 달성할 수 있는 방향으로 전환하라.

2. 분배위주 경제정책과 세금주도 현금 살포 복지정책이 초래하는

현재 및 미래의 경제적·사회적 파탄을 직시하여, 잘못된 정책은 즉시 폐기하고 경제 및 복지정책의 방향을 전면 재조정하라.

3. 근거 없는 탈원전 정책을 즉시 폐기하고, 친환경적 성장 동력으로서의 한국형 원전의 국내외 활용도를 제고하라.

4. 언론 장악과 여론 조작 및 왜곡을 통한 민주주의 파괴행위를 예방하기 위해, 언론사 운영에 대한 정치 및 노조 권력의 직간접 개입을 엄중히 처벌하고 포털사 등의 편파적 정치행위를 규제하는 조치를 시행하라.

5. 학교 교육의 자율성과 다양성을 침해하는 외고, 자사고 폐지와 같은 졸속 교육개혁은 조국 사태에서 드러난 입시관련 탈법, 반칙, 위선의 책임을 특목고 제도로 돌리려는 의도가 숨어 있는바, 즉시 중단하라. 대한민국의 역사를 왜곡하는 좌편향 의식화 교육은 엄격히 차단하라.

6. 외교·국방정책 전반 및 북핵 대응정책을 탈이념 실용주의 노선으로 전환하고, 주변 우방국과의 신뢰우호관계 회복을 위한 정책을 적극 추진하라.

2020년 1월 15일

3·1운동 101주년, '자유대한민국 제2독립선언서'

●●●

2020년 3월 1일 우리는 탑골 공원에 서 있다. 101년 전 바로 오늘 이 자리에서, 민족 지도자들은 우리 민족의 생존권을 빼앗고 차별하며, 민족 문화를 막아서던 일제에 분연히 항거하여 자주독립과 "조선인의 자주민"임을 당당히 선포하였다.

그런데 오늘 이 자리는 저 숭고한 독립정신을 기리기보다는 101년 전 선대들이 그토록 간절히 염원하였고 피땀으로 물려주었던 자유의 나라, 문명의 공동체, 도의가 지배하는 사회가 백척간두의 위기에 몰려 있음을 절규하는 자리이다.

또 한편으론 그 캄캄했던 시절 한 줄기 빛을 자처하여 목전의 고통 과 좌절을 넘어 저 멀리 있는 광명의 나라, 그리고 "세계 개조의 큰 기 운에 순응"하며 인류에 기여하는 고결한 민족으로서의 이상까지 품었 던 선대의 비전과 각오를 우리의 것으로 삼아 분발하고 새로운 결의를 다지는 자리이기도 하다. 또한 기미독립선언을 통해 우리 민족이 독립 과 자주의 현대 문명에의 합류를 선언한 100년을 지나, 오늘의 어둠을

떨쳐 내어 대한민국을 수호하고 나아가 세계에 기여할 새로운 100년을 선언하는 순간이다.

일제로부터 해방은 "정당한 삶과 번영"의 기회를 다시 찾는 것이요, "날카로운 기백과 독창성을 가지고 세계 문화의 큰 물결에 이바지할" 우리 역량을 회복하는 것이었다. 해방 후 우리는 그 기회를 살리고 모든 역량을 쏟아 세계 10위권의 경제 규모에 달하는 비약적 발전을 이루었다. 동족상잔의 비극을 겪으면서도 산업화와 민주화를 모두 이루어 낸 우리를 전 세계는 경이롭게 바라보았다.

그러나 어찌 알았으랴. 우리 대한국민이 최근 불과 2~3년 사이에 "스스로 존재하는 마땅한 권리"를 새삼 주장해야만 하는 처지에 몰릴 줄을 어찌 알았겠는가. 21세기에 "겨레의 존엄성이 손상"되는 것을 안타까워하고, "정신의 발전이 지장을 입게"된 지경에 이르렀음을 한탄하게 될 줄을 어찌 알았겠는가.

헌법질서는 집권자들에 의해 노골적으로 유린되고 있고, 자유 수호의 최후 보루인 법원과 헌법재판소마저 특정 세력에 의해 농단되고 있다. 지사적 의기를 지닌 지성도, 역사적 소명 의식을 갖고 있는 관료들도 보이지 않는다. 정론은 없어진 지 오래이며, 수치를 모르는 자들이 잡은 권력은 새로운 이권수탈층을 만들어 냄으로써 닫힌 계급 사회로 퇴행 중이다. 각종 관계망으로 여기저기 빨대를 꽂은 기생충 세력이 곳곳에서 사회적 자원을 사유화하고, 거기에 권력이 남용되고 있다. 이로 인해 진실과 정의의 기준마저 전도되고, 번영의 토대까지 훼손되고 있다.

자율과 책임, 정직과 배려의 시민적 기풍은 정권 유지와 재창출을 위한 복지로 인해 날로 쇠락하고, 대중은 점점 의존적이며 수동적으로 되고 있다. 시류에 영합하는 각종 규제는 인간 고유의 창의성과 도전 의식을 말살시키고, 시장경제를 위축시키고 있다.

국민 특히 젊은 세대로 하여금 의욕과 희망을 잃고, 무력감에 빠지도록 하는 이 정서는 매우 의도된 것이다. 그 배후에는 사회 곳곳을 해체시켜 무력한 시민들 위에 군림하고 억압하며, 자신들의 이념과 잇속에 따라 이 나라를 농단하고자 하는 세력이 암약하고 있다. 이 어둠의 세력은 거짓과 위선으로 국민을 선동하고, 편을 갈라 맹목적 지지층에 기대어 정치계는 물론 법조, 경제, 교육, 언론, 문화, 예술, 체육 등 사회 곳곳에 스며들어 101년 전 우리 민족이 처했던 시절과 같은 시대로 이끌어 가려 한다.

청와대와 집권여당의 국회 내에서 불법적인 각종 입법의 강행처리, 사회 곳곳의 코드 인사, 진영이익 챙기기의 몰염치는 우리 민족에 대하여 "한갓 정복자의 쾌감을 탐냈던" 일제의 무도함을 드러내고 있다. 지금 문재인 정권의 선동과 통계 왜곡은 100년 전 우리 민족을 향했던 "차별에서 오는 고르지 못함과 거짓된 통계 숫자"와 다를 바 없다. 현직 대통령을 고등학교 교과서에 등장시켜서 미화하는 교육은 일제의 군국주의 교육을 연상시킨다.

안보와 외교는 또 어떠한가? 저들은 힘 있는 상대가 없는 국내에서는 온갖 꼼수와 편법, 후안무치한 행각을 자행하며 헌정질서를 농락하고 있으나, 힘 있는 상대가 있는 국제 사회에서는 방향도, 전략도, 행동도, 비전도 없이 무지렁이와 같이 대한제국 몰락 당시의 사욕에 찌든 채 민족을 팔아먹었던 저 비루했던 매국노들과 똑같이 행동하고 있다.

대통령은 중국에 가서 '운명 공동체'라 선언하며 중화 조공체제로의 편입을 부끄럼 없이 시사하였다. '북한 비핵화'는 '한반도 비핵화'로 슬그머니 바뀌고 굴욕적인 북한 짝사랑에도 불구하고 북한은 이 정권을 '삶은 소대가리'로 보고 있을 뿐이다. 일제의 표독함에 구한말 매국노들의 무능과 탐욕을 더한 무리들이 대한민국호(號)의 조타수 노릇을 하고 있는 것이다.

그러나 언제까지 저들이 이끄는 대로 무력하게 끌려갈 수만은 없다. 엄혹한 시절에도 의분을 발하여 피 끓는 격문을 발함으로써 가까이는 국내외 곳곳에서 민족의 자주독립의 함성을 이끌어 내었고, 멀리는 민주 공화정의 발판을 놓았던 우리 선각자들을 따라가자. 101년 전의 그 격정을 오늘 여기서 다시 느끼면서, 대한민국 건국 이래 유례가 없는 악한 유사 전체주의자들에 대한 척결을 다짐하자.

국민의 신성한 주권을 행사함에 있어 우리 모두 억압으로부터 해방을 염원하고, 불의에 항거하는 심정으로 투표하자. 그리하여 "본시 타고난 자유권을 지켜 풍성한 삶의 즐거움을 마음껏 누리고, 우리가 넉넉히 지닌 독창적 능력을 발휘하여" "세계 평화와 인류 복지에 꼭 있어야 할 단계"를 만들자.

그래서 우리 모두 다음과 같이 굳게 결의하자.

첫째, 자유시민이야말로 이 모든 것의 바탕이 됨을 자각하여 각자 "인류의 공통된 성품과 시대의 양심"이 우리 인격이 되게 하고, 우리 안에 저마다 "마음속의 칼날을 품어" 유사 전체주의로 가는 폭정을 견제하여, "아들, 딸들에게 부끄러운 유산을 물려주지 않기 위해" 혼신을 다하자.

둘째, 일제의 압제 하에서 만큼이나 인간적 권리를 앗아가는 저 북한의 변종 세습 전체주의를 무너뜨려서 조선민주주의인민공화국을 우리 동포인 '인민'에게 돌려주고, 자유 체제로 같이 보듬고 통일을 이루자.

셋째, 경제 발전과 민주화를 한 단계 높은 수준으로 끌어올려 실질적이고 자유로운 민주주의 문화를 꽃피움으로써 자유 대한민국으로 하여금 지정학적 패배주의에서 벗어나 동아시아의 중심지로, 나아가 세계의 모범이 되게 하자.

지금의 시련은 약속의 땅에 들어가기 위한 광야에서의 시험이다. 이 광야를 건너는 날 우리 자유 대한민국, 통일 한국은 시성(詩聖) 타고르가 일찍이 노래했던 것처럼 "그 등불 다시 한번 켜지는 날"에 동방의 밝은 빛이 될 것이다.

이 가슴 벅찬 역사적 소명을 이루는 대열에 모두 참여하자. 보수와 진보, 좌와 우, 남녀, 세대, 계층을 불문하고 오라. 거짓과 위선에서 해방된 자들은 누구나 오라. 흥망과 성쇠의 기로에서 머뭇거리는 비열한 반역과 매국의 대열에서 이탈하라. 이 정권의 위선에 분노하고, 위기를 보며, 후대에 대한 책임을 느끼는 국민들이여 일어나라. 진실의 신을 신고, 자유 헌정의 모자를 쓰고, 용기의 배낭을 메고, 자유와 책임을 양손에 굳게 잡고, 앞에 있는 민족 공영, 인류 공영의 새로운 백 년을 향해 우리 함께 나아가자.

2020년 3월 1일
사회정의를 바라는 전국교수모임·자유대한민국 제2독립선언추진 만민공동회

《홍콩 국가보안입법 결정》 규탄 국제 성명서

●●●

중국 전인대의《홍콩 국가보안입법에 관한 결정》은
반(反)인권·반민주·반문명의 행위임을 규탄하고, 그 법제화를 반대한다'

2020년 5월 29일〈중화인민공화국(이하 중국) 전국인민대표대회(이하 전인대)〉는 약칭《홍콩 국가보안입법에 관한 결정》을 통과시켰다.《홍콩 보안법》으로 불리는 이 법안의 실제 명칭은《홍콩 특별행정구의 국가 안전을 수호하는 법률제도와 집행기제 수립 및 완비에 관한 전국인민 대표대회의 결정(全国人民代表大会关于建立健全香港特别行政区维护国家安全的法律制度和执行机制的决定)》이다. 이 결정은 다음 달 6월에〈중국 전인대 상무위원회〉에서 법률로 제정될 예정이다.

이 결정은 △국가안전을 해치는 행위와 활동을 예방·금지·처벌하고, △분리독립, 전복, 테러리즘, 외부 세력과의 공모 행위를 금지하며, △중국 정보기관의 홍콩 내 기구를 설치하고, △국가안보 교육을 시행한다는 내용을 담았다. 이 결정에 따라〈중화인민공화국 공안부〉가 홍콩 경찰의 지휘권을 인수하고, 중국 공안이 그 권력을 전면적으로 행사할 것임을 적시하였다. 이 결정이 법제화됨으로써, 홍콩은 △'일국양제(一國兩制)'에 따라 보장되는 체제적 자율성이 본질적으로 훼손되고, △단순시위도 처벌 가능하여 사실상 대규모 시위를 합법적으로 탄압할 수 있게 되며 △민주 인사의 선거권 박탈로 범(汎)민주 진영을 박해할 것이고, △반중 인사는 마카오, 신장, 티벳 등에서 보듯이 장기 징역형 등 무거운 형벌과 극단적 인권 탄압을 받게 될 것이며, △중국 정보기관 상주로 반중 인사에 대한 감시와 검거가 자행될 것이고 △ 보안법의 입법과정에서 홍콩 사람들이 배제됨으로써 홍콩인의 자치권이 부정되고 '일국양제' 원칙이 형해화(形骸化)되는 처참한 결과가 예상된다.

이에 대한민국 〈사회정의를 바라는 전국교수모임(정교모, The Professors' Solidarity for Freedom and Justice, PFJ=社會正義全國敎授聯盟, 正義敎盟=社會正義全国教授連盟, 正義敎盟=社会正义全国教授联盟, 正义教盟)〉는 중국 전인대의 《홍콩 보안법》 결정이 반(反)인권·반민주·반문명의 폭거임을 고발하고, 인권·민주·문명을 존중하는 모든 국가와 지식인·시민사회단체와 더불어 이 결정의 법제화에 반대할 것을 결의한다.

1. 정교모는 중국 전인대의 《홍콩 보안법》 결정은 이미 홍콩인에게 부여되어 있는 '인권(기본권)'을 심대하게 유린할 독소 조항을 담고 있는 반인권 결정임을 선언한다. 이 결정이 법제화될 경우 《홍콩 보안법》은 《홍콩 기본법》 제3장 '주민의 기본 권리와 의무'를 본질적으로 침해할 수 있음을 확신한다. 특히 동법 제28조 "홍콩 주민의 인신의 자유는 침범받지 아니한다"와 "홍콩 주민은 어떠한 의도에서도 불법적인 체포·구금·감금을 당하지 아니한다. 어떠한 의도에서도 불법적으로 주민의

신체를 수색하거나 주민의 인신의 자유를 박탈, 제한하는 것을 금지한다. 주민에게 가혹한 형벌을 가하거나 불법으로 주민의 생명을 박탈하는 것을 금지한다"는 조항과 정면으로 배치된다. 따라서 우리는 이 반인권 결의가 결단코 법제화되어서는 아니 됨을 선언한다.

2. 정교모는 중국의 《홍콩 보안법》결의는 이미 홍콩인에게 부여되어 있는 민주적 자치권을 심대하게 제약할 수 있음을 확신한다. 이에 우리 정교모는 이번 결의의 반민주성을 규탄하고 고발한다. 《홍콩 기본법》은 제25조에서 "홍콩 주민은 법률 앞에서 모두 평등하다." 제26조에서 "홍콩특별행정구의 영구(永久) 주민은 법에 따라 선거권과 피선거권을 향유한다." 제27조 "홍콩 주민은 언론·신문·출판의 자유를 향유하며 결사·집회·여행·시위의 자유가 있고 노동조합과 파업을 조직하고 참가할 권리와 자유가 있다"고 규정하고 있다. 아울러 《홍콩 기본법》은 '일국양제'의 원칙에 따라 '공산당 독재'가 아니라 입법·행정·사법으로 분립된 권력구조에서 고도(高度)의 민주주의적 자치를 보장하고 있다. 이번 결의의 법제화는 홍콩의 민주주의와 고도의 자치가 중국 공산당의 공안통치에 의해 억압되고 종식되는 것의 출발점이 될 것이다.

3. 정교모는 중국의 《홍콩 보안법》결의는 영국과 중국 간에 체결된 《홍콩 반환조약》에 의해 만들어진 《홍콩 기본법》규범, 그리고 국제사회와 홍콩인에 대해 중국 스스로가 공언한 '일국양제'의 약속이 파기되는 반문명적 폭거임을 규탄한다. 인류는 인간과 인간, 국가와 국가 간에 자발적으로 이루어진 약속(합의)을 통해 문명의 역사를 만들어 왔다. "약속(합의)은 지켜져야 한다(Pacta Sunt Servanda)"는 보편규범은 인간과 인간, 그리고 국가와 국가 사이의 관계를 규율하는 《시민법》《만

민법》과 《민법》·《국제법》의 뿌리 깊은 법의 정신이자 원리이며 문명의 금언(金言)이다. 중국은 홍콩인과 영국 및 국제사회에 대하여 한 약속을 스스로 어긴 것이다. 이 결의는 반인권, 반민주의 폭거일 뿐만 아니라 인류의 문명에 반하는 야만적 도발인 것이다. 홍콩은 당초에 약속된 바와 같이 2047년까지 '일국양제'의 법적·정치적·문명적 원칙에 의하여 인권과 자주가 보장되고, 그로써 중국의 체제진화와 세계화를 견인하며, 보편적 인권과 민주주의·시장경제의 선진문명을 중국에 유입시키는 개방과 진화의 관문(關門) 역할을 지속할 수 있어야 할 것이다.

이상에서 밝혔듯이 우리 〈사회정의를 바라는 전국교수모임(정교모)〉의 모든 회원은 금번 중국 전인대의 《홍콩 보안입법》 결정이 전인대 상무위원회에서 법제화되어서는 아니 됨을 천명한다. 《홍콩 보안입법》이 실현되면, 그것은 홍콩인에게 부여된 인권을 말살하고 민주주의를 파괴함으로써 결국 시진핑의 중국이 공산당 전체주의 독재를 유지하고 더욱 강화하도록 하는 《중국공산당 보호법》으로 화할 것이다. 14억 중국인민은 '중화문명'의 영예와 각고의 노력으로 이룬 G2의 자부심을 걸고, 홍콩이 인권·민주·문명의 향유를 지속할 수 있도록, 중국 공산당의 《홍콩 보안입법》 추진에 결연히 반대해 줄 것을 호소한다. 중국의 《홍콩 보안법》 제정은 단순한 중국 국내법의 문제가 아니다. 중국과 홍콩의 장래를 넘어, 인류사의 재앙을 만들 수 있다는 사실을 환기한다. 지금은 1948년 제정된 《세계인권선언》 전문(前文)의 첫 단락과 마지막 문장을 우리 모두의 마음에 새기고 행동하여, 오늘의 사태가 야기할 수 있는 인류사의 재앙을 막아야 할 절체절명의 시점이다.

"존엄성과 양도할 수 없는 권리를 인정하는 것이 세계의 자유·정의·평화의 기초다. 인권을 무시하고 경멸하는 만행이 과연 어떤 결과를 초래했던가를 기억해보라. 인류의 양심을 분노케 했던 야만적인 일들이 일어나지 않았던가? (…) 이 선언에서 말한 어떤 권리와 자유도 다른 사람의 권리와 자유를 짓밟기 위해 활용될 수 없다. 어느 누구에게도 남의 권리를 파괴할 목적으로 자기 권리를 행사할 권리는 없다."

2020년 6월 5일
대한민국, 〈사회정의를 바라는 전국교수모임〉

We Oppose to the Enactment of the National Security Law of Hong Kong, upon Denouncing the Decision of the National People's Congress of China on the Law as a Measure Transgressing the Human Rights, Democracy and Civilization!

●●●

On May 29th 2020, the National People's Congress ("NPC") of People's Republic of China approved the bill on the Hong Kong's National Security Law. The official title of this bill is the National People's Congress Decision to Establish and Improve a Legal Framework and Enforcement Mechanism for Safeguarding National Security in the Hong Kong Special Administrative Region. The decision is supposed to be enacted as a law in June by the Standing Committee of the NPC.

The decision includes such measures that (i) prevent, prohibit and punish any actions against the national security, (ii) prohibit separatism, subversion of state power, terrorism and collaboration with foreign powers, (iii) establish a Chinese intelligence in Hong Kong, and (iv) implement educational programs on the national security. According to this decision, the Ministry of Public Security of China is instructed to take over the authority of police in Hong Kong, and to exercise the full authority over the police.

With the legislation of this decision, in Hong Kong (i) the systemic autonomy guaranteed under the principle of "one country-two systems" will be essentially damaged, (ii) any rally in a large scale will be prohibited as a matter of fact because any type of demonstration may be subject to the legal punishment, (iii) any civil democratic camps may be oppressed as democratic leaders will be deprived of their rights to vote, (iv) anti-China people, as happened in Macao, Xinjiang and Tibet, will be subject to the severe punishment such as a long-time imprisonment and an extreme degree of deprivation of human rights, (v) the surveillance and arrests of anti-China people will be intensified after the establishment of Chinese intelligence agency in Hong Kong, and (vi) the exclusion of Hong Kong people in the process of enacting the National Security Law will result in the suppression of autonomy of Hong Kong people.

Considering these, The Professors' Solidarity for Freedom and Justice denounces the decision of the National People's Congress of China on the National Security Law of Hong Kong as a violent measure transgressing the human rights, democracy and civilization, and resolves to oppose to the legislation together with all nations, intellectuals and civil society groups that respect the human rights, democracy and civilization. Our declarations are as follows:

1. We declare that the decision stands against human rights that include poisonous clauses infringing upon fundamental human rights of Hong Kong people. Legislation of this decision will certainly impede basic rights and obligations of Hong Kong residents as stipulated in Chapter III of the Basic

Law of the Hong Kong. Specifically, this decision runs against Article 28 Section 1

"The freedom of the person of Hong Kong residents shall be inviolable." and Section 2 "No Hong Kong resident shall be subjected to arbitrary or unlawful arrest, detention or imprisonment. Arbitrary or unlawful search of the body of any resident or deprivation or restriction of the freedom of the person shall be prohibited. Torture of any resident or arbitrary or unlawful deprivation of the life of any resident shall be prohibited."

2. It is certain that the decision will seriously damage democratic autonomy that is already bestowed to Hong Kong people. We denounce and report the anti-democratic nature of the decision. According to the Basic Law, it is stated that "all Hong Kong residents shall be equal before the law" in Article 25, "permanent residents of the Hong Kong Special Administrative Region shall have the right to vote and the right to stand for election in accordance with law" in Article 26, and "Hong Kong residents shall have freedom of speech, of the press and of publication; freedom of association, of assembly, of procession and of demonstration; and the right and freedom to form and join trade unions, and to strike" in Article 27. Moreover, the Basic Law guarantees a high degree of democratic self-governance under the principle of one country-two systems and separation of power among legislative, executive and judicial branches, upon denial of dictatorship by a communist party. The legislation of the decision will put a starting ground to oppress and destroy the democracy and autonomy through the public

security governance by the Chinese Communist Party ("CCP").

3. We denounce the decision as a violent measure against the civilization that renounces the norm of Basic Law, the result of the Sino-British Joint Declaration, and the principle of one country-two systems, which China advocated by its own initiative towards international community as well as Hong Kong people. The history of mankind and civilization has been created by agreements and commitments made between human beings and nations. The principle that "agreements of the parties must be observed" (Pacta Sunt Servanda) is the core maxim of civilization and the long-standing spirit of the civil law and the international law regulating the relationships between human beings and nations. By the decision, China violated this agreement and commitment against Hong Kong people, United Kingdom and international society. The decision violently transgresses human rights, democracy and human civilization. Hong Kong should be assured, as originally promised, of its human rights and independence through the legal, political, and civilization principles under the one country-two systems until 2047, leading China's systemic evolution and globalization, and promoting universal human rights, democracy, and market economy. It should be able to continue to serve as a gateway to openness and evolution that brings advanced civilization into China.

Each member of The Professors' Solidarity for Freedom and Justice demands that the decision on the Security Law of the NPC must not be enacted into the law by the Standing Committee. Such an enactment will only maintain and reinforce the communist totalitarianism and dictatorship of Xi Jinping in China as a law protecting interest of the CCP, at the sacrifice of Hong Kong people's human rights and democracy. We hope that 1.4 billion of Chinese people, with honor ingrained in the Chinese civilization and pride as G2 nation achieved with great deal of effort, will be able to defeat the legislation in order to help retain human rights, democracy and civilization of Hong Kong. The law is not a matter of local legislation. We remind China of the possibility of its catastrophic impacts on the future of China and Hong Kong as well as on the stream of human history. Now is the time to make a cut-off to prevent the calamities that can be caused by today's wrong events by engraving and acting on the hearts of all of us in the first paragraph and the last sentence of the Universal Declaration of Human Rights, enacted in 1948:

"Whereas recognition of the inherent dignity and of the equal and inalienable rights of all members of the human family is the foundation of freedom, justice and peace in the world, Whereas disregard and contempt for human rights have resulted in barbarous acts which have outraged the conscience of mankind, (⋯) Nothing in this Declaration may be interpreted as implying for any State, group or person any right to engage in any activity or to perform any act aimed at the destruction of any of the rights and freedoms set forth herein."

International Statement issued by The Professors' Solidarity for Freedom and Justice, The Republic of Korea, June 5th, 2020

中国全国人大会议通过的"香港國家安全立法決定"是反人权、反民主、反文明的行爲，反对法制化

●●●

2020年5月29日中华人民共和国(以下，中国)全国人民代表大会(以下，全国人大)通过了"香港國家安全立法"提案，全名"全国人民代表大会关于建立健全香港特别行政区维护国家安全的法律制度和执行机制的决定"。该决定将于6月在全国人大常务委员会上制定为法律。

该提案要求防范、制止和惩治任何分裂国家、颠覆国家政权、组织实施恐怖活动等严重危害国家安全的行为和活动，以及外国和境外势力干预香港特别行政区事务的活动;"维护国家安全的有关机构"可以根据需要在香港设立机构; 开展国家安全推广教育。根据这一决定中华人民共和国公安部将接管香港警方的指挥权，中国公安将全面行使指挥权。

这一草案若立法通过，"一国两制"所保障的香港自治将从根本上遭到破坏; 单纯示威活动也将受到处罚，事实上大规模示威已经是不允许的; 剥夺民主人士的选举权、迫害民主阵营; 异议人士

将受到打压，正如我们在澳门、新疆、西藏等地看到的一样；中国情报机关将派人常驻香港进行监视和检举；在"香港国安法"的立法过程中香港人被排除在外，香港人的自治权将被剥夺。

鉴于此，大韩民国"社会正义全国教授联盟（正义教盟）"控告中国全国人大通过的"香港国家安全立法"提案是反人权、反民主、反文明的恶劣行为，呼吁所有尊重人权、民主和文明的国家和知识分子、公民和社会团体一道反对这项提案立法 一，"正义教盟"宣布，中国的"香港国家安全立法"草案是包含着严重践踏赋予香港人的"人权（基本权利）"的反人权的具有毒素的条款。该提案一旦立法，"香港国安法"将在本质上侵犯香港《基本法》第三章的条款-"居民的基本权利和义务"。特别是同法第28条第1项的"香港居民的人身自由不受侵犯"，第2项的"香港居民不受任何意图的非法逮捕、拘押或监禁。禁止任何意图非法搜查居民身体或剥夺和限制居民人身自由。禁止对居民施以酷刑或非法剥夺居民生命"的内容背道而驰。因此，我们宣布这一反人权的提案不能立法。

二，"正义教盟"坚信中国通过的《香港国安法》草案将严重制约已赋予港人的民主自治权。鉴于此，我们"正义教盟"谴责并控告此香港国安法是反民主性的。《香港基本法》第二十五条规定："香港居民在法律面前一律平等"；第二十六条规定：香港特别行政区永久居民依法享有选举权和被选举权；第二十七条规定：香港居民享有言论，新闻，出版的自由，有结社，集会，游行，示威的自由，组织和参加工会，罢工的权利和自由。同时，根据"一国两制"的原则，《香港基本法》从立法，行政，司法等分立的权力中保障高度的民主自

治，而不是"共产党"的专制。这项草案的立法将使香港的民主和高度自治在中国共产党的公安统治下受到压制和终结。

三，"正义教盟"谴责中国的"香港國安立法"提案是根据英中两国签署的"中英联合声明"制定的《香港基本法》规范，以及中国向国际社会和港人作出的"一国两制"的承诺。人类通过人类与人类，国家与国家之间自发达成的约定(合同，契约)创造了文明的历史。"遵守约定(合同，契约)"(Pacta Sunt Servanda)是规范人与人之间，国家间关系的《公民法》和《国际法》中古老的法律精神和文明的金言。中国主动违背了对香港人，英国和国际社会所作的承诺。该决议不仅是反人权，反民主的暴举，而且是对人类文明的反挑衅。香港当初的承诺是，到2047年，按照"一国两制"的法律，政治和文明的原则，人权和民主得到保障，从而推动中国的体制化和全球化，只有这样，才能发挥普遍人权和民主主义，市场经济的先进文明。

正如以上所述，我们"社会正义全国教授联盟"的所有会员声明，此次中国全国人大通过的《香港国安法》草案不应该在全国人大常务委员会上立法。《香港国安法》的立法是为维持习近平的共产党专制极权的《中国共产党安全法》，而不是为维护香港人的人权和民主。希望14亿中国人民以"中华文明"的荣誉，中国人民刻苦努力所成就的G2骄傲，坚决反对中国共产党制定《香港国安法》，使香港人能够继续享受人权，民主和文明。中国的《香港国安法》并不只是中国内政问题，它不仅关系到中国和香港的未来，还可能会造成人类史上的灾难。现在正是把1948年制定的《世界人权宣言》前言的第1段和最后一句铭记在我们所有人的心中并采取行动的时候，以防止目

前事态可能造成的灾难。

"鉴于对人类家庭所有成员的固有尊严及其平等的和不移的权利的承认,乃是世界自由,正义与和平的基础,鉴于对人权的无视和侮蔑已发展为野蛮暴行,这些暴行玷污了人类的良心,而一个人人享有言论和信仰自由并免予恐惧和匮乏的世界的来临,已被宣布为普通人民的最高愿望…本宣言的任何条文,不得解释为默许任何国家,集团或个人有权进行任何旨在破坏本宣言所载的任何权利和自由的活动或行为>。"

2020年6月15日

大韩民国"社会正义全国教授联盟(正义教盟)"的国际声明书

中国全人代の≪香港國家保安立法に関する決定≫は
反人権・反民主・反文明的な行為であることを闡明し、
法制化に反対する

●●●

2020年5月29日、<中華人民共和国（以下、中国）全国人民代表
大会（以下、全人代）>は、≪香港国家保安立法に関する決定
≫を可決した。≪香港保安法≫と呼ばれるこの法案の実際の名
称は、≪香港特別行政区の国家安全を守る法律制度と執行機制
の樹立、及び健全化に関する全国人民代表大会の決定（全国人民代
表大会关于建立健全香港特别行政区维护国家安全的法律制度和执行机制的决
定）≫である。

この決定は、来月6月に<中国全人代常務委員会>において、
法律として制定される予定だ。

この決定は、▲国家の安全を害する行為と活動を予防・禁止
・処罰し、▲分離独立・転覆・テロリズム・外部勢力との共謀
行為を禁止し、▲中国情報機関の香港内機構を設置し、▲国家
安保教育を施行するという内容を含む。この決定によって、中
国の公安部が、香港警察の指揮権を引き継ぎ、中国公安の権力

を全面的に行使することを示した。

　この決定が法制化されることにより、香港では、▲'一国二制度'の原則によっ

　て保障される体制的自律性が本質的に毀損され、▲単純なデモも処罰が可能で、事実上、大規模なデモが不可能となり、▲民主主義アドボケートの選挙権剥奪で汎民主陣営が迫害されることとなり、▲反中主義者は、マカオ・ウイグル・チベットなどでのように長期懲役刑などの刑罰と極端な人権弾圧を受けることとなり、▲中国情報機関の常住により、反中主義者に対する監視と検挙が恣意的に行われる恐れがあり、▲保安法の立法過程において、香港の人々は排除されることによって香港人の自治権が抑圧されるという、凄惨な結果が予想される。

　よって、大韓民国＜社会正義全国教授連盟(以下、正義教盟)＞は、中国全人代の≪香港保安立法≫決議が、反人権・反民主・反文明的な暴挙であることを告発し、人権・民主・文明を尊重するすべての国家、知識人・市民社会団体と共に、この決定の法制化に反対することを決意する。

　1.　＜正義教盟＞は、中国の≪香港保安立法≫決議は、すでに香港人に付与されている'人権（基本権）'をはなはだしく蹂躙する条項を含む、反人権的な決議であることを宣言する。この決定が法制化された場合、≪香港保安法≫は、≪香港基本法≫第3章'住民の基本権利と義務'を本質的に侵害することになると確信する。特に、同法第28条第1項"香港住民の人身の

自由は侵犯されない "、第2項 " 香港住民は、どのような意図を
もってしても不法的な逮捕、拘禁、監禁を受けない。どのよう
な意図をもってしても不法的に住民の身体を捜索したり、住民
の人身の自由を剥奪、制限することを禁止する。住民に苛酷な
刑罰を加えたり、不法的に住民の生命を剥奪することを禁止す
る " という条項と正面から相反する。したがって、我々は、こ
の反人権的決議が決して法制化されてはならないことを宣言す
る。

　2.　<正義教盟>は、≪香港保安立法≫決議はすでに香港人
に付与されている民主的自治権を甚だしく制約することになる
と確信する。これに、我々は今回の決議の反民主性を糾弾し、
告発する。≪香港基本法≫は、第25条において " 香港住民は法
律の前にすべて平等である "、第26条において " 香港特別行政
区の永久住民は、法にしたがって選挙権と被選挙権を享有する
"、第27条 " 香港住民は、言論・新聞・出版の自由を享有し、
結社・集会・旅行・デモの自由があり、労働組合・ストライキ
を組織し、参加する権利と自由がある " と規定している。ま
た、≪香港基本法≫は、' 一国二制度 ' の原則に従い、立法・
行政・司法に分立され、' 共産党独裁 ' 権力に対応した高度の
民主主義的価値を保障している。今回の決定内容の法制化は、
香港の民主主義と高度の先進的自治が、中国共産党の公安統治
によって抑圧され、終息することを意味する。

　3.　<正義教盟>は、中国の≪香港保安立法≫決議は、英国と

中国の間で締結された≪香港返還条約≫によって制定された≪香港基本法≫の規範、そして、国際社会と香港人に対して中国自ら約束した'一国二制度'を破棄する、反文明的暴挙であることを糾弾する。人類は、人間と人間、国家と国家の間で、自発的に成される約束（合意）を通して文明の歴史を築いてきた。"約束（合意）は守られなければならない"（Pacta Sunt Servanda＝Agreements shall be observed.）と言う普遍規範は、人間同士、また、国家間の関係を定める≪市民法≫や≪万民法≫、≪民法≫や≪国際法≫の古くからの法精神であり、文明の金言である。中国は、香港人と英国、そして国際社会に行った公言を、自ら破ったのである。この決議は、反人権・反民主的暴挙であるだけでなく、人類の文明に対する野蛮な挑発なのだ。香港は、当初の約束通り、2047年まで'一国二制度'の法的・政治的・文明的な原則によって、人権と自主が保障され、中国の体制進化と世界化を牽引し、普遍的人権と民主主義、市場経済の先進文明を中国に流入させる、開放と進化の関門としての役割を続けることができなければならない。

　以上、明らかにしたように、＜社会正義全国教授連盟＞のすべての会員は、今回

　の中国全人代の≪香港保安立法≫決議は、全人代常務委員会において法制化されてはならないことを闡明する。≪香港保安法≫が制定され、香港人に付与された人権と民主主義を守るのでなく、結局習近平の中国共産党全体主義独裁を維持し、より強化するための、≪中国共産党保護法≫になってしまってはならない。14億の中国人民は、'中華文明'の栄誉、自分のたいへんな努力をもって成し遂げた、G2としての自負心をかけて、

香港が人権・民主・文明を守ることができるよう、中国共産党の≪香港保安立法≫の企みを、決然として反対するよう願う。中国の≪香港保安法≫制定は、単純に中国国内法の問題だけではない。中国と香港の将来を超えて、人類史に災厄をもたらす可能性が高いことを喚起したい。今は、1948年に公布された≪世界人権宣言≫前文の最初の段落と、最後の文章を心に刻んで行動し、現在の事態が引き起こしうる災厄を防がねばならぬ絶体絶命の時である。

"人類家族すべての尊厳性と、譲渡することのできない権利を認めることが、世界の自由・正義・平和の基礎である。人権を無視し、軽蔑する蛮行が果たしてどんな結果を招いたか記憶して見よ。人類の良心を憤らせた野蛮な出来事が起こったのではなかったか? (…) この宣言において述べた、どんな権利と自由も他人の権利と自由を踏みにじるために使われてはならない。だれにも、ひとの権利を破壊する目的で自分の権利を使う権利はない。

2020年 6月 15日

大韓民国、<社会正義全国教授連盟(正義教盟)>

제3차 정교모 시국선언문

●●●

8·15 헌법수호·국민주권회복·신문명합류 선언

2020년 8월 15일 건국 72주년 광복절을 맞이하여, 대한민국 헌법의 수호와 자유·진실·정의 가치의 실현을 추구하는 '사회정의를 바라는 전국교수모임'(이하 정교모)의 6,200 회원은 우국충정의 비장한 심경으로 제3차 시국선언문을 반포한다.

우리는 이미 제1차 시국선언(2019. 9. 19)에서 비리·범죄 혐의자 조국에 대한 장관임명 반대선언으로 시민의 승리를 이끌었고, 제2차 시국선언(2020. 1. 15)에서 경제·외교·안보 파탄으로 인한 체제위기를 확인하였으며, 이어 3.1운동 101주년을 기한 자유대한민국 제2독립선언(2020. 3. 1)을 통해 자유수호 시민운동을 진작한 바 있다.

이제 우리 정교모는 4.15 불법·부정선거 이래로 가일층 심화되는 체제붕괴의 암울한 상황에 처하여, 다시 문재인 정권이 행한 반(反)주권·

반헌법·반문명의 폭정을 고발하는 한편, 대한민국 국민의 주권회복과 헌법수호·신문명 합류의 시대적 대의와 그에 대한 우리의 신성하고도 절실한 책무를 자각하여, 아래와 같이 해내외 모든 국민과 우방 앞에 선언한다.

1. 문재인 대통령은 취임하면서 "한 번도 경험해 보지 못한 세상을 만들겠다"고 선언하였으나, 문재인 정권 아래에서 대한민국은 더 많은 자유, 더 고른 평등, 더 높은 번영의 유토피아 대신, "한 번도 경험하지 못한 거짓과 선동·독재와 무능·부패의 나라"인 비정상·반문명의 문(文)디스토피아로 전락하고 있음을 단언한다.

2. 문재인 정권은 출범과 함께 '국정운영 5개년계획'을 밝히면서 '주권자 민주주의'와 '생성적 권력'이라는 개념을 창안·표명한 바 있는데, 이는 위임받은 권한을 넘어서 새로운 권력을 만들어 내며, 그 권력을 자기 세력 기반 확대로 쓰겠다는 이른바 총통제(수령제)로의 이행을 선포하였던 것이다. '생성적 권력'이 통치하는 '주권자 민주주의'는 다원주의적 자유민주주의가 아니라 초(超)국가주의 전체주의의 수사적 변용에 지나지 않음을 고발한다.

3. 문재인은 대한민국의 헌법 규정에 따라 대통령으로 결정되었고, 헌법수호의 선서를 하였음에도 불구하고 '생성적 권력'이라는 초헌법적 관념을 통해 자유대한민국 대통령의 정당성(legitimacy)을 스스로 내팽겨쳤음을 확인한다. 지난 3년 3개월 간 문재인은 그 관념대로 대한민국 헌법 위에 군림하고 행정부를 청와대 참모진의 시녀로 만들었으며 삼권분립의 법치를 무시하는 '유사전체주의' 폭정을 행함으로써 대

한민국의 입헌주의와 법치주의는 마비되었고, 이로 인해 국민의 실질적 자유와 주권은 철저히 억압되어왔음을 밝힌다.

4. 이리하여 오늘날 대한민국은 정치적으로 문재인의 유사전체주의 이념독재 아래에 놓여 있을 뿐만 아니라, 경제적으로 여당과 행정부 등 집권세력이 사법·언론·노동·교육·문화·지역을 망라하는 이른바 '진보'세력 진지와 함께 반자유·반법치의 기득권카르텔을 맺어 '약탈적 진영정치'를 구축하였고, 음모와 선동으로 대중을 폭민화시켜 범죄적 이익을 독점하고 부패를 자행하는 방패막이로 삼았다. 우리는 그들이 천박한 '부패공동체'를 형성함으로써 공정과 법치가 실질적으로 종식되고 있음을 목도하고 있다.

5. 문재인 정권의 '약탈적 진영정치'는 이념편향의 세뇌교육과 분열적 사회정책의 남발로 이어졌다. 전교조는 이념편향 교육으로 청소년 세대의 역사 및 사회의식을 왜곡해오고 있으며 중등교육을 '민주시민교육'이라는 미명 아래 표밭 가꾸기 현장으로 전락시키고 있다. 인천국제공항 정규직 강요 사태에서 드러난 선택적 정의, 부동산 시장에 대한 과도한 개입으로 인한 부동산 정책의 난맥상은 미래 세대의 권리와 자존감마저 짓밟았음을 고발한다. 한편 집권 고위층의 성범죄가 연쇄적으로 발생했지만, 문재인과 586세력은 지지층을 동원하여 이를 오히려 축소하거나 미화함으로써 여성인권을 정치이념의 종속개념으로 전락시켰다. 의료계의 현실을 무시한 공급확대 정책은 공공의료 체계를 붕괴시키고 보건재정상황의 파탄과 첨단의료시대의 심각한 수급불균형을 자초하고 있다. 이들은 자신들의 정치적 이익과 이념적 패권을 위해서는 수단과 방법을 가리지 않으며, 미래세대의 권익을 편취하고

사회·경제 체제를 파괴하면서까지 자신의 이익을 채우는 위선적이며 전체주의적 '부패특권층'으로 전락하였음을 만천하에 고발한다.

6. 우리는 문재인정파와 586NL주사파의 연합정권이, 국내적으로 반자유대한민국 종북(從北)·종중(從中)정책을 통하여 대외적으로 북한 세습 전체주의 및 중국 디지털 전체주의 반동과 결합함으로써, 동북아시아에서 중국·북한·한국의 전체주의 삼각체제 구축을 도모하려는 것을 고발한다. 최근 미국이 중국공산당에 대한 전체주의 도발을 '프랑켄슈타인의 괴물'로 규정했듯이, 문재인 정권의 친전체주의 정책은 안으로는 자유민주주의와 밖으로는 미국과의 가치동맹을 허물려는 '역사적 범죄'임을 경고한다. 호혜적 주권, 보편적 인권, 자유 시장을 재정비한 21세기 신문명 국가들은 디지털 전체주의 중국의 패권적 도발을 물리칠 것이며, 우리 또한 결코 반동적인 친전체주의 행로로써 반문명적 야만·암흑의 노예사회로 전락할 수는 없다. 대한민국은 21세기 신문명 세계의 일원으로 '문명의 최전선'을 지켜내고 '자유의 파도'가 되어 북한을 해방하고 중국공산당의 패권주의를 붕괴시켜 '동아시아 자유화'의 물결을 일으킬 것이다.

7. 우리는 문재인 정권이 불법적으로 감행한 공수처법의 통과, 사법부와 검찰의 시녀화, 국회의 '통법부화'에 의해 삼권분립에 입각한 입헌주의와 다원적 민주주의가 빈사(瀕死)의 상태에 빠졌음을 통탄한다. 21대 국회 상임위 구성에서의 협치의 말살, 절차의 무시 등 의회의 대정부 견제기능을 마비시켜 주권자인 국민의 공분(公憤)을 일으키고 차별금지법·역사왜곡금지법 등 반민주적 법률안을 남발, 강행을 예고함으로써 대한민국의 자유민주주의를 살해하고 있음을 고발한다.

8. 우리는, 4.15총선의 불법·부정에 대한 국민적 의혹이 제기되고 대규모 법정소송이 제기된 상황에서 중앙선거관리위원회가 국민적 의혹을 해소할 의무를 회피하고 있고, 대법원은 선택적인 증거보전 인용과 재검표의 무한지연 등으로 헌법기관으로서의 고귀한 권위를 저버린 채 스스로 정치의 시녀로 전락하고 있음을 엄중히 경고하며, 즉시 두 기관은 그 본연의 임무로 복귀하기를 촉구한다. 아울러 공수처법 등 국가 사법질서의 근간이 되는 법률의 위헌성에 대한 판단도 미루고 있는 헌법재판관들에게도 부끄러운 법조인이자 역사의 죄인이 되지 않기를 권고하는 바이다.

이상과 같이 정교모 회원 일동은 자유대한민국 주권자 국민 모두와 함께 문재인 정권의 반헌법·반주권·반문명적 폭정을 돌이킬 수 없는 '역사의 범죄'로 규정하며, 자유민주헌정의 수호와 국민 및 국가 주권의 회복 그리고 신문명에의 합류와 번영의 지속을 위해 변함없이 진실과 정의의 투쟁에 선봉이 될 것임을 재확인하면서, 아래와 같이 다짐한다.

하나. 문재인 유사전체주의 독재에 맞서 대한민국 자유민주진영의 대동단결에 앞장서고, 자유·진실·정의의 투쟁을 선도할 것이다. 분열과 무기력에 가라앉은 야당을 질책하고 독려하여 대한민국의 민주헌정을 회복하는데 협력할 것이며, 다양한 자유시민운동에 동참하고 후원하여 위선적 좌파 진지의 격파를 견인할 것이다. 아울러 한국 사회의 책임 있는 기성 지식인 집단으로서 위선 계급이 교묘하게 부러뜨린 학생·청년 등 다음 세대의 사다리를 다시 세우며, 이들이 세대융화와 국가 및 세계 발전에 기여할 내일의 창조적 주역이 될 수 있도록 지지하고 지켜 줌으로써 우리의 보람을 미래세대와 함께 찾을 것이다.

하나. 문재인 정권의 헌법파괴와 입법독재, 사회체제변혁을 저지하기 위해 가칭 '국민소추기록원'을 설치하여 공수처법·준연동형 비례대표제선거법 등 명백한 헌법파괴적 법령을 비롯하여 금후 집권 더불어민주당이 쏟아 놓을 각종 제도의 발안자들과 그 집행자들에 대하여 위헌적 죄상과 직무유기 등의 책임을 찾고 기록하여, 장차 역사는 물론 현실의 법정 심판대에 세울 증거를 확보할 것이다. 아울러 이러한 책임에는 헌법상의 소급금지원칙이 적용되지 않음을 천명한다. 그 죄과와 책임이 엄중한 것은 정교모 내에 설치될 '국민위헌심판원'을 통해 위헌성과 위법성 여부를 판단하고 공론을 진작하여 국민의 주권과 기본권을 보호하는데 기여할 것이다.

하나. 우리는 의로운 공직자들, 영혼이 살아 있는 관료들과 함께할 것이다. 이에 다음과 같이 모든 공직자와 국민들에게 요청한다. "모든 공직 업무는 투명·공정하게 이루어져야 하고, 소수의 유사전체주의 혜택을 받는 자들의 이권 통로로서 공직이 쓰여서는 안 된다. 위헌적·불법적인 모든 지시는 거부하고, 서면으로 행하여지지 않는 지시에는 따르지 말라. 모든 지시는 기록하고, 근거를 명확히 남겨두어 후일 국민들에 의한 소추에 대비하라." 그 지위의 고하를 막론하고 모든 국가 공직자는 이 처절한 암흑의 시기에서 취했던 자신의 선택에 대하여 책임을 져야 할 날이 올 것이며, 우리 정교모는 국민과 함께 그날을 철저하게 대비할 것이다.

2020년 8월 15일

The 3rd Proclamation of the Professors' Solidarity for Freedom and Justice, Republic of Korea

●●●

August 15th Declaration of Constitutional Protection, Restoration of People's Sovereignty, and Confluence with New Civilization

On August 15, 2020, on the 72nd anniversary of the founding of the Republic of Korea, the 6,200 members of the Professors' Solidarity for Freedom and Justice ("PFJ") seeking the protection of the Constitution of the Republic of Korea and the realization of freedom, truth, and justice values, present the third Proclamation with the treasured heart of patriotism.

We have already nailed the citizens' victory by leading their opposition to the appointment of Minister of Justice Cho Kuk suspected of wrongdoings and crimes in the First Proclamation (2019.9.19), and in the Second Proclamation (2020.1.15), we confirmed the systemic crisis caused by economic, diplomatic, and security disruptions, followed by the initiation of citizens' movement for protection of freedom through the Declaration of the 2nd Independence for the Free Republic of Korea (2020.3.1) on the 101st Anniversary of the 1919 Independence Movement.

In the face of the national crisis and the destruction of the democratic system, accusing again the tyranny of anti-sovereignty, anti-constitutional, and anti-civilization acts by the Moon Jae-in regime, we declare before all the people and allies at home and abroad, recognizing the cause of the restoration of sovereignty of the People of the Republic of Korea, the cause of protection of the constitution and confluence with the new civilization, and our sacred and urgent responsibility for championing such cause, as follows:

1. President Moon Jae-in declared in his inauguration to create a world never experienced before, but under the Moon's regime, there is no doubt that the Republic of Korea is falling into an abnormal, anti-civilization dystopia, a country of falsehood, incitement, dictatorship, incompetence, and corruption that the Korean people has never experienced, instead of a utopia of more freedom, even equality, and higher prosperity.

2. With the inauguration of the Moon Jae-in regime, the government has created and expressed the concept of sovereign democracy and generative power. This has turned out to be an announcement of the transition to a so-called total control leadership system that will create new powers beyond the mandated authority and use that power as a ground for expansion of its own power base. The sovereign democracy, ruled by generative power, is not a pluralistic liberal democracy, but merely a rhetorical variation of totalitarianism with ultra-nationalism.

3. Moon Jae-in was determined to be the president in accordance with the Constitution of the Republic of Korea, and took the oath of defending

the Constitution. Despite this, it is himself that has thrown away the constitutional legitimacy of the free Republic of Korea by adopting the ultra-constitutional notion of generative power. Over the past three years and three months, Moon Jae-in has reigned over the Constitution of the Republic of Korea, made the administration a maid of the Blue House staff, and carried out a "totalitarian tyranny" that ignored the division of powers based on the rule of law, paralyzing Republic of Korea's constitutionalism and rule of law, which has resulted in a complete abuse of people's freedom and sovereignty.

4. In addition to being politically positioned under Moon's totalitarian ideological dictatorship, the Republic of Korea today is subject to a "predatory political faction" and its vested interest cartel of the anti-free and anti-rule of law spirit that the ruling political powers in the ruling party and the executive branch has established in collaboration with so-called progressive forces covering the judiciary, media, labor, education, culture, and several regions. They are using the tool of conspiracy and incitement to mobilize people in order to criminally monopolize economic and political interests through corruption. This beginning of vulgar "corrupt community" of their own means an end of justice and the rule of law in our society.

5. The predatory faction politics of the Moon's regime led to the brainwashing education of ideological bias and to the overuse of divisive social policies. The Korean Teachers and Educational Workers' Union has distorted the history and social consciousness of the youth generation through ideologically biased education, and has transformed secondary education

into a field of nurturing favorable voting constituency under the name of democratic civic education. The selective justice revealed in the incident of transforming massive irregular workers to regular workers by the Incheon International Airport Corporation, and the difficulties of real estate policy due to excessive intervention in the real estate market, are trampling on the rights and self-esteem of future generations by the Moon's wrong policies. On the other hand, although sex crimes by high-level leaders of the ruling faction occurred in a series of scandals, Moon Jae-in and the 586 forces mobilized their supporters to reduce or glorify such scandals, turning the gender issue into a tool of political incitement. Ignoring the reality of the medical community, the supply expansion policy has destroyed the public health care system, destroyed the health care situation, and self-imposed severe supply and demand imbalances in the age of high-tech healthcare. We accuse the regime of being hypocritical and totalitarian corrupt privileged who takes any means and methods for their political interests and ideological supremacy, and who seizes the interests of future generations and fills their interests while destroying the social and economic system.

6. We deplore that constitutionalism and pluralistic democracy based on the separation of powers have fallen into a state of empty life by the passage of the Act on Establishment and Operation of the Office for the Investigation of High-level Public Official Crimes [Gongsoocheo], which was illegally carried out by the Moon's regime, by making the judiciary and prosecutors servile to political powers, and by making the National Assembly a simple

passing organ. We submit that Korean people are generally upset by such actions as paralyzing congressional checks and controls as seen in the process of ruling party's composition of the 21st National Assembly standing committees without making consensus with the opposition party, and with relevant procedures ignored. We accuse the Moon's regime murdering the liberal democracy of the Republic of Korea by foretelling anti-democratic legislations, such as the Anti-Discrimination Act and Anti-Historical Distortion Act. We also warn justices of the constitutional court, who are delaying judgment on the unconstitutionality of such basic laws as the Act on Establishment and Operation of the Office for the Investigation of High-level Public Official Crimes, not to become shameful jurists and sinners of history.

7. We accuse the united regime of Moon's faction and 586 NL [National Liberation] self-reliance sect of trying to establish a totalitarian triangular system of China, North Korea, and South Korea in Northeast Asia by combining it with North Korea's totalitarianism and China's digital totalitarianism through domestic policies centered on anti-free Republic of Korea's pro-North Korea and pro-China lines. Just as the United States has recently defined the totalitarian provocation of the Chinese Communist Party as a Frankenstein monster, the pro-totalitarian policy of the Moon Jae-in regime should be warned as a historical crime to break down the value alliance with liberal democracy inside Korea and with the United States externally. The 21st century countries with new civilization, which have redefined reciprocal sovereignty, universal human rights, and free markets,

will defeat China's hegemonic provocations of digital totalitarianism, and we can never fall into an anti-civilized barbarian and dark slavery society as a reactive pro-totalitarian path. As a member of the 21st century new civilization world, the Republic of Korea will defend the front line of civilization and become a wave of freedom to liberate North Korea and disrupt the hegemony of the Chinese Communist Party, creating a wave of East Asian liberalization.

As such, each member of the Professors' Solidarity for Freedom and Justice determines, together with all the sovereign citizens of the Free Republic of Korea, defining the anti-constitutional, anti-sovereign, and anti-civilized tyranny of the Moon Jae-in regime as irreversible crimes of history, reaffirming that they will continue to be at the forefront of the struggle of truth and justice in order to protect the constitution of liberal democracy, restore national sovereignty, and secure confluence and prosperity with the new civilization, as follows:

One. We will initiate the coalition of the Republic of Korea's liberal democratic camp against the dictatorship of totalitarianism, and lead the struggle for freedom, truth, and justice. We will cooperate in restoring the Republic of Korea's democratic constitution by reprimanding and encouraging opposition parties that have been engulfed in division and lethargy, and will join and sponsor various free-citizens movements to drive the defeat of the hypocritical leftist faction. In addition, as a responsible intellectual group of Korean society, we will re-establish the ladder for the next generation, such as students and young people, which have been cleverly broken by the hypocrisy class, and find our reward with future generations by supporting and protecting them to become the creative protagonists of tomorrow that will contribute to the melting of generations, nations, and the world.

One. In the event that public suspicions about the illegality and misconduct of the 4.15 general election have been raised and large-scale court proceedings have been filed, the Central Election Commission is circumventing its obligation to resolve public suspicions, and the Supreme Court is decimating its noble authority as a constitutional institution by ordering limited evidence preservation and delaying infinitely in recounts. Both agencies are urged to immediately return to their duties. In connection with the public allegations of misconduct in the general election, we will trace the full facts of election fraud, as well as the facts that are already revealed, to the end with free citizens, and will put criminals and perpetrators of the rule of law to the judiciary of history. Therefore, we will take the lead in rebuilding the foundations of a democratic state so that the principles of people's sovereignty and fair elections are not undermined.

One. In order to impede the constitutional destruction, the legislative dictatorship, and the change of social system by the Moon Jae-in regime, the People's Archives for Legal Affairs will be established to find and record the responsibilities of unconstitutional crimes and their initiators and operators for the various legal instruments that the ruling Democratic Party of Korea will pour out, including the clearly constitutional destructive statutes, such as the Act on Establishment and Operation of the Office for the Investigation of

High-level Public Official Crimes and the Election Act on Semi-Interlocking Proportional Representation System, to secure evidence that will be put on the court room in the future and in history. In addition, we declare that such responsibilities are not subject to the principle against retroactive application under the Constitution.

The serious nature of the sin and responsibility of their affairs will be determined by public debates whether it is unconstitutional and unlawful through the People's Archives for Legal Affairs, which will be established within our PFJ so that we can contribute to the protection of the sovereignty and fundamental rights of the people.

One. We will stand together with righteous public servants and bureaucrats with principles. Therefore, we ask all public officials together with the people as follows: All public service must be transparent and fair, and public office should not be used as a supply channel of interest for those who benefit from the totalitarian regime. Reject all unconstitutional and unlawful instructions and do not follow instructions that are not done in writing. All instructions shall be recorded, and all the evidence shall be clearly written to prepare for the subsequent "indictment by the people." The day will come when all public officials of the state, regardless of their status, will be held accountable for their choices made in this dire, dark time, and our PFJ will thoroughly prepare for that day with the people.

August 15th, 2020

The Professors' Solidarity for Freedom and Justice, the Republic of Korea

제4차 정교모 시국선언문

●●●

'전체주의 도둑정치 척결'을 위한 정교모 제4차 시국선언

대한민국 헌법의 수호와 자유·진실·정의 가치의 실현을 추구하는 '사회정의를 바라는 전국교수모임'(이하 정교모)의 6,300명 교수 회원은 대한민국의 국가 위기를 직시하며 비장한 심경으로 제4차 시국선언문을 발표한다.

우리는 이미 제1차 시국선언(2019. 9. 19)에서 비리·범죄 혐의자 조국에 대한 장관 임명 반대선언으로 시민의 승리를 이끌었고, 제2차 시국선언(2020. 1. 15)에서 경제·외교·안보 파탄으로 인한 체제 위기를 확인했다. 제3차 시국선언(2021.8.15)에서는 대한민국이 문재인의 유사전체주의 이념 독재 아래에 놓여 있을 뿐만 아니라, 문재인 정권이 여당과 행정부는 물론이고 법조·언론·노동·교육·문화·지역을 망라하여 특정 이념과 이해관계로 엮은 세력 진지를 구축하여 반자유·반법치 카르텔을 맺어 '약탈적 진영정치'로 '부패공화국'을 형성했음을 고발했다.

우리 정교모의 시국 고발과 많은 자유시민의 애국저항 운동에도 불구하고 문재인 정권의 기만 정치와 전체주의적 폭정은 멈추지 않았다. 이제 우리 국민은 LH사태에 이어 '대장동게이트'라는 지금껏 한 번도 경험하지 못한 희대의 부패 범죄를, 그리고 유사한 조직적 약탈 행위가 하나둘씩 드러나고 있음을 목도하고 있다. 백현동, 위례, 평택 현덕지구 등이 이미 드러났다.

대장동은 빙산의 일각일 뿐이다. 더욱 경악스러운 것은 집권 여당의 이재명 후보가 대통령이 되면 대장동 모델을 전국적으로 확대 시행하겠다고 약탈을 노골적으로 예고하고 있다.

우리 정교모 회원 일동은 이러한 희대의 부패게이트를 '전체주의 도둑정치(totalitarian kleptocracy) 범죄'로 규정하고 이를 국민 앞에 고발한다.

첫째, '대장동게이트' 등을 공권력을 남용하여 위선과 불의의 부패카르텔을 만들어 자행한 '국민 약탈적 부패 범죄'로 규정한다. 이 범죄의 주도자들은 정치 권력과 행정 권능을 악용하여 대장동 원주민과 성남 시민의 권리를 약탈하고 '단군 이래 최대'의 부패 이익을 취하고도 잘못에 대한 책임은 전가하고, 부패를 치적으로 포장하여 국민을 속이고 조롱하고 있다. 대장동 개발 플랜을 설계하고 집행한 자들은 역사상 가장 불의하고 파괴적인 '도둑정치'의 부패 범죄자들이다. 이들은 민주공화국 대한민국의 영예를 짓밟고 범죄 공화국의 오욕을 안긴 '역사의 범죄자'들이다.

둘째, '대장동 게이트' 등에서 드러나고 있는 '도둑정치'의 범죄는 문재인 정권이 '촛불혁명정부'를 자임하며 대한민국을 파괴해 나간 혁명적 전체주의 과정의 귀결이다. 문재인 대통령은 선거로 당선되었지만 취임과 함께 '촛불혁명정권'을 선언하며 자유 대한민국을 혁명적 파괴의 대상으로 삼았고, 헌법이 부여한 권능을 수행하는 '위임된 권력'을 부인하고 '생성적 권력'을 자임하며 유사전체주의적 폭정을 행사하였다. 문재인 대통령이 취임사에서 공언한 "한 번도 경험하지 못한 세상"은 1930년대 독일에서 주권자 독일인의 투표로 선출된 히틀러가 괴벨스의 선동과 세뇌정치, 수권법을 강제하여 완성한 전체주의 폭정을 닮은 정치적 재앙, 디스토피아(dystopia)임이 드러났다. 이러한 전체주의 체제와 사고 하에서 자행된 수많은 비리 행위들이 촛불혁명세력에 의해 이루어지면 그것이 마치 혁명을 수행하는 과정의 일환인 양 감싸고 수사를 방해하며 상대방을 적폐세력으로 공격하는 일관된 행태를 조직적으로 보여왔다. 이것이 LH사태에 이어 급기야는 대장동 게이트라는 초대형 조직범죄 행위를 키우거나 방관한 원동력인 것이다.

셋째, 문재인 정권은 집권 초기 헌법에서 '자유'의 가치를 소거하는 체제 변혁적 개헌을 시도했다가 실패한 후, 반헌법적 공수처법의 통과를 필두로 위헌적 입법을 양산하여 사실상 입헌정치의 작동을 마비시켰다. 문재인 대통령은 행정부 전체를 국가 이익 개념이 아닌 정파적 이해를 앞세운 청와대 명령을 맹종해야 하는 정무내각으로, 국회를 대통령 독재를 위한 통법부로, 대법원을 대통령과 집권세력을 두둔하는 친위 사법조직으로 순치시켰다. 대한민국 헌정정치는 견제와 균형의 헌법에 근거한 삼권분립의 원칙이 파괴되어 버렸다.

넷째, 헌법재판소는 문재인 정부와 집권 여당이 양산한 위헌성이 명백한 법률들과 초헌법적 행태에 대하여 헌법 질서의 수호자로서의 본분을 망각하고 재판을 지연하거나 악법과 불법적인 행정 행위에 합헌의 면죄부를 주는 데 익숙해지고 있다. 또한 선거관리위원회와 대법원은 4.15 총선을 조직적 부정선거로 지목하고 각종 합리적 증거를 제시한 법적·시민적 고발에 대해 의혹 해소 책무를 방기하고 있다. 전국 253개 선거구 중 125개 선거구에 부정선거 쟁송이 제기되었지만 대법원은 "선거 소송은 180일 이내에 처리하여야 한다"라는 '강행 규정'의 가치를 스스로 매도하며 1년 6개월이 넘도록 제대로 된 판결은커녕 납득할 만한 검증도 하고 있지 않다. 이를 엄히 문책해야 할 야당 지도부는 오히려 선거 검증을 방해하는 듯한 행태를 일삼고 있다. 국민주권주의의 온전한 작동을 판가름하는 시금석인 선거소송이 전체주의화되는 분위기 속에서 국민에게서 잊혀지기를 강요당하고 있는 것이다.

다섯째, 이상과 같이 헌법을 수호할 책무를 지는 모든 헌법기관이 헌법의 마비를 유도하거나 방치함으로써 대한민국은 입헌적 문명국가의 면모를 상실했다. 외교안보, 경제, 교육, 사회복지 등 제반 분야에서 이념적 전체주의화 작업이 입법독재를 통해 급속히 자행되고 있으며, 중국식 전체주의와 연결하려는 종중(從中) 노선과 세력은 그 깊이와 넓이를 가늠하지 못할 정도다. 이로써 대한민국은 헌정체제가 파괴되고 민생이 약탈의 대상으로 전락하는 공화국체제 존망의 위기에 빠지게 되었다. '대장동 게이트' 등은 '촛불혁명정권'이라는 교만의 휘장(揮帳)에 도취된 전체주의적 폭정에서 자라난 '도둑정치'의 독버섯이요, 이권카르텔의 아수라장인 것이다. 이 게이트의 수괴(首魁)로 의심받는 전 성남시장, 전 경기도지사 이재명은 문재인 '촛불혁명정부'를 이어받을 대통령 후보로 선출되었다. 문재인 586운동권 세력은 촛불의 천사로 위장된 '도덕정치'의 선동을 통해 집권한 후, 전체주의적 거짓과 기만, 배제와 제압의 정치를 일상화시키면서 배양한 '약탈적 도둑정치'의 수괴로 의심받는 추악한 자를 내세워 영구 집권을 획책하고 있는 것이다.

우리 정교모 회원들은 '전체주의 도둑정치를 척결'하는 것이 현재 빈사의 지경에 처한 대한민국의 헌정적 정통성과 국가적 활력을 되찾고, 주권자 국민의 자유와 권리를 회복시키는 것이 우리에게 주어진 시대적 책무임을 절감한다. 이에 우리는 대한민국의 지식, 지성, 양심의 이름으로 '도둑정치의 척결'이라는 시대적 사명에 앞장설 것임을 선언하며, 아래와 같은 7개 항목을 조속히 시행할 것을 정부와 국민에 촉구한다.

1. 대장동게이트는 조속히 특검을 도입하여 명명백백하게 그 실체를 밝히고 성역 없는 책임자 처벌이 이루어져야 마땅하다. 이를 계기로 거악의 척결과 사정기관 정상화를 위한 제도화를 추진하라.
2. 모든 권력 단체, 권력 단체에 준하는 시민단체, 대형 노조 등의 각종 로비와 압박 행태를 투명하게 공개하는 입법적 수단을 마련하라.
3. 자유민주주의 체제 전복 및 대한민국의 정체성 부인 시도를 차단하라. 졸속입법과 폭주입법 행태를 중단하고, 각종 입법에 대한 충분한 사회적 논의와 국민의견 수렴을 행하라.
4. 선거의 공정성을 담보하기 위해 계류 중인 선거소송을 조속하고 충분하게 진행하고 공직선거법을 전면 개정하여 부정선거를 예방하고, 선거에 대한 국민의 신뢰를 회복토록 하라.

5. 사실상의 종중노선을 버리고 탈이념 실용외교 방향으로 대전환하라. 해외세력의 음성적 침투와 이권수탈에 대한 체계적 방어체제를 마련하라.

6. 교육의 정치적 중립성과 미래지향적 실용주의 교육 기조로 전환하라.

7. 국민 세금을 정권의 떡고물로 만들려는 일체의 시도를 중단하고, 경제의 자율성과 다양성을 제고하며, 필요한 국민에게 필요한 도움을 주는 지속가능한 복지정책을 수립하라.

2021년 11월 8일

6천 대학교수가 자유대한 국민께 드리는 호소문

2022년 3월 9일 우리는 새로운 대통령을 선출하게 됩니다.

그는 우리 앞에서 이렇게 선서할 것입니다.

"나는 헌법을 준수하고 국가를 보위하며 조국의 평화적 통일과 국민의 자유와 복리의 증진 및 민족문화의 창달에 노력하여 대통령으로서의 직책을 성실히 수행할 것을 국민 앞에 엄숙히 선서합니다."

5년 전인 2017년 5월 10일, 우리는 국민 앞에서 이렇게 선서한 대통령을 알고 있습니다.

그러나 그 대통령이 친필로 써서 보냈던 편지 한 통이 2022년 1월 18일 반환되고 말았습니다. 2020년 서해상에서 북한군에 의해 총살되어 시신이 불태워졌던 해양수산부 공무원의 고등학생 아들이 대통령의 친필 편지를 청와대 앞길에 되돌려 준 것입니다. "여론무마를 위한 면책용 거짓말일 뿐"이었던 그 무책임하고도 위선적인 '약속'의 편지는 순진하고 애절한 가슴을 산산조각냈습니다. 이 절규는 지난 5년 문재인 정권이 국민에게 어떤 존재였는가를 상징합니다.

문재인 정권은 그야말로 "한 번도 경험해 보지 못한" 기괴한 정권이었습니다. '광장정치의 광란(狂亂)'을 선동하여 정권을 잡은 뒤 이른바 '촛불정신'으로 대한민국을 난도질하였습니다. 집권과 동시에 대한민국 자체를 혁명의 대상으로 삼아 해체하기에 바빴고, 지금은 대통령 선거를 앞두고 잠시 득표 전략을 위한 숨 고르기에 들어갔을 뿐, 여전히 그 광란은 진행 중에 있습니다.

그 결과 피땀으로 일군 우리의 대한민국은 이렇게 되어 버렸습니다.

첫째, 법치주의가 무너졌습니다. '법의 지배(rule of law)' 대신 전체주의적 '법의 이름을 빌린 지배(rule by law)'로 국민을 겁주고, 속이는 것이 아무렇지도 않은 일이 되었습니다. 심지어 코로나19 방역 정책조차도 국민의 기본권을 침해하고 정권의 이익을 옹위하는 수단이 되고 말았습니다. 헌법에서 '자유'를 삭제하는 체제 변혁적 개헌을 시도했고, '공수처'로 상징되는 반(反)헌법적 독재 도구를 설치했으며, '역사왜곡금지법' 등 국민의 기본권을 본질적으로 훼손하는 위헌 법률을 양산하는 '의회독재'가 펼쳐지고 있습니다. 사법부 독립을 스스로 부정하는 함량 미달의 부적격자를 자기 사람이라는 이유로 대법원장에 임명하고, 대법관들을 이념 편향적인 자들로 채워 넣었습니다. 삼권분립은 작동되지 않고, 헌법재판소와 중앙선거관리위원회 등 입헌주의와 민주주의를 지탱하는 모든 기관이 패거리 정권의 친위부대로 전락하였습니다.

둘째, 안보가 와해되기 일보 직전에 있습니다. 발 뻗고 마음 편히 잘 수 없는 대한민국이 되었습니다. 새해 벽두에 네 번이나 미사일 발사 시험을 한 북한에 대해 이렇다 할 경고도 보내지 못하면서, 종전선언에만 매달리는 문재인 대통령은 국가보위의 책임을 헌신짝처럼 버렸습니다. 핵 무력을 완성한 북한 김정은 정권에 굴종하는 종북(從北)과 디지털 전체주의 시진핑 중국에 맹종하는 '종중(從中)의 늪'에 스스로 빠져들기를 자청한 대통령에게 대한민국은 없었습니다. 숭고한 피로써 지켜온 자유민주주의, 기적적인 경제번영과 국가안보를 지탱해 준 '한·미동맹'은 형해화(形骸化)되었습니다. 인류의 적 전체주의 블록에 합류하려는 역사의 반동이 된 이 정권으로 인해 대한민국은 반(反)문명, 야만의 시대로 퇴보했으며 국제적으로 고립되어가고 있습니다.

셋째, 미래가 어둠에 잠기게 되었습니다. 세계 198개국 중에서 출산율이 1명도 안 되는 나라는 대한민국이 유일합니다. 세계적 권위의 옥스퍼드 인구문제연구소는 지구상에서 가장 먼저 사라질 나라로 대한민국을 꼽고 있습니다. 이 비극, 대재앙을 앞에 두고도 문재인 정권은 지난 5년간 전 국민을 내편과 네편, 남과 여로 이리 찢고 저리 쪼개는 작태로 일관했습니다. 그러면서 자기편 사람들을 곳곳에 심고, 온갖 혜택을 다 나눠 주는 그들만의 먹거리 생태계를 구축하였습니다. 부동산 정책은 실패에 실패를 거듭하여 젊은 세대가 자기 보금자리를 갖는 꿈을 포기하게 하고, 결국 혼인과 출산마저 주저하게 만들었습니다. 국가가 저들의 인생을 "책임"지기는커녕 젊은이들이 스스로 가져야 할 꿈과 계획마저 무산시키는 훼방꾼이 되고 만 것입니다.

그 사이 한국경제는 운동권 기득권 세력이 결탁한 '이권 카르텔'의 먹잇감으로 전락했습니다. '대장동비리게이트'에서 보듯이 후진국형 '도둑정치'(kleptocracy)의 아수라장이 되어 버렸습니다. 공정은 사라지고, 투명하지도 합리적이지도 않은 교묘한 기준으로 입학과 채용이 결정되고 있습니다. 부모 세대보다 가난한 자식들 세대가 오고 있다는 걱정이 우리를 한없이 짓누릅니다.

국민 여러분, 우리는 5년 전 국민 앞에 선서하고 국가 원수직에 올랐던 문재인 대통령과 그 정권이 국가와 민족사에 저질러 놓은 반동의 쓰레기 업적을 '새로운 적폐'로 규정합니다. 이제 새로 대통령이 되는 사람은 이 신적폐를 청산하여 대한민국의 기풍을 새롭게 할 수 있어야 합니다.

이것은 우리의 운명과 직결된 것입니다. 법치가 무너지고, 안보가 와해되며, 미래가 어둠에 잠기는 대한민국에 응급지혈을 해야 합니다. 정권교체는 바로 응급지혈입니다. 그렇게만 할 수 있다면 우리는 희망을 가질 수 있습니다.

우리의 자랑스러운 선대는 일제하의 그 캄캄한 터널을 지나면서도, 저항을 넘어 희망을 외쳤습니다. 3.1 독립선언을 통해 일제로부터의 해방을 넘어 세계사의 새로운 흐름에 주역으로 등장하는 미래를 보았습니다. 그 미래는 전쟁의 참화를 딛고 한강의 기적을 이룬 대한민국으로 실현되었습니다.

지금도 '하면 된다'는 자신감이 뜨거운 피로서 우리 가슴에 도도히 흐르고 있습니다. 우리는 창의에 넘치며, 서로 돕고 격려하며, 합심하여 고난을 돌파하는 국민입니다. 자유와 정의와 진실을 추구하며, 상식과 염치를 지키는 대한국민입니다.

이제 찾아올 때입니다. '우리 모두의 대한민국'을 회복할 때입니다. 세대, 지역, 계층, 남녀를 구분하지 말고 우리를 위해, 앞으로 올 후대를 위해 정권교체의 대열에 동참합시다. 지난 5년간은 비록 악몽이었으나, 광란과 신적폐의 정권연장을 막는다면, 건강한 대한민국의 위대한 부활이 시작될 것입니다.

  자유민주주의 대한민국의 기사회생을 위해 〈사회정의를 바라는 전국교수모임(정교모)〉 6천 2백 명 교수들은 국민께 다음과 같이 호소합니다.

  1. 주권자로서의 자존감을 확고히 합시다. 선전 선동에 넘어가는 우중(愚衆)이 아닌 현명한 시민이 되어 현란한 말과 용어의 숨은 뜻을 간파해야 합니다.

  2. 부패공동체의 전체주의 폭정을 단호히 배격합시다. 국민을 속이고 억압하는 토양이 되는 좌파의 이념 이익집단에 반대하고 해체 운동에 동참하길 호소합니다.

  3. 공직자의 정치적 중립성을 감시 감독합시다. 사익과 권력의 압박에 굴복해 국민을 속이고. 국민과 법 위에 군림하는 공직자들은 그 증거를 남겨 반드시 처벌받도록 해야 합니다.

  4. 선거과정의 공정성·투명성 확보에 나섭시다. 사전·우편투표에서의 부정 가능성을 원천 차단하는 제도적 개선을 촉구하고 부정선거 감시와 투·개표참관 요원으로 적극 나서주길 호소합니다.

  5. 정권교체를 위해 우리 모두 투표합시다. 모든 길은 투표로 통합니다. 선거는 최선을 뽑는 것이 아니라 최악을 피하는 것이 현실임을 명심하고, 정권교체를 위해 책임 있게 내 한 표를 행사할 것을 호소합니다.

2022년 1월 26일

현안 성명서,
논평과 보도자료

공수처 졸속 설치 즉각 중지하고 국민적 합의 도출하라!

●●●

국민의 강력한 반대에 의해 조국 장관이 사퇴한 것은 지극히 상식적인 사회정의와 윤리를 요구해온 국민의 승리이다. 조국은 즉시 검찰조사를 받고 자신과 가족을 둘러싼 모든 의혹에 대해 소명할 것을 촉구한다. 법 집행기관은 휴대폰 압수, 계좌 추적 등 모든 객관적 증거 확보에 적극 협조하여, 국민적 관심사를 명명백백하게 밝힐 수 있도록 조치하여야 한다.

문재인 대통령은 국민 앞에 아래와 같은 책임에 대해 직접 사과하여야 한다.

○ 국민 다수의 검증된 여론에 반해, 도덕적·윤리적 결격 사유에도 불구하고 다른 후보자들과의 형평성을 심각하게 저해하면서까지 최고위직 공직 후보자인 조국을 장관직에 임명함은 물론, 검찰개혁 과제를 위해 대체자가 없다는 상식에 반하는 논리까지 내세우며 장관직을 유

지하도록 막후 지휘한 책임.

○ 외교, 안보, 경제 등 전방위 위기가 도래한 시점에 국정을 마비시키고, 검찰개혁의 주도자인 법무부 장관이 36일 만에 국민 여론에 떠밀려 사퇴하는 사태를 초래한 책임.

○ 최고위 공직자 가족에 대한 수사가 진행 중인 상황에서 수사에 영향을 미칠 의도가 다분한 대통령 지시(인권 거론 검찰의 절제 요구, 검찰 개혁 방안 마련 지시)를 발표하고, 수사를 주도하는 검찰 특수부 조직을 개편하는 정책안 통과를 조기에 강행토록 독촉함으로써 법 앞에 만인이 평등하다는 법치주의 가치까지 저해한 책임.

○ 이상을 통해, 헌법과 민주주의를 수호해야 할 막중한 책임이 있는 대통령이 스스로 헌정질서와 법치주의 가치를 흔들리게 한 책임.

살아 있는 정치권력에 봉사하고, 인권을 침해해 온 검찰에 대한 개혁이 절실히 필요하다는 것은 강력한 시대적 요구이다. 하지만 이러한 요구를 빌미로 특정세력이 검찰 권력을 오히려 장악하려 한다는 의혹도 동시에 강력히 제기되고 있다. 그동안 한 달여 기간 동안 졸속으로 진행한 몇몇 검찰 관련 제도 변경은 조국을 검찰 개혁의 상징으로 만들기 위한 정치적 의도가 다분히 내재해 있는 상황에서 진행된 것이 사실이고, 법무부 소속 추진단과 자문위원회에서 이념 편향적 인사들 간의 의견수렴을 통해 불투명하게 추진되었다.

조국이 진행한 국민 의견 수렴 절차도 조국을 반대하는 대다수 국민이 아예 등을 돌려버린 상태에서 진행되었고, 그 수렴된 내용조차 국민에게 알려지지 않았으며, 그러한 의견이 검찰 개혁안에 어떻게 반영되고 있는지도 전혀 알려지지 않고 있다. 진정한 검찰개혁은 검찰 권력 자체의 남용을 방지하면서도 정치권의 외압으로부터 자유로운 검찰 기능을 수립함이 핵심인데도, 현재 입법과정에 올라있는 개혁안은 공수처 설치와 검경수사권 조정을 통해 오히려 정치 권력에 의한 검찰 장악력을 높이는 방향으로 작성되어 있다. 더구나 공수처 설치는 위헌적 요소와 함께 독재적 정치권력 행사의 수단으로 전락할 위험성까지 지적되고 있다.

따라서 소수의 이념 편향적 인사들이 개혁권고안을 제시하고 조국이 주도적으로 조정하여 추진한 것처럼 꾸민 사항들에 대한 검증이 이루어져야 하며, 검경수사권 조정, 공수처 설치 문제를 포함하여 앞으로 추진하고자 하는 개혁 방향에 대해서도 전면 검토가 필요하다. 무엇보다도 검찰개혁 문제에 대해 국민이 충분히 인지한 상태에서 올바른 개혁 방향에 대한 국민적 합의를 도출하고, 이에 기초하여 정부 정책 방향을 설정하는 것이 시급하다. 그런데도 대통령이 직접 나서서 검찰개혁의 시한까지 설정하며 개혁 완성을 지시하는 것은 국민의 알 권리를 무시하고 민주절차를 우롱하는 행위이므로 즉시 중단되어야 한다.

국회의장과 각 정당의 원내대표는 현재 패스트트랙에 올라있는 검찰 개혁 법안에 대해 졸속 심사를 진행하려는 날치기 시도를 즉시 중단시켜야 한다. 시급히 진행되어야 할 국민적 합의 도출의 일환으로 정교모는 조국 수호를 외친 단체들을 포함하여 여러 시민단체들, 정당 정책위원회, 법조계 등의 참여하에 사법개혁 쟁점까지 아우르는 과제에 대해 공개토론회를 개최할 것을 제안한다.

이상의 요구 및 제안 사항을 아래 요약하고 이를 촉구한다.

1. 대통령은 조국 법무부장관 임명에 따른 책임을 국민 앞에 직접 사과하라.

2. 검찰은 지극히 상식적인 사회정의와 윤리를 바라는 국민의 요구에 따라 조국과 그의 가족 범죄 혐의에 대해 철저히 수사하라.

3. 국회의장과 각 정당 원내대표는 졸속 추진 중인 공수처 설치를 즉각 중단하라.

4. 검찰개혁을 위한 국민적 합의 도출을 위해, 관련 시민단체, 정당 정책위원회, 법조계, 학자 등이 함께 참여하는 올바른 검찰 개혁을 위한 국민 대토론회를 개최할 것을 제안한다.

2019년 10월 22일

사회정의를 바라는 전국교수모임 집행위원 일동

■ 첨부: 고위 공직자 수사처(공수처) 설치 입법안의 문제점

제왕적 대통령제의 결정판

그동안 제왕적 대통령제가 수많은 폐단을 낳았는데, 공수처가 설치되면 대통령에게 입법, 행정, 사법 고위공직자에 대한 더욱 강력한 통제 권력을 제공해 주는 꼴이 된다. 공수처장은 추천위원회가 2명을 추천하고, 그중 한 명을 대통령이 임명한다. 추천위원회는 법무부 장관,

법원행정처장, 대한변호사협회장, 여당 2명, 야당 2명 등 총 7명으로 구성되는데, 법원행정처장은 대통령이 지명하는 대법원장이 선택함을 감안하면, 집권세력이 과반수인 4명의 임명 권한을 최소한 가져가는 셈이다. 추천위원 6명 이상의 동의로 처장후보자 추천이 이루어지는데 야당이 2명의 추천위원회 구성 권한을 갖고 있기는 하나, 야당이 추천하는 후보 1명과 여권이 미는 후보 1명이 동시 추천될 경우 결국 대통령이 여권 인사로 임명을 강행할 수 있다.

정치검사 시대 개막

공수처의 검사는 공수처장, 차장, 법무부차관, 집권여당 추천인 등으로 구성된 인사위원회에 의해 임명된다. 일반적으로 검찰에 속한 검사는 객관적인 시험 절차에 의해 선발되지만 공수처의 검사는 정치적으로 선발됨을 의미한다. 더구나, 공수처의 검사는 검사 출신이 1/2을 넘지 못하여, 변호사 경력이 있는 시민활동가들도 공수처 검사로 임명될 수 있다. 인사위원회가 의도적으로 특정이념 편향적 단체 출신들로 공수처 검사를 채우게 되면 이를 견제할 수 있는 방법이 없다.

대통령과 집권당에 의한 국정 장악 수단화

법안에 따르면 공수처는 단순 부패사건과 무관한 직권남용, 직무유기, 공무상비밀누설, 허위공문서작성, 국가정보원법상 정치관여 및 직권남용, 국회 위증까지 모두 수사 대상에 포함할 수 있다. 공수처를 통하여 정부, 지방자체단체, 국회, 법원, 검찰, 경찰, 군, 선관위, 감사원, 헌법재판소 등의 기관 고위공직자와 직계 혈족을 통제함으로써 국정 전반을 정치적으로 장악할 수 있다. 더구나 정권을 비판하는 언론 보도가 나갔을 경우, 비밀누설을 빌미로 언론기관을 압수 수색할 수도 있어, 언론탄압의 수단으로 얼마든지 남용될 위험도 있고, 현역은 물론 전역한 예비역 장성까지도 조사할 수 있어, 군의 정치적 중립성까지 훼손할 가능성도 상존한다.

위헌적이고, 중국 감찰위원회보다 더 독재적인 권력기구 설치

국가기관은 입법, 행정, 사법기관 중 하나로 설치돼야 하는데, 삼부 요인과 그 친인척들을 수사하고 기소할 수 있는 권한을 보유한 초헌 법적 기구인 공수처는 헌법에 근거를 둔 기구도 아니며, 정부조직법상 근거를 둔 위원회 조직도 아니다. 심지어 현행 입법안은 중국의 국가 감찰위원회보다 후진적이며 독재 친위대적 성격을 지닌 기구를 창설 할 것을 의도하고 있다. 중국의 국가감찰위원회는 헌법을 개정해서 그 설치 근거를 두었고, 공수처장 단독 지휘가 아닌 합의제 위원회로 운 영하며, 수사와 기소를 분리하여 수사는 일반 검찰에 맡기고, 수사 대 상 범죄도 반부패 사범으로 국한하고 있다.

이에 비해, 공수처는 세계에 유래가 없는 수사와 기소권을 모두 보 유한 기관으로 입안되고 있으며, 다른 기관에서 담당하는 사건까지 일 방적으로 이관을 명령할 수도 있다. 이는 헌법상의 삼권분립 원칙에 배치되며, 민주통제 체제로 향하고 있는 시대의 흐름에도 역행함을 의 미한다. 우리는 공수처가 세계에 유래가 없는 정치적 사찰기구로 기능 하고, 공수처법이 국가에 불행을 가져오는 반민주법으로 전락할 우려 를 제기하지 않을 수 없다.

졸속 처리의 문제점

진정한 검찰개혁은 검찰 권력 자체의 남용을 방지하면서도 정치권의 외압으로부터 자유로운 검찰 기능을 수립함이 핵심이다. 공수처 설치는 위헌적 요소와 함께 독재적 정치 권력 행사의 수단으로 전락할 위험성까지 상존하게 된다. 소수의 이념 편향적 인사들이 개혁권고안을 제시하고 조국이 주도적으로 조정하여 추진한 것처럼 꾸민 사항들에 대한 범국민적 검증이 먼저 이루어져야 하는데도 대통령이 직접 나서서 검찰개혁에 시한까지 설정하며 개혁 완성을 지시하는 것은 국민의 알 권리를 무시하고 민주절차를 우롱하는 행위이므로 즉시 중단돼야 한다.

민의의 대변자를 자처하는 국회에서 충분한 토의와 합의 없이 패스트트랙 강행처리를 통해 법안이 바로 본회의에 부의될 수 있다는 형식논리만으로 본회의에 직권상정하려는 시도는 반민주적 폭거이다. 고위공무원 부패 방지를 위한 제도적 장치는 검경수사권조정, 특수부 축소, 검찰 및 경찰에 대한 민주통제 제도 도입 등 현안의 진전과 더불어 헌법 체제에 맞게 새로 고안하여 공론화 과정을 거친 후 입법화 단계를 진행해야 한다.

탐욕적 권력욕에 따라 국민을 무시하고 국회의원 정원을 늘리려는 시도를 즉각 중단하라!

●●●

검찰개혁을 핑계하여 공수처를 설치하고 강력한 독재 권력으로 장기 집권하고자 하는 더불어민주당과 연동제 비례대표제를 통한 3야당의 생존전략의 이해관계가 일치하여 국회의원을 증원하려는 시도에 대하여 〈사회정의를 바라는 전국교수모임〉(이하 정교모)는 이를 강력히 반대한다. 국민을 무시하고 권력을 탐하며 자기 밥그릇 챙기기에 혈안이 된 정당들이 국민 반대에도 불구하고 국회의원 증원을 시도할 때는 강력한 국민적 심판을 각오하여야 할 것이며, 정교모도 절대 좌시하지 않을 것을 엄중히 경고한다.

더불어민주당은 야당 시절 제왕적 대통령제의 폐단을 주장하며 헌법개정을 강력히 주장하였다. 그러나 더불어민주당은 집권 후 개헌을 추진하면서 그동안 심각한 폐해를 주었던 제왕적 대통령제 개편보다는 사회체제 개편을 위한 개헌을 추진하다가 국민적 합의를 도출하지 못해 개헌에 실패하였다. 그런데 더불어민주당은 한 걸음 더 나아가 공수처 설치를 통해 대통령에게 입법, 사법, 행정 고위공직자들에 대한 더욱 강력한 통제 권력을 주려 하고 있다.

더불어민주당은 당리당략에 따라 국회의원 정원을 늘리는 것을 국민이 얼마나 반대하는지 잘 알고 있다. 그럼에도 불구하고 독재 권력을 가져다줄 공수처 설치를 위해서 야 3당과 야합하여 국회의원 정원을 늘리는 것을 은근히 추진하려는 것을 심히 개탄한다.

문재인 대통령과 이해찬 더불어민주당 대표, 손학규 바른미래당 대표, 박지원 의원, 심상정 정의당 대표는 눈을 바로 뜨고 국민의 눈을 바라보라! 과연 그대들의 눈빛에 부끄러움이 없는가? 탐욕적인 권력을 위하여 국민을 배신할 것인가?

정치적 야합을 통해 국민적 논의와 합의도 없이 공수처 법안과 연동제 비례대표제를 패스트트랙에 올린 것도 모자라, 국회의원 숫자를 오히려 줄여야 한다는 국민의 열망을 묵살하고 권력욕에 눈이 멀어 국회의원 정원까지 늘리려는 시도에 경악을 금치 못한다.

다시 한번 더 엄중히 경고한다!

국회의원 정원을 늘리려는 시도는 입 밖에도 꺼내지 말라! 일반 국민에 앞서 교수들이 절대 좌시하지 않을 것이다.

2019년 10월 29일

사회정의를 바라는 전국교수모임 집행부

헌법재판소와 국회 그리고 중앙선거관리위원회의 국법준수와 책임 있는 직무수행을 강력히 요구한다!

●●●

2019년 4월 국회는 불법적인 방법에 의해 〈공수처법안〉 등을 신속처리안건으로 지정하였고, 이에 대한 권한쟁의 심판청구와 효력정지 가처분 신청에 대해서 헌법재판소(이하 "헌재")는 아직까지 기일조차 정하지 않는 등 제 역할을 포기하며 노골적으로 권력의 눈치를 보고 있어 대한민국 전체가 심각한 혼란 가운데 빠졌다. 〈사회정의를 바라는 전국교수모임〉(이하 "정교모"), 〈한반도 인권과 통일을 위한 변호사 모임〉(이하 "한변"), 그리고 〈바른사회시민회의〉(이하 "바른사회")는 국법 준수에 앞장서야 할 헌법재판소와 국회가 법률을 어기며 직무를 유기하고 있는 것을 규탄하며 국법준수와 헌법기관으로서의 책임 있는 직무수행을 강력히 요구한다.

〈공수처법안〉 등을 신속처리안건으로 지정하게 된 이른바 패스트트랙은 국회법을 명백히 위반한 불법 사보임(辭補任)의 원죄(原罪)를 안고 있다. 이에 대하여 당사자인 오신환 의원이 권한쟁의 심판청구와 함께 효력정지 가처분 신청을 했고(2019헌라1), 자유한국당도 권한쟁의 심판 청구를 했다(2019헌라2). 그러나 헌재는 지금까지 아무런 결정도 내리지 않고 있다. 정교모, 한변, 바른사회는 이것이 헌법재판소의 명백한 직무유기임을 분명히 밝히며 강력히 규탄한다.

국회법 제48조 제6항은 '국회 임시회의 경우 위원 본인이 질병 등 부득이한 사유로 의장의 허가를 받은 경우 외에는 회기 중 개선될 수 없다'고 못박고 있다. 이 규정은 2003. 2. 4 신설된 조항이다.

이때는 당시 한나라당 김홍신 의원이 본인에 대한 강제 사보임에 반발하여 2002. 1. 24 헌재에 권한쟁의심판을 청구해 놓고, 결정(2003. 10. 30 결정)을 기다리던 중이었다. 이 사건에서 헌재는 정당 민주주의하에서 교섭단체가 소속 의원을 필요에 따라 사보임하는 조치는 [허용될 수 있는 "정당 내부의 사실상의 강제"]로 해석하여 국회의장의 사보임 승인을 적법하다고 보았다.

그런데 헌재 결정 바로 직전에 국회가 스스로 임시회기 내에서는 본인 의사에 반하는 사보임은 안 된다는 규정을 신설하였던 것이다. 이는 헌재 결정 이유에서 말한 "정당 내부의 사실상의 강제"를 국회 스스로 거둬들이고 개개인이 독립적인 국회의원의 헌법상 지위를 확고하게 보장하겠다는 뜻을 입법으로 표명한 것이다. 따라서 오신환 의원의 의사에 반한 강제 사보임은 기존 헌재의 결정 이유로 정당화될 수 없고, 명문화된 국회법에 대한 정면 위반이다. 그러므로 문희상 국회의장의 강제 사보임 승인의 합법을 전제로 한 패스트트랙 지정 법안 역시 무효인 것이다.

그럼에도 헌재는 지금까지 여하한 결정도 내리고 있지 않다. 더구나 효력정지가처분까지 신청한데 대하여서도 묵묵부답이다. 헌재는 무엇을 두려워하는가, 누구의 눈치를 보는가를 묻지 않을 수 없다. 이는 사실관계가 복잡한 사건도 아니다. "사임"과 "해임"의 국어 사전적 의미, 국회법 제48조 제6항의 문언 해석, 그리고 그것이 신설된 배경과 연혁을 보면 일반 국민 누구라도 상식적으로 판단할 수 있는 문제이다.

이것을 지금까지 질질 끌어온 것만으로도 헌재소장 이하 재판관들은 지탄받아 마땅하다. 강제 "해임"과 스스로 물러나는 "사임"을 구분하는 정도의 지식과 판단, 용기와 양심이 없다면 헌재 재판관들은 그 자리에 있을 필요도, 헌법재판소가 존재할 이유도 없다. 〈공수처법안〉을 둘러싼 지금의 국가적 혼란을 한시라도 조기에 정리하기 위해서 헌재는 2019년 12월 3일 문희상 국회의장이 〈공수처 법안〉을 본회의에 상정하기 전에 패스트트랙 과정의 사보임 불법 여부에 관한 판단을 속히 내려야 한다.

공수처법안과 함께 패스트트랙에 올라 있는 준연동형비례대표제를 채택한 〈공직선거법 개정안〉 또한 문제이다. 정교모, 한변, 바른사회는 또 다른 헌법기관인 중앙선관위에 대하여도 공식적으로 묻는 바이다. 현행 공직선거법 제24조 제11항에 의하면, 중앙선관위 소속 국회의원선거구획정위는 국회의원 선거일 전 13개월까지 국회의장에게 선거구 획정안을 보내야만 한다. 동법 제24조의2 제1항은 "국회는 국회의원지역구를 선거일 전 1년까지 확정하여야 한다"고 하고 있다. 이에 따르면 새로운 선거법에 의한 2020년 국회의원 선거의 지역구획정은 법률적으로 불가능하다고 할 수밖에 없다. 더구나 지금 패스트트랙에 올라 있는 공직선거법에는 부칙에서조차 이와 관련한 아무런 경과 조항을 넣지 않고 있다.

중앙선관위는 명백히 법정기한을 지났기 때문에 내년도 총선에서 국회의원 지역구 획정은 이미 법률상 불가능하고, 선거구획정위는 획정권한이 없다는 점을 국민 앞에 조속히 선언하여야 할 것이다. 국회에는 선거구획정을 요청할 권한이 없고, 획정안을 받아 의결할 수만 있을 뿐이다.

만약 중앙선관위가 법정기한이 지나 선거구획정을 하는 경우에는 중앙선관위와 선거구획정위의 각 구성원에게도 민, 형사상 법적 책임을 물을 것임을 엄중히 경고한다. 또 이를 요구한 국회의장을 비롯 국회의원들도 직권남용 등에서 결코 자유롭지 못하게 됨을 분명히 알아야 할 것이다.

정교모는 지난 10월 22일 국회에서 패스트트랙에 상정된 〈공수처법안〉이 검찰개혁이 아니라 위헌적 검찰개악이라는 점을, 나아가 이 악법의 통과는 대한민국 민주헌정을 파괴하는 '입법쿠데타'가 될 것임을 경고한 바 있다. 국가적으로 중차대한 업무에 대해 헌법재판소가 권력의 눈치를 보고 직무를 유기하고 있는 것을 개탄하지 않을 수 없다.

정교모, 한변 그리고 바른사회는 헌재와 중앙선관위가 대한민국의 헌법과 법률의 수호를 위해 헌법기관으로서의 엄정하고 신성한 책무를 성실하고 신속하게 수행하여 사회적 불확실성, 정치적 불안정성을 조속히 매듭지어 민주헌정의 수호자로서의 역할을 다해 주길 강력히 요구한다.

2019년 11월 13일

사회정의를 바라는 전국교수모임

한반도 인권과 통일을 위한 변호사모임

바른사회시민회의

공직선거법 개정안 및 공수처 법안 패스트트랙 처리는 자유민주주의를 말살시키는 폭거다

자유민주주의를 수호하고, 건전한 상식과 공정가치가 지배하며, 정치권력에 대한 헌법적 견제와 균형이 작동하는 사회는 대한민국 공동체의 지향점이고, 이를 지키는 일은 모든 국민의 책임이다. 이러한 핵심가치들이 공수처 설치와 연동형비례대표제 도입으로 인해 한꺼번에 무너질 위기에 처해있다. 더구나 이러한 법안들을 패스트트랙으로 지정하고 이를 국회에서 통과시키려 밀어붙이는 과정에서, 국민의 알권리가 철저히 우롱당하고 헌법적 절차가 무시된 바 있다. 이에 자유 대한민국과 헌정질서를 수호하기 위해 여러 지성인 단체들이 연합하여 정치권, 헌법기관, 그리고 국민에게 호소하고자 한다.

국민을 상대로 한 제대로 된 의견수렴도 거치지 않은 채, 밀실야합으로 만들어진 선거제도 개편 및 공수처 설치 법안은 폐기돼야 마땅하다. 이러한 법안 내용이 정치적 편의가 아닌 국민의 미래를 위해 무슨 순기능을 수행할 수 있는지 야합의 당사자들은 진지하게 답이라도 해야 한다. 현행 선거제도의 문제점만 부각시키고 맹목적 검찰개혁의 구호를 외쳐대는 선동은 결코 답이 될 수 없다.

공직선거법 개정을 통한 준연동형비례대표제 도입주장은 다당제의 장밋빛 장점만을 제시하고 있다. 실제로 한국정치 현실 속에서 정권과 여당이 주도하여 소수 야당들과의 연대를 상시화함으로써 견제와 균형이라는 의회주의 기능 자체를 장기적으로 마비시킬 위험성은 무시하고 있다. 이 제도가 실현되면 유권자들이 정부의 실정을 심판할 길이 막혀, 국가 미래를 위한 장기적, 거시적 정책은 도외시되고, 각종 의사결정은 지지부진하며, 포퓰리즘에 기반한 규제로 시장경제는 활력을 잃게 될 것이다. 이미 우리는 연동형 비례대표제 폐해의 심각성을 남미형 정치실패 사례에서 충분히 보아왔다. 더구나 경기의 룰인 선거법은 선거 참여자 간 합의 없이는 바꿀 수 없는 것이다. 그 일방적 변경은 민주 헌정의 기초를 허무는 위헌적 처사로서 도저히 용납될 수 없는 것이다.

지금의 공수처 법안은 제2, 제3의 조국과 그 가족을 비호하고, 정적을 탄압하는 정권 친위 사찰기구로 공수처를 활용하는 사태를 결코 막을 수 없다. 법안 곳곳에 숨겨둔 독소조항들은 어떤 변명을 들이대더라도 대한민국의 자유민주주의를 말살시키고 특정 이념·세력집단의 정치목적 달성의 도구로 악용될 가능성이 충분하다.

우리는 선출된 권력이라는 미명하에 전횡과 고집으로 일관하는 '조국스러운' 국정운영이 아직도 진행되고 있는 상황에서 전체주의적 광기마저 느끼지 않을 수 없다. 여러 세대의 대한민국 국민이 하루하루 일궈온 자유민주주의 긍지와 법치주의 가치가 일개 소수 권력집단의 편견과 정치적 의지에 의해 하루아침에 무너져 내릴 수도 있다는 위기의식을 절감하고 있다. 공수처를 설치하지 않더라도 기존의 특별검찰관제도, 상설특검제 및 감사원 기능을 활성화시킬 수도 있고, 국회 옴부즈만제도를 신설하는 대안도 있다. 졸속으로 연동형비례대표제를 도입하지 않더라도 국민입법청원제도를 활성화해 소수자 국민집단의 의견을 국회에 정확히 전달할 수도 있는 것이다. 우리들은 그동안 이러한 문제점과 대안을 시국선언, 세미나, 성명서 발표, 항의방문 등을 통해 구체적으로 밝힌 바 있고, 국민이 제대로 판단할 수 있도록 공개토론을 제안하기도 했다.

집권세력은 이런 국민적 의견제시와 요구에 눈과 귀를 닫고, 국회의장은 국회법상의 특위 위원 사보임(辭補任) 규정까지 위반하면서 날치기 사보임을 허가해 공수처 및 선거제법안을 패스트트랙으로 지정했다. 이제 국회의장은 이러한 위헌적 법률안을 국회 본회의에 직권상정하려는 권한남용까지 범하려 하고 있다. 여야 극한 대립을 종식시키기 위해서라도 국정책임 정당이 차기 국회로 논의를 연기함이 마땅하다. 그리고 헌법재판소는 날치기 강제 사보임 결정에 대한 권한쟁의심판에 대하여 신속히 가부간에 결정을 내림으로써 헌법수호 기관의 기본임무를 수행해야 한다. 국민과 역사는 헌정질서를 어지럽힌 자들을 결코 용서치 않을 것이다.

1. 대통령에게 제왕적 독재권력을 부여하는 공수처 설치 법안 즉각 폐기하라.
2. 헌법재판소는 정권 눈치 보지 말고 날치기 사보임 권한쟁의심판

에 대하여 신속히 결정하라.

3. 제1야당을 배제한 채 소수야당과 야합해 추진 중인 선거법안을 즉각 폐기하고, 필요하다면 재협상하라.

4. 국회의장은 날치기 법안들을 국회본회의에 직권 상정하는 반헌법적, 반국회적 과오를 범하지 말라.

2019년 11월 26일
자유수호연석회의
(사회정의를 바라는 전국교수모임, 한반도 인권과 통일을 위한 변호사 모임, 대한민국 수호 비상국민회의, 대한민국 수호 예비역 장성단, 나라사랑 전직 외교관 모임, 자유수호의사회)

법무부의 '청와대 울산시장 선거 개입 의혹' 공소장 비공개 결정에 대한 논평

●●●

헌법 제109조는 재판의 심리와 판결은 공개한다고 하고 있는 바, 검찰이 수사를 마치고 법원에 재판을 위해 공소를 제기한 이상 이 사건은 헌법의 원칙에 따라 공개 재판에 넘겨진 것으로서, 법무부가 그 공개 여부를 결정할 권한을 갖고 있지 않다.

더구나 울산시장 선거 개입 의혹 사건은 민주주의 국가 운영의 기본 규칙을 어긴 중대한 혐의가 있는 공적 사건으로 국민의 알 권리가 우선되어야 하고, 국무위원, 정부위원 등 일정한 직위의 공무원 임면에 관한 동의, 출석과 답변 요구 등을 통한 견제 기능을 국회가 갖고 있다는 점을 감안하면 국회가 공직 선거에 관련한 범죄 사실을 기재한 공소장을 요구한 것은 국민의 대의기관으로서 당연한 권리이고, 이를 거부하는 것은 행정권의 남용이다.

법무부가 법적 근거 없이 이 사건 공소장 공개를 하지 않겠다는 것은 직권을 남용한 것일 뿐만 아니라, 공소장 공개에 따른 정략적 유불리를 계산한 것으로서 공무원의 정치적 중립을 위반하는 것이다.

이에 정교모는 법무부에 대하여 불법적인 권한 남용에 대하여 엄중히 경고하며, 조속히 공소장 전문을 국회에 공개할 것을 강력히 촉구한다.

2020년 2월 4일

울산시장 선거 개입 의혹에 관한
대통령의 침묵은 피의자로서의 묵비권 행사인가

●●●

　최근 청와대 비서진들에 대한 공소장에서 드러난 울산시장 선거개입 의혹에 관하여 대통령은 아직까지 국민에게 아무런 입장을 밝히지 않고 침묵을 지키고 있다. 사회정의를 바라는 전국교수모임(이하 정교모)는 그간 문재인 정권의 공수처 설치 강행, 자신을 향한 검찰 수사의 무력화를 위한 불법, 탈법적인 인사권 남용, 법무장관을 통한 공소장 공개 거부 등 수많은 사안은 별론으로 하고, 이 선거 개입 의혹 하나만으로도 대통령의 간여가 사실로 드러나면 대통령직에서 물러나야 한다는 점을 분명히 한다. 대법관, 헌법 재판관, 법무부 장관, 검찰총장, 대한변호사협회 회장 등을 지낸 법조인들을 포함한 변호사들이 법치주의 위기를 걱정하며, 지난 울산 지방선거 과정에서의 문재인 대통령의 역할이 무엇이었는지 공개적으로 질의하면서, 대통령의 선거 개입 의혹이 사실이라면 탄핵되어야 한다는 공식 입장을 밝혔다.

　공소장에 따르면 민정비서관, 반부패비서관, 행정관 등 청와대 비서실이 일사불란하게 경찰까지 동원하여 특정인을 위하여 불법적으로 선거에 개입하고, 매관매직까지 시도하였다는 사실이 드러나고 있고, 총선 후에는 전직 비서실장에 대한 수사가 본격화될 예정이다. 비서실은 대통령의 수족이다. 수족을 넘어 목까지 이상이 있다면, 당연히 머리 검사까지 해 봐야 한다. 이제 추미애 법무장관을 넘어 대통령에 대한 탄핵까지 거론되고 있는 상황에서 대통령의 침묵은 이해할 수 없다. 주요 사안에 대하여는 국민 앞에 서서 직접 브리핑하겠다는 약속, 청와대를 나와 광화문에서 퇴근길에 시민들과 어울리는 대통령이 되겠다는 약속은 그냥 해 본 소리였는가. 사소한 일에도 정권 홍보와 표를 얻는데 도움이 된다면 대다수 국민이 관심 없는 사안도 직접 챙기고, 현장도 방문하는 그 정성은 어디로 갔는가.

선택적 약속, 편의적 정의가 아니라면 이런 중대한 사안에 대하여 대통령은 직접 자신의 입장을 분명히 밝혀야 한다. 그러지 못하다면 변호사 출신인 대통령이 자신에게 불리한 사실의 진술을 거부할 수 있는 묵비권을 행사하고 있는 것으로밖에 볼 수 없다. 그러나 피의자로서의 묵비권은 대통령의 직에서 내려온 다음에 행사하여야 함을 밝혀야 할 것이다. 전국 377개 대학 6,094명의 교수들이 참여하고 있는 정교모는 문재인 대통령이 울산시장 선거에 대한 대통령 개입 의혹에 대하여 국민에게 그 입장을 분명히 밝힐 것을 요구하고, 만약 대통령이 불법적으로 선거에 개입하였다면, 대통령의 직에서 물러나야 할 것임을 분명히 밝힌다.

2020년 2월 11일

돈은 풀었으니, 입만 막으면 된다는 것인가?

-더불어민주당의 고려대 임미리 연구교수 고발 사건에 대한 논평

●●●

돈은 풀었으니, 입만 막으면 된다는 것인가?

더불어민주당이 '민주당만 빼고' 투표하자는 칼럼을 쓴 임미리 고려대 연구교수와 그 칼럼을 게재한 언론사를 상대로 공직선거법 위반 혐의로 검찰에 고발했다.

우리 정교모는 이 사건을 집권당의 언론의 자유, 표현의 자유에 대한 중대한 침해이자, 다가오는 4.15 총선에서 국민과 야당을 심리적으로 위축시켜 정권 심판론을 조기에 차단하려는 매우 불순한 의도에서 나온 것으로 판단한다.

선거는 민주주의의 꽃이다. 대통령과 여당이 국정을 책임지는 정치 시스템 하에서 선거를 통한 심판 기능은 필수적이고, 그 과정에서 누구든, 어떤 내용이건, 흑색선전과 선동이 아닌 사실에 기반한 자유로운 의견 개진과 주장이 보장되어야 한다.

"입은 풀고, 돈은 묶자"는 것이 우리 선거제도가 지향하는 바이다. 이제 집권 민주당은 통·반장의 수당도 올리고, 지난번 예산안 날치기를 통해 집권 프리미엄을 보장할 돈은 풀었으니, 국민과 야당의 입은 막아야 한다고 판단한 것이 아닌지 우려된다.

우리는 지난 2017년 4월 3일 당시 문재인 더불어민주당 전 대표가 대선 후보로 확정된 뒤, 반대 진영의 후보와 지지자들에게 열혈지지자들이 보낸 문자 폭탄에 대하여 그것은 "경쟁을 흥미롭게 만들어 주는 양념 같은 것"이라고 표현했던 사실을 기억한다.

노골적으로 상대를 위축시키고, 정상적인 민주적 의사 형성을 조직적으로 방해하는 행태에 대하여도 자기편이면 "양념"이라고 표현했던 대통령 후보를 배출한 더불어민주당은, 이제 총선거를 앞두고 특정 후보를 상대로 한 어떤 흑색선전도 아니고, 대학의 교수가 학자적 양심에 입각하여 신문에 기명으로 게재한 칼럼 하나를 두고도, 지지층 결집과 표를 얻는데 불리하다는 이유로 형사처벌까지 꾀하려는 그야말로 유사 전체주의의 권력 광기를 보여 주고 있다.

선관위와 인권위는 이 문제에 관하여 속히 입장을 밝히라. 선관위, 인권위가 제대로 답을 못하면 우리는 앰네스티 등 국제기관에 이 야만적 행태를 호소하는 등 모든 조치를 다 취할 것이다(2020년 2월 13일).

임미리 교수에 대한 민주당의 고발 취하, 없었던 일로 되어서는 안 된다!
-고려대 임미리 연구교수 고발 취소에 대한 논평

민주당의 고려대 임미리 연구교수에 대한 선거법 위반 고발 취하는 어느 정도 예견된 일이었다. 특정 후보에 대한 낙선도, 흑색선전도 아닌 개인적 정치적 의견을 표명한 행위에 대하여 형사고발을 하고 이것을 끝까지 유지할 것이라고는 사실 아무도 생각하지 않았을 것이다.

민주당은 이렇게 형사고발을 해서 사회적 쟁점으로 부각시켜 놓고, 취하함으로써 마치 아무런 일도 없었다는 듯이 시침을 떼고 있지만, 속으로는 소기의 목적을 달성한데 대하여 크게 만족하고 있을 것이다.

전형적인 "치고 빠지기"로 목적을 달성한 민주당의 비열한 행태는 고발을 취하하면서도 진솔한 사과 한마디 없이, 오히려 임미리 교수의 정치적 배경을 탓하는 뻔뻔함에서도 엿볼 수 있다.

민주당이 달성한 목적은 무엇인가. 임미리 교수 본인이 입장에서 밝혔듯이 "살이 살짝 떨리고 귀찮은 일들이 생길까 봐 걱정된다"는 말에서 당초 민주당이 꾀했던 비열한 의도가 무엇인지 엿볼 수 있다.

나치가 정권을 잡을 때 반대파들을 잡아 가두었다가 일부러 풀어 주었다. 그 목적은 공포의 전염이었다. 민주당은 임미리 교수의 사건을 통해 양심적 지식인과 시민들이 여간한 용기가 아니고서는 섣불리 나설 수 없는 자기검열의 분위기로 만드는데 성공했다. 민주당의 이번 행태는 다분히 의도된 것으로 전체주의적 통치 방식의 하나로 보기에 충분하다. 이 사건을 단순한 해프닝으로 간주하고 넘어가서는 안 되는 이유이다.

차제에 정치권은 '돈은 묶고 입은 푼다'는 올바른 선거문화가 정착되기 위해 구체적 논의에 착수하여 조속히 공표하여야 한다. 이미 집권당은 일선 통·반장의 수당을 올리고, 초거대 적자 예산을 편성하여 집권당 프리미엄으로 돈은 돈대로 풀었다. 입만 막으면 된다는 반민주적 선거 전략이 아니라면 이번 사건에 대하여 당사자와 국민 앞에 사과하고, 재발 방지를 다짐하여야 한다. 그리고 선관위는 중립적 심판자로서의 역할에만 충실하여 민주적 여론 형성과 비판을 정권의 입맛대로 해석하지 않기를 바란다(2020년 2월 14일).

'민주당만 빼고', 이는 민주 수호를 위한 절규이자, 선포이다

민주당이 비록 임미리 교수에 대한 고발을 취하했지만 마치 배턴을 주고받는 것처럼 지지자들이 '우리가 고발해 줄게' 등의 해시태그를 확산시키면서 고발의 악역을 자임하고 나선 행태에서 우리는 총체적인 민주주의 위기를 느끼지 않을 수 없다.

칼럼 하나를 놓고 집단적으로 달려들어 고발을 자행하는 행위는 개인의 사상과 표현에 대한 용납 못 할 테러이다. 집권세력에 대하여 양심적으로 비판하는 행위는 우리 사회를 건강하게 만드는 시민적 행위이지만, 집권당에 대한 비판을 입막음하고자 떼로 몰려다니며 린치를 가하는 자들은 시민의 적(敵)일 뿐이다.

지금 우리 사회에는 비이성적 시민의 적들이 건강한 민주주의 여론의 형성을 방해하고, 심지어 대의 민주정의 골격까지 위험에 빠뜨리고 있다. 익명 뒤에 숨은 댓글과 조회 수의 인위적 조작을 일삼는 데서 나아가 입맛에 맞지 않는다는 이유로 심지어 자파(自派)의 국회의원에게까지도 무차별적으로 문자 폭탄을 보내는 등으로 재갈 물림을 꾀하고 있다.

골리앗에 맞서는 자가 아니라, 골리앗 곁에 있는 이런 시민의 적들이 활개치는 배후에는 국민을 내 편과 적으로 보는 집권세력의 뿌리 깊은 분열적 시각과 적절히 외곽지지 세력을 동원하여 역할 분담을 통해 이 적들을 제압하려는 비열한 책략이 있다. 그리고 그 정점에는 문재인 대통령이 있다.

그는 2017년 4월 민주당 대통령 후보로 확정되면서 그 과정에서 있었던 극렬 지지자들의 상대편에 대한 공격을 "양념"이라고 한 바 있다. 또 지난해 조국 사태를 둘러싼 국론 갈등 속에서 노골적으로 한쪽 편을 들고, 다른 쪽에는 눈과 귀를 닫은 듯하다가 급기야 신년사에서 조국에게 마음의 빚이 있다고 함으로써 지지자들에게 자신이 어떤 유형의 리더라는 메시지를 분명하게 보여 주었다.

다가오는 총선에서 집권당이 몇 석을 얻건, 행정부 수반인 대통령의 의중에 어긋나는 어떠한 행동도, 비판적 의견도 허용되지 않는 분위기라면 그런 정당에게서 어떤 헌법적 견제와 균형의 기능, 건설적인 국정운영을 기대할 수 있겠는가? 한 석을 얻을 때마다 독재의 세력의 세만 그만큼 더 키워 줄 뿐이다. 그런 점에서 〈#민주당만_빼고〉는 일회성 항의가 아닌, 민주주의 수호의 절규이다. 이를 통해 시민의 적인 '극렬 지지층'과 이를 적절히 활용하려는 세력을 끝장내야 한다는 단호한 선포인 것이다(2020년 2월 17일).

2020년 2월 11, 14일, 17일

정부는 국민 생명을 담보하고 중국의 눈치를 보며 방역관리에 있어서 정치적으로 판단하지 말라!

●●●

코로나19 확산을 막기 위해 중국 전역에 대한 입국 차단 조치를 시행하라!

오늘(18일) 31번째 신종 코로나바이러스(코로나19) 환자가 발표되었다. 29번, 30번, 31번 환자들은 아직 역학조사가 진행 중이기 때문에 확실한 감염경로를 알 수는 없지만 해외여행이나 확진자와 접촉 이력이 없다는 점에서 지역사회 감염의 가능성이 제기되고 있다.

해외에서 유입된 감염성 질환에 대한 방역관리의 기본 원칙은 '해외 유입 차단'이다. 그런데도 문재인 정부는 대한의사협회와 대한감염학회의 권고를 계속 무시하고 있다. 의협이 지난 1월 26일 중국 전역에 대한 입국 금지 조치가 필요하다고 권고했음에도 불구하고 문재인 정부는 2월 4일에야 후베이성을 14일 이내에 방문하거나 체류한 모든 외국인에 대해 입국을 금지했다. 그러나 이미 1월 23일부터 중국이 스스로 우한지역을 봉쇄했는데 10일이나 지나서 우한지역으로부터 입국을 차단하는 것이 무슨 소용이 있는가? 또한 지난 7일 사례정의 확대로 중국 전역에서 입국하는 내·외국인에 대해서 특별입국절차를 시행하고 있지만 이것도 부족하다.

공항과 항만에 전용 입국장을 개설하고, 중국에서 입국하는 모든 내·외국인의 국내 거주지와 실제 연락처를 직접 확인한 후 입국을 허용한다지만 해열제를 복용하고 입국하거나, 국내 거주지를 속이거나, 입국 후 연락이 두절된 입국자는 지역사회에 그대로 방치된다. 게다가 겨울방학을 이용하여 귀국했던 약 7만 명의 중국인 유학생도 문제이다. 이미 입국한 약 2만 명에 대해서 대학별로 등교 중지, 기숙사 내 자율 격리, 도서관과 식당에 출입 제한 등의 고육지책을 내놓고 있지만 상당수의 중국인 유학생들은 연락두절 상태이며 이로 인해 대한민국 국민들은 고스란히 지역사회 감염의 가능성에 노출되고 있다. 17일 오전에 교육부는 아직 입국하지 않은 중국 유학생들에게 1학기 휴학을 적극 유도하겠다고 발표했지만 그동안 매일 수만 명씩 중국 전역에서 입국한 사람들이 이미 전국각지로 흩어진 상황에서 이 조치가 얼마나 효과적일지 의문이다. 다시 한번 강조하지만, 중국에서 확진자와 사망자가 크게 증가하는 상황에서 가장 중요한 대처는 중국 전역에 대한 입국 차단이다. 국민의 건강과 생명을 책임져야 할 정부가 방역관리에 있어서 중국의 눈치를 보며 정치적인 판단을 한다는 것은 잘못된 조치이다. 문재인 정권은 소위 '대깨문'만 '국민'으로 인정하는 것 같은데 그 '국민'조차도 7만 중국인 유학생보다 가치가 없는 '사람'들인지 묻고 싶다.

수년 전 메르스 사태에서 경험했던 컨트롤타워의 부재 및 혼선은 이번 우한폐렴 사태에서도 여전히 지적되고 있다. 1월 20일 첫 번째 우한폐렴 확진자가 발생한 이후 질병관리본부 산하에 중앙방역대책본부가 가동되었는데 그 후 중앙사고수습본부, 중앙재난안전대책본부, 국가위기관리센터 등이 계속 참견하는 모양새다. 질병관리본부는 보건복지부 산하기관이므로 상급기관의 눈치를 볼 수밖에 없고, 그 외는 방역이나 감염병 전문기관이 아니다. 그러므로 지금이라도 질병관리본부를 중심으로 일관성 있는 방역시스템이 가동되어야 하며, 정부의 정책 결정에는 대한의사협회와 대한감염학회 등 전문가 집단의 권고가 적극적으로 수용되어야 한다. 효율적인 지휘관리를 위하여 바람직하게는 질병관리본부를 보건복지부 산하기관이 아니라 독립적인 청(질병관리청)으로 승격이 필요하다.

또한, 지역사회에서 조기진단과 감시체계가 신속하고 효율적으로 이루어지기 위해서는 전문화된 역학조사요원의 충분한 배치가 필요하다. 질병관리본부의 역학조사관들은 거의 한 달째 확진환자에 대한 역학조사와 브리핑자료 준비 등의 격무에 시달리고 있다. 이러다 과로사가 발생하지 않을까 걱정이다. 문재인 정부는 공무원 17만 명을 채용하겠다면서 정작 필요한 인력은 왜 뽑지 않았는가? 지금이라도 자질있는 역학조사요원들을 확보하여 지속적인 교육과 훈련을 한다면 제2, 제3의 우한폐렴 사태에는 더욱 신속한 대처가 가능할 것이다.

마지막으로, 국민들에게 한 가지 부탁이 있다. 해외여행 이력을 숨기지 말고 의료기관에 솔직하게 알려주면 좋겠다. 진료를 거부하겠다는 것이 아니라, 서로의 안전을 위해서 선별진료소(가 있는 기관)로 안내하려는 것인데 병원직원들에게 폭언을 하거나, 거짓말을 하고 병원으로 들어오는 사람들이 종종 있다. 그러나 거짓말은 금방 들통난다. 1월

말부터 모든 의료기관은 건강보험심사평가원의 DUR시스템을 통하여 환자의 해외여행력을 확인할 수 있기 때문이다. 2018년 기준으로 대한민국은 세계 11위의 경제대국이므로 경제력에 걸맞은 성숙한 시민의식을 보여주기 바란다. 그리고 우한폐렴에 맞서 거의 한 달째 싸우고 있는 질병관리본부와 전국의 보건소, 그리고 선별진료소를 운영하는 전국의 주요 의료기관에게 깊은 감사와 격려를 전한다.

2020년 2월 18일

코로나바이러스 위기,
권력이 한걸음 물러나 있는 것이 해법이다!

●●●

이제 신종 코로나바이러스의 지역사회 감염 가능성까지 대두되면서 대한민국 전역이 안전할 수 없게 되었다. 사태가 이렇게까지 확산된 이면에는 초기에 대통령이 나서서 모든 문제를 앞장서서 해결할 것처럼 호들갑 떨다가 슬그머니 질병관리본부로 책임을 떠넘기는 등의 혼선이 있었음을 부인할 수 없다. 또 전문가들의 의견을 무시하고 정치적으로 접근하여 정부가 중국의 눈치를 보며 중국 전역에 대한 입국차단 조치를 아직 시행하지 않은 것에도 문제가 있음을 이미 논평을 통해 밝혔다.

지금의 이 위기 확대는 전문가들과 소신 있는 공무원들에 대한 경시, 상대적인 정치 논리 과잉, 청와대로만 쏠려 있는 독단적 의사결정이 원인이다.

문재인 정부는 대한의사협회와 대한감염학회의 권고를 계속 무시하고 있다. 의협이 지난 1월 26일 중국 전역에 대한 입국금지조치가 필요하다고 권고했음에도 불구하고 문재인 정부는 2월 4일에야 후베이성을 14일 이내에 방문했거나 체류한 모든 외국인에 대해 입국을 금지했다. 그러나 이미 1월 23일부터 중국이 스스로 우한지역을 봉쇄했는데 10일이나 지나서 우한지역으로부터 입국을 차단하는 것이 무슨 소용이 있는가?

지금도 질병관리본부 산하에 중앙방역대책본부가 가동되었는데 그 후 중앙사고수습본부, 중앙재난안전대책본부, 국가위기관리센터 등이 계속 참견하는 모양새이다. 거기에 지방자치단체장까지 가세하면 바이러스 횡행 이상으로 중구난방식의 존재감을 위한 말을 위한 말의 횡행이 판을 칠 것이다. 더구나 선거의 계절이다.

컨트롤타워는 한 곳이어야 한다. 책임을 주었으면 권한도 몰아 주어야 한다. 책임은 실무 부서에 떠넘기고, 권한은 여전히 청와대가 갖고, 생색낼 준비만 하고 있는 상황에서는 어떠한 소신 있는 의견도, 대책도 불가능하다. 코로나바이러스 사태를 맞아 일본이 매뉴얼 사회의 한계를 보여 주고 있다면, 우리는 전문가를 무시한 채 정치적 권한의 독점, 책임의 전가라는 후진적 한계를 보여 주고 있다. 코로나바이러스가 위험하지 않으니 불안해할 필요가 없다는 말은 대통령이 아니라 질병관리본부에서 나와야 한다.

장기적으로는 대규모 감염병의 효율적인 지휘관리를 위하여 질병관리본부를 보건복지부 산하기관이 아니라 독립적인 청(질병관리청)으로 승격도 필요하다.

지금이라도 늦지 않았다. 중국 전역에 대한 입국 차단, 국내 지역 감염 확산 등에 필요한 모든 조치 권한을 한 곳에 몰아주고, 차분히 각자의 위생 안전에 힘쓰면서 생업을 돌아보자. 권력이 나서면 될 일도 안

되는 일을 우리는 많이 보아왔다. 코로나바이러스 사태에 권력은 나서지 않는 것이 최선의 방안이다.

2020년 2월 20일

대한민국, 정권만 보이는 무정부 상태이다!

●●●

　정부가 실종되었다. 중국 우한발(發) 코로나19 바이러스로 대한민국 전체가 올스톱되다시피 하고 수시로 발표되는 확진자 숫자와 발생 지역 증가는 국민의 일상을 마비시켜 가고 있다. 그동안 각종 재해를 겪으면서도 온 국민이 이렇게 지역을 불문하고 그 끝을 모른 채 불안해하는 것은 유례가 없었다. 마치 대한민국 전체가 또 하나의 세월호가 되어 침몰하고 있는 것 같다. 그러나, 지금 대한민국은 정부는 없고, 정권만 보이는 무정부 상태와 같다.

　이런 총체적 난국일수록 정부가 중심을 잡고, 국민에게 힘을 주고, 다독여야 한다. 그런데 대통령을 위시하여 집권당과 각료들이 보이는 행태는 어떠한가. 보건복지부 장관은 코로나 확산의 책임을 자국민에게 돌리고, 외교부 장관은 이 와중에 영국까지 가서 당사국 장관도 만나지 못하는 수모를 겪었다. 부총리는 건물 임대료를 낮추면 세금을 감면하겠다는 감성팔이 정책을 즉흥적으로 내뱉고 있다. 마스크는 넉넉할 거라고 공언한 대통령의 말은 또 하나의 헛소리로 국민을 허탈하게 하고 있다. 그리고 집권당은 책임론의 화살을 피하려고 야당과 특정 종교가 관련 있는 것처럼 그야말로 '대깨문'과 역할 분담을 하여 가짜 뉴스를 퍼뜨리고, 한편으론 위성 비례정당을 만들겠다고 하면서 국민을 우롱하고 있다. 정상 국가라면 있을 수 없는 일이다.

대통령과 집권당의 제1차적 책임은 국민의 생명과 신체의 자유, 재산을 지켜 주는 것이다. 그런데 지금 정권의 행태는 이와는 완전히 거리가 멀다. 무능할 뿐 아니라 사악하다. 북한 비핵화에 실패하여 안보 불안을 증폭시킨 정권이, 이제는 감염병 통제에 실패하여 국민의 일상을 직접 위협하고 있는 이 현실을 개탄하지 않을 수 없다.

바이러스의 발원지도 아니면서 대한민국이 국제 사회에서 속속 입국금지 대상 국가로 낙인찍히도록 한 가장 큰 원인 제공자는 이 정권과 집권 민주당이다. 이들은 권력이 주는 달콤함만을 향유하면서, 이를 계속 확대, 재생산하여 백성을 수탈하며 자신들만의 공고한 지배체제를 쌓으려는 구한말 무능하면서 탐욕스러웠던 매국노들을 연상케 한다.

지금 국민은 정권이 아닌 정부를 보고 싶다. 자기들은 틀릴 수 없다는 교조주의적 시대착오적 이념에 사로잡혀 온갖 궤변과 선동을 늘어놓는 정권이 아닌, 잘못이 있으면 시인하고 바로잡고, 모든 것을 투명하게 공개하고, 이른바 '대깨문'만의 소리가 아닌 '국민'의 소리를 듣는 정부를 원한다. 이 정권이 들어서서 지금까지 우리 국민에게 확실히 보여 준 것은 두 가지이다. 하나는 '한 번도 경험하지 못한 나라'를 경험하고 있다는 것이고, 다른 하나는 권력을 강화하고, 사유화하기 위해서라면 그 어떤 것도 못 할 것이 없다는 표독함과 집요함이다.

이 두 가지 팩트를 불식시키지 않고는 언제까지 갈지 모르는 이 사태에서 국정의 컨트롤타워가 제대로 작동할 수 없다. 지금이라도 국정을 정상화시킬 의지가 조금이라도 있다면 대통령과 집권당은 내각을 재구성해야 한다. 정권의 앞잡이가 아닌, 정부의 구성원으로서 국민 전체에 봉사한다는 기본을 가진 자들, 역량이 검증된 사람들로 채워 넣어 침몰하는 대한민국의 복원력을 다소나마 회복시켜야 한다.

대한민국이 세월호가 되어 가라앉을 수는 없다. 국민은 가만히 앉아서 죽기만을 기다리지 않을 것이다. 자신의 기본적인 신상정보 제공을 동의해야만 서명이 가능한 청와대의 청원 게시판에 대통령 탄핵 찬성 국민이 120만 명이 넘었다는 것은 국민의 분노가 어느 정도인지 보여 준다. 정권은 이 경고를 무시하지 말기 바란다.

2020년 2월 28일

스마트교육 비상 체제로 전환하여 학교 문을 열고, 중국 유학생들은 자가 격리를 통해 수업을 듣게 하자

●●●

오늘 2월 28일 기준으로 코로나19 확진자가 2천 명을 넘어섰고 이제 대한민국은 중국보다 더 위험한 국가로 지목되고 있다. 전문가들의 권고를 무시한 청와대의 정치적 행보에도 불구하고, 방역전문가들과 국민이 온 힘을 다 기울여 방역에 최선을 다하고 있지만 그 끝은 아무도 예측할 수 없으며 상상을 초월하는 최악지경까지 예상되고 있다. 이미 경제는 멈춰서고 있다. 무엇보다도 전쟁 중에도 문을 닫은 적이 없었던 대한민국의 학교와 대학이 이틀 후 3월 신학기를 열지 못하고 우왕좌왕하고 있다. 겨우겨우 임시방편으로 1주 혹은 2주간의 휴업 조치에 들어갔으나 다음 주 다음 달이라고 하여 나아질 것이라고는 아무도 장담을 못 한다.

한시라도 빨리 교육부는 근본적인 대책을 세워야 하고, 각 학교들은 자구책이라도 마련해 국가백년대계의 업을 엄중하게 수행해야 할 것이다.

첫째 교육부는 막연히 1주 혹은 2주 정도의 휴업이나 휴교 조치를 각급 학교와 대학의 책임으로 미루지 말고 사태가 종료될 때까지는 ICT 강국의 인프라를 총동원하여 온라인과 사이버체제에 기반한 스마트교육체제로 모든 교육활동을 전환하도록 지침을 마련하고 지원하여야 한다. 이는 단순히 결손된 수업을 보강하고 보충하는 것이 아니며 상황에 따라서는 정규수업을 대체하는 정도로까지 추진될 수 있다. 물론 이러한 방식이 성과를 거두기 위해서는 해결돼야 할 입법적·행정적·재정적 뒷받침이 필요하다. 그러나 백년대계를 중단하지 말아야 한다는 엄숙한 과업에 비하면 조족지혈에 불과하며 국가적 총력을 기울인다면 전혀 어려운 일이다. 이미 대한민국의 교육정보화 수준은 세계 최고 수준의 인프라를 갖추고 있으며 경험 또한 축적되어 있다. 다만 정부의 각종 규제적 정책으로 인하여 실행 단계에서 소소한 걸림돌들이 놓여 있을 뿐이다. 이런 것들은 쉽게 걷어낼 수 있는 것들이다. 양질의 교육 콘텐츠들도 민간뿐 아니라 공공 섹터에서 풍부히 갖추어 왔으며 5G 통신망은 물론 세계 최고의 스마트 디바이스들이 보편화되어 있다.

둘째 대통령 직속으로 스마트교육 비상체제 TF를 즉시 설치하고 전국의 모든 학교와 대학, 그리고 교사와 학생들을 위한 지원 활동에 나서야 한다. 장애 요소의 대부분은 정부의 비효율적 규제인 바, 학교 현장의 교사들과 민간 전문가들 중심으로 실행력을 갖춘 조직을 꾸리고 전권을 부여해야 할 것이다. 벌써 역량 있고 뜻 있는 현장 교사들과 스타트업 기업들은 자발적으로 나서고 있다. 이들을 격려하고 지원만 해도 충분할 것이다.

셋째 코로나19 바이러스 초기 방역은 분명 실패했으며 가장 큰 원인 중의 하나는 중국입국 제한 조치를 못 한 것이다. 그리고 지금 전국의 대학들은 7~8만 명에 이르는 중국 유학생들이 등교했을 때 어떤 사태가 벌어질지에 대해 전전긍긍하고 있다. 좌고우면할 일이 아니다. 지금이라도 입국을 금지하고 사태가 종료될 때까지는 모든 수업을 온라인과 사이버를 이용한 스마트교육 체제로 수행할 수 있도록 해야 한다. 이미 입국한 학생들에서는 각 대학들이 고육지책으로 대응하고 있으나 더 이상의 모험을 감수하지 말게 해야 한다. 이들이 각자 자가 격리하여 가정에서 온라인으로 수업을 청취하고 시험을 치를 수 있을 것이다. 이미 지금도 상당수의 유학생들은 연락두절 상태여서 지역사회는 감염 가능성에 노출되고 있다.

문재인 정부는 이미 재난대처에 있어 공신력을 잃어가고 있다. 정부가 정치적 고려에서 결단하지 못하고 지금처럼 미적거릴 경우, 각급 학교들이 자체적으로라도 스마트 교육 체제로 전환하여 원격교육을 실시하여 소중한 미래세대의 생명을 보호할 것을 우리 교수 모임은 권고한다. 이러한 교육의 결과를 정규교육으로 인정받는 것은 나중에라도 소급 입법으로 가능한 것인바, 지금은 특히 학교 캠퍼스가 우매한 정치권력의 최대 희생양이 되지 않도록 조치하는 일이 시급하다.

대한민국의 부흥과 기적은 교육으로 이루어졌다. 여기서 멈추면 안된다. 위기를 기회로 삼아야 한다. 세계 최강의 ICT 국가답게 5G 시대에 맞게 스마트한 비상교육체제로 전면 전환하여 코로나바이러스를 극복해야 할 것이다.

2020년 2월 29일

문재인의 친중 정책, 사대주의를 넘어 매국인가

●●●

대한민국을 사지(死地)로 몰아넣고 있는 우한 바이러스 사태는 심각한 정치적, 사회적 갈등까지 야기하고, 한국인을 전 세계인의 기피 대상으로 만들어 버렸다. 이 사태에 이르게 된 것은 문재인 대통령의 사대주의를 넘어 매국에 가까운 맹목적인 친중 정책에 그 책임이 있음을 분명히 밝힌다.

문재인 대통령은 취임 이후 "큰 산봉우리 중국 앞의 작은 나라 한국은 시진핑 주석의 '중국몽(夢)' 정책에 합류하겠다"고 했으며, '한·중은 운명공동체'라고 천명했다. 21세기 주권평등시대 대한민국의 대통령이 전통적 중화조공체제의 조공국을 자처하는 신(新)사대주의 정책을 선언한 것이다. 문 대통령의 대중정책은 '소득주도성장'의 본말전도와도 같이 '사대주도친중' 정책이 되어 버린 것이다. 이 정책은 시대착오적일 뿐만 아니라 모험주의적 국가전략에 속한다. 중국에 대한 '3불 약속'은 큰 산봉우리 중국 앞에 작은 나라 한국이 안보주권을 중국에 양도한 것이나 다름없다.

국내 탈원전 결정과 한·중 계통연계협정 체결은 세계에서 최고로 안전하고 효율적인 에너지원을 포기하고 원전 기술과 전문 인력을 중국에 넘겨주는 결과를 낳는다. 아울러 중국의 원전으로부터 전기를 공급받음으로써 한국의 에너지 주권마저 중국에 양도하는 것이다. 최근 완도-제주 해저전력망 건설에 자격도 없는 중국 업체의 입찰까지 허용하는 논란까지 빚고 있다. 행정 수도 세종특별자치시 등 주요 도시들이 화웨이를 비롯한 중국의 정보기술에 의존한 ICT 도시건설을 결정한 것은 한국인의 생활주권과 도시주권을 중국의 감시와 통제하에 방치하는 것이다. 중국은 한국 국내정치에 대한 개입과 간섭, 경제침투로 대한민국의 주권을 심대하게 침해하고 있다.

이것은 문재인 정권이 신(新)사대주의로 시진핑의 중화 패권주의에 굴복한 결과이다. 이러한 이유로 많은 국민들이 한국이 중국의 지방정부로 편입하는 것이 아닌가 하는 불안감을 갖는 것이다. 한국의 언론인과 지성인, 그리고 일반 국민까지도 문재인 대통령에게, "나라를 통째로 중국에 바치려는 것인가" 하고 묻는 지경에 이르렀다. 문재인식 사대주의가 매국이 아닌가, 그래서 우리가 망하는 것이 아닌가 하고 우려하게 되었다. 그래서 대통령이 그 자리에 있어서는 안 된다는 국민들의 생각이 하야 또는 탄핵청원으로 이어지고 있는 것이다.

문재인 대통령이 맹목적인 친중 정책에 묶여 있다 보니, 부처 책임자와 집권 여당은 의학적, 국가적 방역이 아니라 정치적, 정파적 방역에만 몰두하여 초동방역 조치, 물자관리, 치료대책의 적절성과 적시(適時)성을 다 놓쳐버렸다. 존스 홉킨스 대학의 '세계건강안전지수보고서(World Health Security Index)'가 '전염병 초기 진단 능력'과 '전염병 확산

대응 능력'에서 각각 세계 5위로 평가했던 한국이 코로스19 총확진자 수가 발병국 중국에 이어 2위로 증가율 1위의 나라가 되었다, 확진자 와 사망자가 폭증함으로써 치명적 전염병의 확산 공포가 휩쓸고 있고 우리 경제는 파국에 봉착하고 있다.

우한폐렴 발병 초기의 중국인 입국 방치, 마스크 및 방호복의 중국 대량 공급으로 인한 기초 방역물자의 낭비로 그 흔했던 마스크 하나 제대로 살 수 없는 상황이다. 대구 환자들의 생명을 구하려 나선 의료 진 태반은 방호복도 못 갖추고 사력을 다하는 이 사태를 어떻게 설명 해야 하는가? 이미 국민들은 환란(患亂)의 공포를 넘어 분노에 휩싸이 고, 대통령과 정부에 대한 원초적 증오까지 확산되고 있다. 150만에 달하는 국민이 문재인 대통령 탄핵 청와대 청원에 서명했고, 국회 청 원은 동의자 10만을 넘겨 문 대통령 탄핵 법제사법위원회의 심사가 결 정되었다. 많은 국민들은 문재인이 '한국 사람 먼저'가 아니고 '중국 사 람 우선' 챙기는 사이비 대통령으로 여기기 시작했다. 한 고등학생은 정연한 논리로 '대통령의 하야'를 청와대에 직접 청원했고, 이는 유튜 브를 통해 급속히 퍼져나가 많은 국민들의 공감을 얻고 있다.

이 국가적 위기에도 집권세력은 방역과 치료는 전국에서 대구로 달 려온 의료인들의 신성한 사투(死鬪)에만 맡겨 놓고, 다가올 선거를 의식 하여 '신천지'를 속죄양으로 삼아 책임을 전가하기에 급급하다. 그러나 역사적으로 살펴보면 사이비 이단 종파가 횡행하고 공권력을 우습게 보았던 시기에는 국민의 신망을 잃고 민생을 도탄에 빠지게 하는 무능 하고 부패한 집권세력에 있었다는 사실을 문재인 정권은 되돌아봐야 한다.

3·1기미독립선언 101주년이 그저께였다. 문재인 정권이 온갖 거짓 정책과 정치공작으로 유사 전체주의를 펼치고, '생명공동체'를 내세워 북한의 사교전체주의, '운명공동체'를 천명하며 중국의 '디지털 전체주의'에 합류하는 것은 자유대한민국의 종언을 의미한다. 중국에는 면죄부를 주고, 정권은 면피성 전략을 짜는 동안, 모든 책임은 국민에게 돌아오고, 국제사회에서의 왕따와 수치는 대한민국의 몫이 되고 말았다. 매국적 친중 정책을 일삼는 문재인 대통령과 이를 옹위하는 집권 민주당은 지금이라도 대오각성하기 바란다. 국민들도 깨어서 사태를 이 지경까지 끌고 온 세력에 대하여 확실한 심판을 내려야 한다.

2020년 3월 3일

때늦은 국회의원 지역구 확정 소동을 보면서, 선관위와 여야는 법치주의를 더 이상 농락하지 말라!

●●●

총선을 불과 40여 일 앞두고 국회의원 선거구 확정을 둘러싼 중앙선관위 산하 국회의원선거구획정위(이하 "선거구획정위")와 국회 사이에 벌어지는 논란은 대한민국의 법치 실종의 민낯을 보여 주는 부끄러운 행태이다.

여야가 선거구획정회가 2020. 3. 4 제출한 선거구획정안에 대하여 "공직선거법의 취지와 정신을 훼손했다"며 재의를 요구했다. 현행 공직선거법에 의하면 국회의원 선거구는 선거일 전인 2019. 4. 15까지 확정되었어야 했다.

공직선거법 제24조의 2 제1항은 "국회는 국회의원 지역구를 선거일 전 1년까지 확정하여야 한다"고 정해 놓고 있다. 그리고 이를 위해 선거구획정위로 하여금 선거구획정안을 '국회의원선거의 선거일 전 13개월까지 국회의장에게 제출하여야 한다'고 명시하고 있다(제24조 제11항).

당초 19대 국회는 2015 국회의장 산하의 선거구획정위를 중앙선관위 산하에 옮기면서 법률 개정의 이유로 "국회의원선거가 실시되는 때마다 국회의원 선거구획정과 관련한 정치적 이해관계에 따라 선거구획정이 지연됨에 따라, 선거관리에 차질이 발생하는 것은 물론 이해관계가 있는 지역주민의 반발 등 많은 문제가 발생하고 있으므로, 현재 국회에 두도록 하고 있는 선거구획정위를 중앙선거관리위원회에 두도록 하여 정치적 독립성을 강화하고, 획정위는 선거구획정안을 국회의원선거일 전 13개월까지 국회의장에게 제출하도록"하는 것이라고 하였다. 입법취지와 법률의 규정, 어느 모로 보나 선거일 1년 전 국회의원 선거구 확정은 강행규정으로 이에 위반한 것은 무효일 수밖에 없다.

이 명백한 불법과 반칙 소동의 일차적 책임은 선거구획정위에 있다. 국회로부터 독립한 이 획정위는 국회의 지시를 받는 것이 아니라, 독자적으로 유권자들의 표의 등가성을 감안하여 선거구를 획정하였어야 한다. 이 점을 알고 있었기에 2018. 12. 10 획정위 위원장 명의로 국회 정개특위 위원장 앞으로 "선거구획정 논의가 불가능하다"며 공문을 보낸 적도 있는 것으로 드러났다. 그러나 이것으로 면피가 될 수는 없다. 독립기관으로서의 역할을 포기한 직무유기를 저지른 것이다.

국회는 지금이라도 불법적인 국회의원지역구 확정을 중단하길 바란다. 대한민국의 법치를 국회가 지키지 않는 것이 새삼스러운 것은 아니지만, 이익이 달린 것은 여야를 막론하고 한목소리를 내는 정치꾼들에 대한 국민의 분노는 한계에 도달했다.

더 이상 불법이 감행된다면, 정교모(사회정의를 바라는 전국교수모임)는 편리한 대로 법을 이리저리 농락하는 자들에 의하여 끌려가는 현실을 좌시하지 않고, 정치적 역할과 책임을 저버린 중앙선관위와 선거구정위에 대하여는 직무유기를, 국회에 대하여는 여야를 막론하고 직권남용의 혐의로 사법적 책임을 묻는 절차에 돌입할 것이다.

2020년 3월 5일

코로나19 사태로 인해 국가가 통제 불능으로 빠져들기 전에 전문가들의 손에 맡겨라!

●●●

전염병이 창궐할 때는 격리가 가장 기본 조치이다. 걷잡을 수 없이 확대되는 코로나19 사태는 이런 기본이 무너진 한국정치의 현실을 절감케 한다. 2월 2일 국무총리가 주재한 중앙사고수습본부 회의에서 "중국인의 관광 목적의 단기비자 발급 중단"과 "중국 전역에 대한 여행 금지"를 결정했음에도 불구하고, 2시간 후에 "후베이성 체류자의 입국만 금지"하며 "중국인 관광비자 발급 중단은 검토"해나가고 "중국 여행 자제를 권고"한다는 내용으로 완화되어 수정발표 됐다. 조기 격리를 실행할 수 있는 마지막 기회를 스스로 차버린 것이라 통탄할 일이다. 정부는 이러한 어처구니없는 수정이 행해진 사유와 배경을 낱낱이 국민 앞에 보고해야 한다. 최근 방역당국의 요구에 적극적으로 협조하지 않았다는 것을 이유로 신천지교를 미필적 고의에 의한 살인죄로 고발하고 있는 마당에, 이러한 의도적인 결정번복이 국가권력에 의한 미필적 고의에 의한 국민의 살인행위와 무엇이 다르단 말인가.

국제공중보건위기 상황이 발생하면 즉시 상황에 대한 상세정보를 세계보건기구(WHO)에 통고해야 하고 인접국가와 공유할 국제법적 의무를 진다. 특히 신종 감염병의 초기 대응에 있어 상세한 정보공유는 매우 중요하다. 이런 의무를 다하지 않는 국가에 대해서는 국제보건규칙(2005)에 따르면 WHO 사무총장의 장려 하에 당사국 간 중재재판을 통해 분쟁을 해결할 수 있도록 하고 있다. 중국 정부는 1월 7일 새로운 유형의 코로나바이러스를 확인하고, 1월 12일에 국가들이 진단키트를 개발하는데 사용할 신종 코로나바이러스의 유전자 서열을 통고한 것이 전부인 것으로 알려졌다. 그동안 문재인 정부는 국민들의 집회 자제, 광야교회 철거 등 국민들에 대한 수많은 요구를 하는 사이에 정작 바이러스의 진원지인 중국에 대해 어떠한 구체적 요구를 해왔는지를 목록을 작성해서 국민에게 보고하라.

국민의 생명권이 달려 있는 사안에 대해서는 각국이 필요한 만큼 규제하는 게 당연하다. 중국인 입국금지를 취하지 않는 이유에 대해 청와대는 우리가 입국금지를 시키면 중국도 그렇게 할 것이라는 궤변적 상호주의 변명으로 일관했다. 지금 중국이 우리나라 국민의 중국 입국을 금지하고 있는데도 우리는 그렇게 하지 않고 있는 것은 상호주의 위반인데 그대로 방치하겠다는 말인가. 외교의 ABC도 모르는 외교부 장관은 세계 각국에게 한국인의 입국금지를 완화해달라는 공식요구를 하며 돌아다니고 있다. 각국이 자국민의 생명권 보호 차원에서 판단하여 취하는 조치를 타국 정부가 철회해달라고 요구한다는 것이 말이 되는가. 우리가 그들의 생명권을 어떻게 보호해 주겠다는 말인가.

국민의 몸은 바이러스로 병들어가는데 정부의 머리는 중국몽(夢) 정치에 빼앗겨 버렸다. 한 달 전인 1월 26일부터 대한의사협회에서는 6

차에 걸쳐 성명을 발표했다. 그 핵심요구는 중국인 입국금지 조치를 취하라는 것이었다. 감염병 분야 전문학회인 대한감염학회, 대한의료감염관리학회, 대한항균요법학회 등도 2월 2일부터 2차에 걸쳐 정부에 건의를 했다. 정부가 취하고 있는 후베이성으로부터의 입국차단 조치만으로는 부족하니 그 이상의 제한조치를 취하라는 것이었다. 그런데도 정부는 여태껏 후베이성에서 오는 외국인에 대한 입국제한 조치만을 고수하고 있다. 진실을 말하는 전문가의 목소리를 철저히 무시해온 문재인 정부의 행태는 2018년 8월부터 본격화됐다. "개혁성향의 노동경제학자로서 소득주도성장 지원의 적임자"라며 통계청장에 스스로 임명한 황수경 박사를 그해 1, 2분기 소득 하위 20% 가구소득이 감소했다는 통계청 통계가 발표되자 전격 경질했다. 이날부터 한국의 통계행정은 사망선고를 받았다. 이젠 보건행정과 외교의 기본마저 사망선고를 받고 있다.

책임 있는 정부라면 중국과 한국이 운명공동체이고 질병공동체까지 되어야 하는 실제 이유를 대고 국민들이 이에 동의하는지 살펴야 마땅하다. 그 실제 이유란 것이 시진핑 중국 주석의 총선 전 방한을 성사시키기 위한 포석이라는 것이 중론이다. 문재인 대통령은 시 주석에게 전화를 걸어 "중국의 어려움이 우리의 어려움"이라며 "우리 정부는 코로나19 대응에 이웃인 중국 측의 노력에 조금이나마 힘을 보태겠다"고 했다. 시진핑은 총선 전 방한(訪韓) 약속을 재확인하는 것으로 화답했다.

2015년 5월 메르스사태 당시 새정치민주연합의 문재인 대표가 지도부와 연명으로 발표한 대국민성명에서의 문구가 이젠 문 정권에 대한 부메랑 탄핵사유가 되고 있다. "바이러스의 슈퍼전파자는 다름 아닌 정부 자신"이고, "정부의 불통, 무능, 무책임이 국민의 생명과 안전을 위태롭게 했으며, 민생경제를 추락시켰다." 더 이상 탄핵사유를 추가하지 말고, 지금이라도 대통령이 직접 사과하고, 모든 코로나 사태 대응정책을 만시지탄이나마 제대로 펼칠 수 있도록 대표성 있는 전문가 위원회라도 정비하여 이들의 판단에 맡길 것을 강력히 촉구한다.

2020년 3월 6일

아무나 개정을 발의할 수 있는 헌법을 만들겠다고 헌법개정안을 발의한 국회, 제정신인가?

●●●

온 국민이 중국 우한발 신종 코로나 사태로 인하여 불안해하며, 그나마 시민적 의식을 발휘하여 일상을 스스로 자제하고, 이로 인해 대한민국이 마비되는 사태를 우려해야 하는 상황에서 참으로 황당한 일이 벌어지고 말았다. 집권 민주당과 그 주변 정당들, 그리고 일부 미래통합당 의원들이 가세하여 헌법개정안을 국회에 상정한 것이다. 대통령은 한 번도 경험하지 못한 나라를 만들고, 여당이 나서서 아무나 건드리는 헌법을 만들려고 나서는 작태를 개탄하지 않을 수 없다. 국회 회기 말기에, 나라가 혼란한 틈을 타서 발의한 헌법개정안을 즉각 철회할 것을 강력히 요구한다.

헌법개정의 요지는 헌법개정 제안요건을 담은 헌법 제128조 제1항 '헌법개정은 국회재적의원 과반수 또는 대통령의 발의로 제안된다'는 내용에 '국회의원 선거권자 100만인 이상'을 추가하자는 것이다. 그러면서 그 취지로 국민의 참여와 국민의 의사수렴을 더욱 용이하게 하고, 이른바 '광장민주주의'를 '투표민주주의'로 전환함으로써 대의제 민주주의를 보완할 수 있을 것으로 보인다고 주장하고 있다.

국가 정체성은 헌법에 있다고 해도 과언이 아니다. 지금 발의한 내용대로라면 100만 명의 청원만 있으면 헌법의 그 어떤 조항, 그 어떤 정체성도 바꾸자는 시도가 가능하게 됨을 의미한다. 최근 청와대 청원 게시판에 참여하는 국민 숫자를 보면 100만 명의 결집은 그리 어려운 일이 아니다. 일정 비율 이상이 참여한 17개 광역시도의 일정 숫자 이상의 요건도 없는 단순 100만 명은 잘 조직되고, 동원되는 세력을 위한 수단에 불과하다.

이는 다시 말해 대한민국의 헌법이 하루가 멀다하고 이해관계가 달린 집단의 동원에 의해 흔들린다는 것을 뜻한다. 광장 민주주의보다 더 크고, 더 위험한 민주주의의 위기에 사회적 혼란이 야기될 것임은 불을 보듯 뻔하다.

광장이 여론을 움직이기 위한 것이었다면, 무시로 헌법개정을 둘러싼 소리는 대한민국을 흔들어대는 흉기로 남용될 여지가 더 크다. 여기에 세를 동원한 집단들이 야합하여 영구적인 이권 나눠먹기로 헌법이 전락할 가능성이 크다. 이미 우리는 20대 바로 이 국회에서 공수처와 준연동형비례제를 통과시키기 위한 더러운 예산 나눠먹기를 보아왔다.

대의기관으로서의 국회의 역할 중에서 가장 기본은 국가 정체성을 지키며, 시민의식이 이성을 잃고 감성에 휩싸일 때 정치적 식견과 책임감을 갖고 이를 조정하면서, 삼권의 한 축으로서 견제와 균형의 역할을 담당하는 것이다.

만약 국회가 국민의 참여를 독려하고, 직접 민주주의를 활성화하려는 진정성을 갖고 있다면 국민이 헌법이 아닌 입법에 참여하도록 해야 한다. 청원법과 국회법을 손질하여 입법청원의 요건을 더 완화하고, 국회가 이를 진지하게 받아들여 검토하도록 의무화하도록 하는 것이 우선이다.

국가의 운명이야 어찌되건, 한 줌의 여의도 권력을 탐하여 한 치 앞을 내다보지 못하는 격랑 속으로 대한민국을 끌고 가려는 세력의 반성이 없다면, 국민이 직접 나설 수밖에 없다. 아마도 이 헌법개정안이 통과된다면, 100만 명, 아니 1,000만 명의 국민의 이름으로 헌법 제41조 제2항 '국회의원의 수는 법률로 정하되, 200인 이상으로 한다'를 '국회의원 정수는 149명으로 한다'고 개정하자는 제안이 제일 먼저 나올 것이다. 우리 정교모가 이 일에 앞장설 것이다.

엄청난 국가 재난 상태를 이용하여 슬그머니 헌법개정안을 올린 국회의원들은 그 간교함과 무책임, 농간에 대한 정치적 책임을 져야 하고, 4.15 총선에서 국민적 심판을 각오해야 할 것이다.

2020년 3월 8일

독사의 알을 낳게 한 자들에게 준엄한 심판을 내리자!

●●●

정치적 야합 때문에 엉망진창 선거법을 만들어 놓고, 책임은커녕 오히려 '조국수호'를 외치며 국정을 농단하는 세력들의 발호하는 모습들을 바라볼 때 가슴이 무너지는 안타까움을 금할 수 없다. 〈사회정의를 바라는 전국교수모임〉은 이 나라의 운명이 오직 현명한 국민들의 손에 달려 있고, 간교한 독사의 목을 자르는 심정으로 투표할 것을 간절히 호소한다.

2차 세계대전 이후 처음 독립하여 나라를 만들었던 후발 신생국들의 정치사에서도 일찍이 이런 모습은 볼 수 없었다. 중앙선관위에 따르면 이번 총선에서 유권자들은 90여 개의 정당이 기재된 투표용지를 받아볼 수 있다고도 한다. 이미 등록된 정당이 63개이고, 30개의 정당이 창당준비위원회 결성을 신고한 상태이다.

준연동형 비례제를 도입한 변칙 공직선거법이 가져온 서글픈 21세기 대한민국 정치 현장이다. 누가 이런 사태를 주도했는가, 누가 무슨 동기로 추진했는지, 이미 국민은 알고 있다. 더불어민주당이 악착같이 밀어붙이려던 공수처 법안의 통과를 위해 군소 야당들과의 이른바 '4+1'의 더러운 교접을 통해 나온 독사의 알이 준연동형 비례제이다.

이 알이 잉태될 때부터 우리 대학 교수들을 비롯한 상식적이고 합리적인 국민들은 이 법안의 문제점을 지속적으로 제기하였고, 제1야당은 세가 불리한 현실에서 부득이 이 법이 통과되면 자기방어의 수단으로 위성정당을 만들 수밖에 없다고 공개적으로 경고하였다. 그럼에도 불구하고 이 법이 통과되어 제1 야당이 자위적 수단으로 위성정당을 만들자, 처음에는 쓰레기 같은 행동이라며 비난하던 여당 대표가 앞장서서 쓰레기 정당을 만들어 표를 호소하고 있다.

어디 그뿐인가. 지난해 온갖 위선과 거짓말, 궤변으로 국민들의 역장을 무너지게 하고, 우리 사회의 상식과 윤리의 바탕을 온통 뒤바꾸려 했던 희대의 파렴치한 정치모리배 조국 수호를 창당 이념으로 내건 비례정당까지 출현했다. 앞 순번을 받으려고 "가"자(字)로 시작하는 동아리 패들을 정당이라 등록하고, 합당을 한다는 등 한국 정치사에 길이 남을 흑역사를 써 가고 있는 중이다. 도저히 이성으로는 설명할 수 없는 광기가 지배하는 사회가 되고 있다. 이 모든 중심에 청와대 집권세력과 더불어민주당이 있다. 우리 대학 교수들이 지난해 이 정권과 그 옹호자들을 규정했던 유사 전체주의로 가는 징후가 노골적으로 전개되고 있다.

그런데 참으로 후안무치하게도 이제 더불어민주당 등 범여권에서 '공직선거법을 다시 개정해야 한다'는 목소리가 나오고 있다. 매끄러운 어미 뱀의 두 갈래 혓바닥을 연상케 하는 작태가 아닐 수 없다. 그러나 어찌 보면 이제라도 지난해 나오지 말았어야 할 두 개의 독사 알 중

하나인 연동형 비례제라는 독사 새끼가 얼마나 위험한 존재인지, 당장 없애버려야 할 것인지 국민이 안 것은 그나마 다행이랄 수 있다.

아직 늦지 않았다. 이제 대한민국을 독사 소굴에서 벗어나게 하려면 7월 1일 부화가 예정되어 있는 공수처라는 독사의 알을 6월 1일 개원, 출범하는 21대 국회에서 깨뜨려 버려야 한다. 이미 하나의 알이 독사로 판명되었는데, 나머지 알이 깨어나길 기다린다는 것은 참으로 어리석은 일이다. 공수처의 위험성과 폐해는 연동형비례제 선거법에 비할 바 아니다. 그 맹독은 독사가 아니라 살모사에 버금갈 것이다.

유권자들에 호소한다. 투표장에 들어갔을 때 받아드는 그 긴 투표용지는 주권 행사를 위한 신성한 선택지가 아니라 우리 손을 휘감아 물려고 달려드는 독사의 꿈틀대는 몸뚱이다. 간교한 독사의 목을 자르는 심정으로 투표해야만 나라가 살아날 수 있다.

2020년 3월 24일

선거 의혹, '국민주권 원칙'에 근거하여 신속하고 명백하게 밝혀져야 한다!

●●●

민주국가에서 선거는 국민의 주권 행사의 기본과정이며, 선거결과는 정부와 국회가 국민으로부터 주권을 정당하게 위임받았음을 입증하는 원천이다. 코로나19 사태라는 어려운 환경 속에서도 21대 총선 관리를 위해 사명감을 갖고 헌신한 공직자와 투개표 과정에서 헌신한 국민들께 감사드린다.

이런 국민적 노고에도 불구하고, 투개표 과정에 심각한 문제와 허점이 있다는 의혹이 구체적으로 제시됐다면 다음 선거를 위해서라도 이를 검증해 국민의 신뢰를 회복해야 마땅하다. 이번 총선 결과에서 특히 사전투표의 결과를 놓고 통계전문가들이 거의 불가능하다고 지적하는 이례적 결과가 나왔고, 이로 인해 국민적 의혹 제기가 분출하고 있다. 특정 지역을 빼놓고, 소위 격전지로 불리는 곳에서 로또가 연속으로 몇 번 당첨될 확률과 같은 정도로 사전투표와 당일투표의 표차가 특정 정당 후보에게 유리하게 발생하고, 이러한 차이가 전국적으로 획일적으로 발생하고 있으며, 이로 인해 당일 투표의 개표결과가 사전투표의 개표 결과에 의해 뒤바뀐 곳이 적지 않다는 것에 의혹의 시선이 쏠리고 있다. 이 밖에도 선거관리 차원에서 쉽게 불식될 수 없는 '선거조작 가능성'도 포함한 근본적 의혹 사항까지 제기되고 있다.

불과 얼마 전까지만 하더라도 대다수 국민은 지난 대통령 선거에서 드루킹 사건으로 대변되는 인터넷 댓글 여론 조작이 소수에 의해 가능하리라고는 생각하지도 못했으나 사실로 드러났음이 판결로 확정됐다. 우리가 개발하여 외국으로 수출했다는 전자개표 시스템의 경우 몇몇 나라에서 조작 가능성이 대두되어 사용 금지 결정이 내린 사례들도 보도된 바 있다.

이런 상황에서 사전투표 결과를 집계하는 전자집계기 프로그램을 집권 여당에 유리하게 조작했을 가능성이 구체적 분석 자료와 함께 제기되고 있어, 제도와 운영에 대한 신뢰가 흔들리고 있다. 선거에 의해 선출되는 정부와 국회 권력의 정당성을 확보하기 위해서라도 국민의 불신을 해소해야 할 필요가 있다. 이런 의혹이 지속되거나 증폭될 우려도 있어 민주공화국이 회복할 수 없는 정당성의 위기가 도래할지도 모른다.

이에, '사회정의를 바라는 전국교수모임'(이하 정교모)의 중앙집행위원회는 21대 총선 투개표에서 제기된 국민적 의혹은 좌·우, 진보·보수, 여·야 등 정파적 편견이나 소위 '음모설' 차원의 문제가 아니고, '국민주권 원칙'의 입장에서 신속하고 구체적이며 정확하게 밝혀져야 함을 주시하며, 아래 사항을 요구한다.

첫째, 중앙선거관리위원회는 국민주권 원칙과 알 권리를 존중하여 이번 총선의 제반 의혹에 대해 엄중히 밝혀야 한다. 선거 사무 수행의 정당성 유무에 관련한 모든 증거자료는 중앙선거관리위원회가 보유하고 있으므로, 그 정당성에 대한 최종적 입증책임은 의혹 제기 측이 아닌 중앙선거관리위원회 측에 있다. 예년의 선거에서 볼 수 없는 극단적인 개표 통계 결과에 대한 상당한 불신이 구체적 증거자료와 함께 제시되어 있는 이상, 중앙선거관리위원회는 선거소송 절차에 미루어 버리지 말고 몇몇 선거구만이라도 제한적으로 재검증하는 절차를 투명하게 밟아, 더 이상의 국론분열을 막을 것을 강력하게 요구한다.

둘째, 이번 선거의 당사자인 여야 정당과 공직선거에 입후보한 사람들은 선거부정에 대한 국민적 의혹까지 해소하는 것이 책무에 포함됨을 자각해야 한다. 정파적 유·불리를 계산하여 국민적 의혹까지 외면하며, 확인되지 않은 사실로 인해 국론이 계속 분열되도록 방치하는 것은 정치인으로서의 직무유기다. 국회는 즉시 행정위원회를 개의하여 선거와 관련된 국민적 의혹에 대한 조사에 착수해야 하며, 총선 입후보자들은 투개표 의혹 규명에 대한 법적 절차를 밟아야 한다.

셋째, 헌정질서의 수호자인 검찰은 시민단체의 고발 등에 대해 신속하고 엄정한 수사에 임하고 의혹을 해소해야 한다. 검표 프로그램을 실제로 만들고 이를 선거관리 차원에서 운영한 사람들에 대한 수사도 진행해야 하며, 외부 해킹 가능성도 조사해야 한다. 법원, 정부 및 국회는 그 결과에 따른 사법적 판결, 행정적·입법적 후속조치 시행에 만전을 기해야 한다.

넷째, 언론, 시민단체 및 지식인들은 선거 의혹에 대한 국민 분열의 조장자가 아니라 의혹해소를 공정하게 지원하는 이성적 '공론 조성자'로서의 역할을 다해야 한다. 지금의 의혹이 사전선거, 전자개표 등 선거제도 자체에 내재된 문제점과 무관하지 않음을 직시하고 선거의 엄정성과 공정성뿐만 아니라 투개표 관리의 실효성과 투명성까지 보장하는 선거제도의 개혁 문제에도 관심을 기울여 앞으로의 선거법 개정 과정에 반영토록 유도해야 한다. 특히 전자개표의 경우 개표의 편리성을 보장하는 제도이지만 결과의 조작가능성을 완전히 배제할 수도 없는 게 현실이다. 독일 최고재판소가 2009년 전자투표를 위헌으로 선언하면서, 선거과정과 결과와 관련한 결정에 관한 모든 본질적인 단계는 전문기술 지식이 없는 보통의 평범한 유권자들에 의하여 검증될 수 있어야 민주주의 원칙에 부합한다고 판시한 사례는 함의하는 바가 크다. 네덜란드 역시 2006년 한 방송국의 중계 하에 전자투표에 외부 개입이 가능하다는 시연이 있은 뒤에 이를 그만 두었다.

행정 편의를 이유로, 국민주권 원칙을 훼손할 여지가 충분히 제시된 사항을 검증 없이 넘어가서는 안 된다. 정부, 정치권, 시민사회는 대한민국의 헌법과 민주주의 제도의 정당성과 사회통합을 회복하기 위한 원칙을 세우는 작업부터 진행해나가자.

2020년 4월 30일
사회정의를 바라는 전국교수모임 중앙집행위원회

부정선거 의혹 털지 않으면,
백 명의 윤미향, 백 명의 조국도 막을 수 없다!

●●●

윤미향 더불어시민당 당선인이 보인 행적은 지금까지 드러난 것만 가지고도 건전한 상식을 갖고 있는 국민에게는 너무나 큰 상처와 충격을 주고 있다.

위안부 피해자 할머니들을 돕는다는 취지의 활동을 하면서 불투명한 회계 처리 속에 숨은 사익 추구, 자신들을 비판하고 동조하지 않았다는 이유로 일본 최고재판소에서 최초로 일본군 위안부로 인정받은 상징적 인물인 고(故) 심미자 할머니의 이름을 추모비에서 뺀 악의적인 인격 살인과 공동체 역사의 왜곡, 단체의 취지와 무관하게 이념 편향적인 활동에 기금을 유용한 행위 등, 그 어디에서도 정의는 찾아볼 수 없다.

우리 사회의 뒤틀린 정의의 한 단면을 보여 주는 이런 인물이 곧 21대 대한민국 국회의 구성원으로 활동하게 된다는 것은 우리 사회의 수치이자, 국제 사회에서 조롱거리이다.

그러나 이러한 것보다 더 심각한 것은 패륜과 몰염치, 배임적 행태가 공인(公認)되는 것도 문제지만, 이러한 배후에 특정한 이념을 공유하고, 시민단체와 제도권을 넘나들며 이권을 나눠 먹는 집권여당과의 공생관계이다. 그리고 이러한 행태를 일말의 부끄럼도 없이 대수롭지 않다는 듯이, 그야말로 국민을 대수롭지 않게 여기고 넘어갈 수 있다는 그 자신감의 정체는 무엇인가 많은 국민이 불안함과 위기감을 갖고 바라보고 있다.

그 위기의 본질은 잘못된 행태에 대한 심판의 기능이 제대로 작동하고 있는지에 대한 의구심에 있다. 윤미향, 조국으로 대표되는 위선과 거짓은 그 자체로는 어찌 보면 위기가 아니다. 부패할 수밖에 없는 인간 본성의 발로, 개인의 일탈일 수 있기 때문이다. 정작 심각한 위기는 그러한 행태에 대한 국민의 심판이 제대로 기능하는가 하는 것이다. 그런데 작년의 조국 사태, 지금의 윤미향 사태를 거치면서 집권 여당이 보이고 있는 행태는 언제든지 국민들의 심판을 받을 수 있다는 민주정치의 리더십이 아니라, 언제든지 심판을 깔아뭉갤 수 있다는 독재정치의 오만함이었다.

그런데 우연의 일치라고 하기에는 너무나 공교롭게 4.15 총선을 거치면서 많은 시민과 전문가들이 과연 4.15 총선은 '민주주의 꽃'이었는지, 아니면 '민주주의의 조화(造花)'였는지 의문을 제기하고 있고, 이와 관련한 선거소송이 진행되고 있다. 4.15 총선에서 우리가 본 것이 불행히도 조화였다면 거기엔 열매가 맺힐 리 없다. 누군가 윤미향과 조국류(類)를 열매처럼 달아 놓을 것이다. 무슨 짓을 하더라도 선거라는 심판에서 늘 이기는 것이 예정되었던 자들만이 할 수 있는 선택이다. 우리는 집권 여당의 이러한 오만함이 4.15 총선에 쏠려 있는 부정

의혹과 관련이 없기를 바란다. 그리고 우리는 이러한 부정의혹 해소의 입증책임이 누구보다 청와대와 민주당에게 있음을 밝힌다.

윤미향의 이번 사태가 터지기 15년 전인 2004년 이미 고(故) 심미자 할머니는 정대협의 위선과 사익 추구의 행태를 지적하였지만, 당시의 노무현 정부와 여당은 물론, 언론도 일체 관심을 갖지 않아 결국 사태가 오늘에까지 커지게 되었다. 그 일련의 수법은 "무시하기" "지우기" "낙인찍기" 그리고 그 뒤에서 "해 먹기"로 이어졌다. 만일 정부와 여당이 지금처럼 악을 감싸고돌며 오만한 모습을 보이고, 문재인 정권이 임명한 상임위원이 주도하는 중앙선관위가 계속하여 정권의 들러리 같은 행태를 보인다면 우리는 정권이 심판의 기능을 실종시켜 "뒤틀린 정의" "왜곡된 기억" "부패의 사슬"을 공고히 하려는 단계에 접어들었다고밖에 볼 수 없다.

이제 부정선거 의혹에 관하여 무시할 수 없는 여러 증거들과 정황이 시민사회로부터 나오고 있는 만큼 정말로 이 정권이 "우리끼리" 정권이 아니라, 국민 모두를 위한 정권, 미래와 정의를 생각하는 정권이라면 선거를 통한 심판의 기능이 공정하고 투명하게 작동하고 있다는 점을 보여 주어야 한다. 그리고 중앙선관위는 변명과 발뺌에서 벗어나 선거부정 의혹을 적극적으로 해명하고, 증거보전 등에 협조하며, 사전투표 폐지 내지 대폭 축소를 포함한 공직선거법 개정에 나서야 한다.

절대 권력은 절대 부패한다는 말은 절대적으로 진리이다. 아무리 좋은 의도로 출발하였어도 초심을 유지하기 어렵다. 그래서 부패에 이르는 인간 본성에 대한 민주적 제도로서의 차단 장치로 임기제, 사법적 제재, 정권교체를 두고 있는 것이다. 이번 부정선거 의혹은 이 중에서 가장 큰 정권교체라는 심판 기능이 영구히 실종될 수 있다는 우려를 핵심으로 한다. 이 의혹이 사실이라면 제2, 제3의 윤미향은 막을 수도 없거니와 앞으로는 이들 기생충의 세상이 될 것이다. 그런 점에서 부정선거 의혹은 정권과 선관위, 그리고 국회와 시민단체까지 나서서 규명하고, 엄중한 책임을 묻고 제도적 보완을 해야 한다.

2020년 5월 22일

성명서

헌법재판관들, 진영을 벗어나 정도를 걸어야 한다

●●●

헌법재판관들은 진영을 벗어나 정도를 걸어야 한다. 헌법재판소의 존립근거는 무엇보다 헌법수호에 있다. 이 헌법수호를 위해 헌재에 맡겨진 사법심사의 기능은 정치적 사안을 사법적으로 심판하는 것이다. 그런데 이번 헌법재판소의 결정은 납득할 수 없는 '시간 때우기'에 더하여, 내용적으로는 국회의 잘못된 관행과 명백한 법문상의 자의적 해석을 정치적으로 추인함으로써 헌재 스스로 사법적 심판기구가 아닌 정치적 심판기구로 전락되었다는 비판에서 자유롭지 못하게 되었다.

지난해 국회 패스트트랙 강행 관련하여 그 과정 중에 불거진 '불법 사·보임' 논란으로 당사자인 오신환 의원이 문희상 국회의장을 상대로 제기한 권한쟁의 사건에 대하여 헌법재판소가 2020. 5. 27 헌법재판관 5:4로 기각 결정을 내렸다.

2019. 4. 25 접수된 사건을 13개월만에 결정한 것이다. 이 사건은 공수처법, 연동형비례제 등 실체적 법안 처리의 적법성 여부를 다투는 절차적 정당성의 전제에 관련된 것이었으므로 헌법재판소는 국회에서

위 법안들이 표결에 들어가기 전에 그 결론을 내렸어야 했다. '지체된 정의는 정의가 아니라'는 말을 떠올리지 않을 수 없다. 헌법재판소의 존립근거는 무엇보다 헌법수호에 있다. 이 헌법수호를 위해 헌재에 맡겨진 사법심사의 기능은 정치적 사안을 사법적으로 심판하는 것이다. 이렇게 함으로써 선출된 권력이 헌법과 법률을 위반하여 법형식주의, 법만능주의로 나가는 것을 견제하고, 결과적으로 국민의 기본권도 보호되는 것이다. 그런데 이번 헌법재판소의 결정은 납득할 수 없는 '시간 때우기'에 더하여, 내용적으로는 국회의 잘못된 관행과 명백한 법문상의 자의적 해석을 정치적으로 추인함으로써 헌재 스스로 사법적 심판기구가 아닌 정치적 심판기구로 전락되었다는 비판에서 자유롭지 못하게 되었다. 더구나 이런 정치적 추인을 해 준 9명의 헌법재판관 중 5명이 모두 집권여당에 의하여 임명되거나 지명된 사람들로 이루어졌다는 사실을 접하면서 국민들은 헌법기관으로서의 지금 헌재의 정치적 중립성 및 독립성에 의문을 제기하지 않을 수 없다.

곧 개원될 21대 국회는 슈퍼 여당과 왜소한 야당으로 구성된다. 이미 입법부와 행정부 사이의 견제가 깨어지고, 입법에서의 여당 독주가 예상되는 상황에서 헌법재판소마저 지금과 같은 정치심판 기구화되는 길로 가고, 재판관들이 배후 진영에서 벗어나지 못한다면 대한민국의 민주주의는 정말 위기에 처할 수밖에 없다. 지금이라도 헌법재판관 각자가 바른 법관의 양심과 가치를 갖고 먼 역사를 내다보고 대한민국을 위해 바른길로 걸어가길 호소한다.

2020년 5월 28일

반헌법, 법치유린의 정부·여당의 대북전단살포금지 추진, 당장 중단하라!

●●●

정부가 북한에 대북전단과 페트병을 보낸 단체들을 고발하고 법인 설립 허가를 취소하기로 하였다고 한다. 그리고 이와 별개로 국회에서 여당은 대북전단 살포금지를 내용으로 하는 법안을 추진 중이다. 정부와 여당의 이와 같은 행태는 권력 남용이자, 입법의 형식을 빈 헌법의 정신과 법치주의 유린이라고밖에 할 수 없다. 〈사회정의를 바라는 전국교수모임〉(정교모)은 헌법적이고, 법치를 유린하는 정부·여당의 대북전단 살포금지 추진을 당장 중단할 것을 강력히 요구한다.

대북전단을 날리는 행위는 단지 개인의 표현의 자유에 국한된 문제가 아니라, 그 이상이다. 우리 헌법 제4조는 "대한민국은 통일을 지향하며, 자유민주적 기본질서에 입각한 평화적 통일 정책을 수립하고 이를 추진한다"고 규정하고 있다. 그리고 대통령으로 하여금 취임할 때 "조국의 평화적 통일"을 위해 그 직책을 성실히 수행하도록 선서하게 하고 있다. 이 대통령의 선서는 그 개인의 선서가 아니라, 온 국민이 헌법을 통해 대통령에게 명하고 있는 것이므로, 사실상 국민의 선서이기도 하다. 대북전단 살포 행위는 국민이 가지는 이러한 책무와 권리에 위반했는지를 기준으로 따져야지 정권의 편의가 기준이 되어서는 안 된다.

법으로 국민의 권리, 그것도 헌법상 보장된 결사의 자유, 표현의 자유, 그리고 나아가 국민으로서의 조국평화통일에의 기여의 권리를 제한하거나 금지하기 위해서는 그에 상응하는 보호되어야 할 "법익(法益)"이 있어야 한다.

정부와 여당은 민간의 대북전단 살포 행위 등이 구체적으로 어떠한 법익을 침해하였는지부터 밝혀야 한다. 우리는 정부, 여당이 보호하려는 법익이 북한 김정은 정권의 이해관계라고는 생각하지 않는다. 만일 그렇다면 정부, 여당은 대한민국의 헌법상 존재해서는 안 되기 때문이다.

정권의 대북 정책과 어긋나기 때문에 법익이 침해되었다는 것은 자유민주주의 하에서는 있을 수 없는 견강부회이다. 정책의 공익적 성격이 인정된다고 해서 법으로 국민의 기본권을 제한하는 '보호되어야 할 법익'으로서의 성격은 당연히 갖지 않는다. 대북 정책은 그 성격이 정권마다 다를 수 있고, 같은 정권하에서도 시기와 상황에 따라서 다를 수 있다. 이런 정책을 옹호하기 위하여 금지 입법을 하고, 결사의 자유를 막는 것은 결국 정책에 대한 비판, 정권에 대한 비판을 법의 이름으로 틀어막는 독재의 시작일 뿐이다.

접경지역의 주민들의 불안감을 해소하기 위한 것도 보호되어야 할 법익이 아니다. 대북전단 살포 행위와 접경지역의 불안감 조성 사이에는 직접 인과관계가 없다. 그 불안감은 북한 정권의 인위적 개입으로 만들어지는 것이다. 인질범의 요구를 들어주지 않아 인질이 살해되었다면 인질범의 책임이지, 돈을 주지 않은 사람의 책임이 아니다. 만일 북한이 접경지역에 주둔한 군병력 때문에 불만이라면서 긴장을 조성하면 그때는 군대까지 철수하자고 할 것인가. 정권은 국가의 책무와 민간의 책임을 구분해야 한다. 남북교류협력법 위반 운운은 이 법에서 말하는 '교류'란 쌍방의 명시적 의사소통을 전제로 하는 까닭에 대북전단 살포와는 차원이 다르다는 것을 알면서도 억지를 부리는 국민 모독이다.

일제 때도 한반도 이웃 국가들에서는 자유와 독립을 위해 싸우는 우리 선대들을 지지하고, 응원하고, 힘을 보냈다. 그런데 지금 모든 인간의 존엄성과 자유가 유린되고 비참한 생활에 몰려 있는 같은 동포에 대한 해방을 한시라도 빨리 오도록 하기 위한 대한민국 국민에 의한, 대한민국 내에서의 활동에 재갈 물리려는 정권과 여당의 속셈은 무엇인가. 정부와 여당은 헌법과 법치를 유린하며, 우리 대한민국 국민의 자존심을 짓밟는 행태를 당장 그만두기 바란다.

지금의 행태는 어느 모로 보나 북한에 대한 과도한 굴종과 눈치보기, 잘못된 대북 정책에 대한 반성 없는 직진을 정당화하기 위한 것으로밖에 보이지 않는다. 동포의 인권을 유린하는 자들에 대한 굴종을 통해 국민을 굴복시키려 한다면, 우리는 그 저의가 무엇인지 진지하게 묻지 않을 수 없고, 그 끝은 정의로운 저항이 될 것이다.

2020년 6월 11일

검찰은 부정선거 공익제보자에 대해 즉시 불구속 수사로 전환하고, 그 예우를 보장함으로써 부정선거 의혹 해소에 노력하라

●●●

부정선거라는 국가 중대범죄의 진상규명을 위해 공익제보한 시민이 검찰에 구속됐다. 이번 4.15총선의 개표장에 있던 투표용지 6장을 민경욱 미래통합당 의원에게 "부정선거의 증거"라며 전달한 이종원 씨다. 이 씨는 당시 개표장에서 색깔이 다른 두 종류의 투표지가 나와서 선관위와 경찰에 신고했더니, 선관위가 경찰 출입을 막고 사태를 넘기려는 상황을 겪었다고 한다. 그 후 여분의 투표용지 6장을 한 참관인으로부터 전달받게 되었고, 이것이 부정선거의 증거일 수 있다고 믿었다. 그래서 공익제보의 대상자인 국회의원에게 전달했다는 것이다. 이 씨는 민 의원과 기자회견을 열어 투표용지를 입수하게 된 경위까지 자발적으로 밝힌 바가 있다.

이런 점에 비추어 보아 절도의 의사가 없었고, 부정선거 입증이라는 시민 제보의식의 발로임이 상식적으로 보아도 명확하다. 우리나라는 공익제보를 활성화하기 위해 포상금제도까지 도입하고 있고, 현 집권세력은 특히 시민의 제보의식을 강조해왔다. 그런데도 이종원 씨를 선거법 위반은 물론 절도죄로까지 구속수사 하는 것은 검찰권의 남용이 아닐 수 없다. 광범위하게 퍼져있는 부정선거 의혹에 대한 수사는 하지 않고, 부정선거의 입증을 위해 노력한 제보자를 신속히 구속 수사하는 것은 수사의 형평성에도 문제가 있다. 모든 사실을 공개적으로 밝히고 있는 공익제보자를 "도주우려가 있고 증거인멸 우려가 있다"고 구속한 것도 상식에 반한다.

이미 관련법규에 반해 QR코드를 사전투표지에 사용했고 투표함 관리나 배송상의 심각한 문제점이 있었음이 입증되었고, 많은 재원과 인력이 투입된 조직적 부정선거가 자행되었다는 매우 구체적이고 합리적인 의혹이 제기되었다. 이는 조직적 선거 부정행위에 대한 제보가 앞으로 얼마든지 있을 수 있음을 의미한다. 이런 시점에서 검찰이 앞으로 공익제보자들을 모조리 구속하겠다는 메시지를 던져, 선거부정 관련 제보를 못 하게 틀어막겠다는 것인가. 국가의 도둑을 신고했는데, 오히려 본인이 절도죄로 엮여서 구속된 시민의 인권과 명예는 도대체 안중에도 없단 말인가. 지금은 검찰권력의 인권침해 행위와 정치적 행보가 국민적 지탄을 받고 있는 시기다. 공익제보자의 인권을 유린하고 국민들을 향해 정치적 메시지와 위협을 전달하는 통로 역할을 수행하는 검찰과 그 배후의 세력은 그 목소리가 들리지도 않는가. 이게 과연 대한민국의 사법정의인가 모든 민주시민이 묻고 있다.

이에 사회정의를 바라는 전국교수모임 회원 일동은 이종원 씨에 대한 수사를 즉시 불구속 수사로 전환하고 공익제보자로서 예우할 것을 촉구한다. 아울러 국가적 중대범죄인 선거부정 의혹을 즉시 전면 수사할 것과 추가적인 공익제보자에 대한 예우를 보장할 것을 약속함으로써 의혹을 적극적으로 해소해나갈 것을 강력히 촉구한다.

2020년 7월 7일

사회정의를 바라는 전국교수모임

박원순 서울시장의 자살 사건에 대한 입장문
-자살로 모든 걸 덮는 악순환은 더 이상 없어야 한다

●●●

    자살로 생을 마무리한 고(故) 박원순 서울시장의 장례식이 오늘 거행된다. 지상에서 누렸던 모든 영광, 모든 힘, 그 어떤 아름다움도 이 땅에서는 죽음과 함께 끝난다. 그래서 인간은 그 어떤 죽음 앞에서건 삶의 허무를 느끼게 된다. 그런 점에서 사회정의를 바라는 전국교수모임(정교모)도 고인의 영면을 기원하고 유족에게 위로의 뜻을 표한다.

    그러나 오늘 국민과 서울시민의 우려와 반대 속에서 거행된 시민장의 형식, 고인의 죽음의 원인이 되었을 것으로 보이는 여비서에 대한 성추행 혐의가 "공소권 없음"으로 처리된 사실, 그리고 고소인에 대한 공격성 비난 등을 놓고, 남은 자들이 성찰해야 할 반성과 미완의 과제가 있음을 잊어서는 안 된다.

    무엇보다 우리는 더 이상 사회지도층, 유력인사들이 살신성인(殺身成仁)이 아니라 진실을 감추고, 사법적 정의를 무력화시키는 살신은닉(殺身隱匿)을 위해 생명을 버리는 현상이 드물지 않게 된 현실을 개탄한다. 지상에서 영광을 누렸다면, 하늘이 준 생명이 있는 한, 그 욕됨도 연약한 한 인간으로서 짊어지고 맞서고 진솔하게 보여 줄 수 있어야 한다. 특히 타인을 위해 그렇게 살아야 한다고 했던 사람들, 지도자의 반열에 오른 사람들, 그 언행이 만인에게 영향을 줄 수 있는 사람이라면 더욱 그러해야 한다.

그럼에도 불구하고 인명 경시의 풍조까지 조장할 수 있는 이런 개탄스러운 현상이 빚어지고 있는 이면에는 죽음을 끝으로 모든 것을 함구할 뿐 아니라, 나아가 정략적으로 미화(美化)하는 우리 사회의 잘못된 정서와 제도가 자리하고 있다.

이제는 단호하게 이 악습을 끊고, 자신과 타인의 모든 생명에 대한 존중, 진실에 대한 예우, 사법적 정의의 엄정함을 보여 줄 수 있는 전환이 필요하다. 이것은 남은 자들, 살아 있는 자들이 해야 할 시대적 상속정리이기도 하다. 이에 우리는 고 박원순 서울시장의 장례를 매듭지음과 동시에 남은 자들이 해야 할 일을 다음과 같이 제안한다.

첫째, 국회는 가칭 〈범죄연루자의 자살에 따른 수사 계속 및 장의 예우에 관한 법률〉을 제정하여 범죄연루자는 '공소권 없음'에 구애되지 않고 수사를 계속하도록 하고, 각종 공적 지위에 있는 자들의 자살은 예우의 대상이 되는 '사망'에서 제외하여야 한다.

둘째, 각종 정황을 보면 박원순 시장이 자살을 결심하게 된 배경에는 자신에 대한 고소사건의 진행과 그 정도를 상세하게 알게 된 것이 가장 큰 동기인 것으로 파악된다. 민갑룡 경찰청장은 이미 보고를 받고 있었다고 한다. 경찰청 수뇌부, 아니면 다른 쪽에서 박원순 시장에게 고소사건의 전말을 전달하였다면 공무상비밀누설 등의 혐의와 고인의 죽음에 대한 책임에서도 자유롭지 않다. 이 점에 관하여 검찰의 즉각적인 수사를 촉구한다.

셋째, 정부는 익명 뒤에 숨어서 고인에 의해 성추행을 당한 피해 여성에 대한 집단적 2차 가해를 일삼는 자들을 색출하여 엄벌하는 등 구체적인 조치를 취하라.

우리는 이상의 요구들이 인간의 양심과 상식에 부합함은 물론 최소한 한국 사회 시민운동의 길에 앞장 서 왔던 고인의 유지에도 부합하는 길이라 믿는다.

2020년 7월 13일

■ 첨부자료
〈범죄연루자의 자살에 따른 수사 계속 및 장의 예우에 관한 법률〉안

〈범죄연루자의 자살에 따른 수사 계속 및 장의 예우에 관한 법률〉

제1조(목적) 이 법은 범죄연루자의 사망이 검찰 공소권 제기 불능의 상태를 초래함을 악용하여 범죄연루자가 자살 행위를 통해 범죄에 대한 실체적 진실 파악을 중단시켜 국가 사법질서를 방해하고, 그 생전 직위에 따라 국가, 지방자치단체 및 이들로부터 지원을 받는 기관에 의해 장례가 주관됨으로 인하여 공공예산의 사적 낭비를 초래하고 국민의 건전한 상식과 정의관념 훼손을 방지함을 그 목적으로 한다.

제2조(정의) 이 법에서 사용하는 용어의 정의는 다음과 같다.

① "자살"이란 사망자 본인의 의사와 실행행위(이하 "자살행위"라 함)가

사망의 직접적 원인이 된 죽음을 말한다. 실행행위와 사망 사이에 시간적 간극이 있더라도 제3의 외래적 사망 원인이 명백하게 개입되어 있지 않는 한 자살로 본다.

② "자살 추정"이란 죽음의 결과로 이어질 것을 충분히 예기하고 의도적으로 시도된 행위로 인하여 초래된 제1호에서 정하는 죽음을 말한다.

③ "범죄연루"란 자살 행위 전 사망자를 상대로 한 형법 및 각종 형사 특별법상의 범죄에 해당하는 내용으로 고소, 고발, 진정 등이 서면으로 수사기관에 접수되었거나, 수사기관에서 사건을 인지하여 공식 입건한 것을 말한다.

④ 이 법에서의 "장례"라 함은 국가, 지방자치단체 및 국가·지방자치단체로부터 보조금 내지 지원금을 받는 시민단체가 주관이 되는 장례를 말하며, 단독 주관이 아닌 다른 기관이나 단체와 공동 주관도 포함한다.

제3조(자살자 관련 수사 계속)

① 범죄 연루자가 자살한 경우에는 검찰사건사무규칙 제69조 제3항 제4호 소정의 '피의자 사망'으로 보지 아니하고, 수사기관은 실체적 진실을 밝히기 위한 수사를 계속하여 자살 피의자 연루 범행 판정 위원회(이하 "범행 판정위")에 최종 수사결과를 보고하여야 한다.

② 전 항의 범죄와의 연루란 자살 행위 이전에 수사기관에 대한 고소·고발·진정 접수가 되어 있거나, 수사기관에서 인지 등으로 공식 입건되어 있는 상태를 말한다. 이 경우 자살 행위자 본인이 위 연루 사실을 알고 있었는지 여부는 묻지 아니한다.

③ 제1항의 범행 판정위는 수사를 담당하는 지방검찰청의 상급 고등검찰청 내에 고등검사장을 위원장으로 민간위원 4명을 포함 9인 이내로 하되, 그 구성에 관한 사항은 대통령령으로 정한다.

제4조(상속인 및 연루 범죄 가담자에 대한 범죄수익환수)

① 자살한 자의 연루 범죄가 범죄수익은닉의 규제 및 처벌 등에 관한 법률 소정에 해당하는 경우 그 자살자의 법정 상속인 및 연루 범죄 가담자는 위 법 소정의 몰수·추징에 있어서 피상속인과 동일한 법적 지위에 있는 것으로 본다. 다만, 상속인과 가담자가 연루 범죄와 무관한 고유의 재산임을 소명한 경우에는 그러지 아니하다.

② 제3조 제1항 수사 종결보고서에는 연루 범죄 피해액과 범죄수익의 귀속, 자살자의 상속인 등으로부터의 환수 방안이 포함되어야 한다.

③ 전항의 범죄수익 환수는 범행 판정위에서 결정하여 국세징수법에 따라 처리하되 그 방식과 절차는 대통령령으로 정한다.

제5조(수사결과 공개 및 공개의제)

① 제3조 제1항의 수사는 자살자 본인의 사망 시점으로부터 3개월 이내에 종결함을 원칙으로 하되, 위 기한 내에 수사를 마치지 못하는 경우엔 범행 판정위의 허락을 받아 최장 2개월 기한을 연장할 수 있다.

② 범행 판정위는 중간 및 최종 수사결과보고를 받은 후 2주 이내에 그 내용을 공개 재판에 준하여 일반에 공개하여야 한다. 다만, 중간 수사결과보고는 최종 수사결과보고시까지 공개를 유보할 수 있다.

③ 제2항에도 불구하고 범행판정위가 수사결과를 공개하지 않을 경우 연루범죄 피해자는 범행 판정위 공개의무 기한 경과 1주 후부터 이와 관련하여 제출하였던 각종 서면, 진술 내용을 공개할 수 있다.

제6조(명예훼손의 면책 특칙)

① 연루 범죄의 피해자·고소인·고발인·언론사에서 제5조 제3항에 따라 범죄 관련 사실을 공개하는 행위는 형법상의 명예훼손 또는 사자에 대한 명예훼손 등을 구성하지 아니한다.

② 전항의 내용이 언론사 취재 보도의 형태로 될 경우에 해당 언론사는 자살자의 법정 상속인들의 요청에 따라 반론보도권을 허용하여야 한다.

제7조(사자명예훼손 가중처벌 특칙)

① 제5조 제3항의 규정을 악용하여 자살 행위 전 연루범죄와 무관한 행위를 적시하여 사자의 명예를 훼손한 자는 3년 이하의 징역이나 금고 또는1천만 원 이하의 벌금에 처한다. 단, 본 조는 고소가 있어야 공소를 제기할 수 있다.

제8조(자살자에 대한 장례 특칙)

① 범죄 연루 자살은 장의 절차를 정하고 있는 각 개별 법령 및 조례, 내규 등에서 정하는 사망으로 보지 아니한다. 다만, 그 자살이 업무로 인한 심신쇠약, 사리변별력의 저하 등이 직접 원인이 되었을 경우에는 예외로 한다.

② 전항 단서에 의한 판단을 위하여 법정 상속인들은 이유를 부기한 서면을 자살자의 생전 소속기관에 제출하며, 이를 접수한 소속기관은 24시간 내에 그 결과를 유족에게 통보한다.

③ 전항의 판정은 장례 예우 형식에 국한된 것으로서 공무상 순직 여부, 보상 등의 판정에 일체 영향을 미치지 아니한다.

부칙

이 법은 공포한 날부터 시행한다. 다만, 이 법 시행 당시 연루 범죄의 공소시효가 완성되지 아니한 경우에도 수사를 재개할 수 있다.

고 박원순 시장의 성추행 사건의 진실 파악 책임은 추미애 법무장관에게 있다

●●●

고(故) 박원순 서울시장의 장례가 끝났다. 박원순 시장의 장례식 당일 고인으로부터 성추행을 당했다는 피해자와 그 변호인이 기자회견을 열어 공개한 내용은 가히 충격적이다. 이제는 진실의 시간, 잘못을 바로잡는 시간이다. 죽음으로 범죄를 묻어 버리고, 심지어 미화하며, 피해자를 가해자로 둔갑시키는 거짓과 권력의 압제, 이에 영합하는 일부 대중의 잔인하며 미개한 행태는 이번에 끝장내야 한다.

우리 교수들은 범죄연루자에 대하여는 끝까지 수사를 계속하여 공개토록 하는 것을 골자로 하는 〈범죄 연루 자살자에 대한 계속 수사·공개 및 장의에 관한 법률〉의 제정을 위한 국민입법청원에 들어갔다.

그러나 이와는 별도로 당장 고 박원순 서울시장 사건에 있어서의 실체적 진실 발견의 열쇠는 추미애 법무부 장관이 갖고 있으므로 추미애 장관의 결단을 촉구하는 바이다.

피의자가 사망한 경우 '공소권 없음'으로 불기소처리하도록 하고 있는 규정은 법무부령인 검찰사건사무규칙에 들어있다. 이는 법률이 아니므로 사실상 법적 강제력도 없다. 부령을 발할 수 있는 장관이 적극적으로 실체적 진실 파악에 나설 의지만 있다면, 얼마든지 이 규정에도 불구하고 검찰로 하여금 계속 수사를 하게 할 수 있다.

실제로 불과 얼마 전에도 김학의·장자연 사건 등 공소시효가 지나 '공소권 없음' 처분의 대상이 되어 있는 사건들도 문재인 대통령의 말 한마디에 다시 수사가 된 적이 있었다. 현실적으로 공소권이 없는 사건에 대해 검찰의 자발적 수사를 기대할 수는 더더욱 없다고 할 것이다. 더구나 박원순 시장 사건처럼 그 수사결과에 따라 여·야 모두에 파장을 미칠 수 있는 사건에 대해 검찰의 자발적 수사를 기대할 수는 더더욱 없다고 할 것이다.

법무부 장관의 수사지휘권은 이런 때에 쓰는 것이다. 추미애 법무부 장관은 윤석열 검찰총장에게 고 박원순 서울시장의 성추행 사건에 대한 계속 수사를 명하여야 한다.

추미애 장관이 사상 초유로 검찰총장의 사건 지휘권을 박탈하면서까지 서울중앙지검이 수사 중인 이동재 채널A 기자에 대한 영장청구에 강한 집착을 보였던 명분은 '진실과 국민의 알 권리 수호'였다. 이제는 그와 동일한 논리와 열정으로 박원순 시장 사건과 관련하여 검찰로 하여금 공소권 없음으로 단순 종결하지 말고 수사를 끝까지 진행하여 진실을 국민 앞에 밝히도록 하여야 한다. 특히 '님의 뜻을 계승하자'는 국민의 요구도 적지 않은 만큼 '성희롱은 유죄'라는 첫 법정 판결을 이끌어낸 박원순 시장의 뜻을 확실히 계승하기 위해서라도 여성 인권 수호에 더욱 앞장서야 할 법무부 장관이라면 추미애 장관의 양심과 정의감에 입각한 결단을 다시 한번 촉구한다.

아울러 윤석열 검찰총장에게도 요구한다. 고 박원순 서울시장은 자신에 대한 고소 사실 및 경찰에서의 조사 내용을 거의 통째로 전달받았고, 이것이 자살 결심으로 이어지게 되었다는 정황이 명백하게 드러나고 있다. 이것이 사실이라면 경찰청과 청와대 관련자들에게 공무상 비밀누설의 책임을 물어야 한다. 힘없는 한 젊은 여성의 마지막 의지처인 수사기관이 권력자들의 입막음과 증거인멸의 통로로 쓰였다는 것은 국가기능의 총체적 마비와 부패, 인권 부재, 권력의 잔인한 위선에 다름 아니다. 윤석열 검찰총장은 한시라도 지체 말고 이 비열한 거악의 뿌리를 파헤쳐야 한다. 사회정의의 실현을 간절히 바라는 모든 국민의 당연한 꿈을 대변하는 우리 교수들은 진실과 인권의 국가적 수호자인 법무부 장관과 검찰총장의 충실한 직분수행을 다시금 강력히 촉구한다.

2020년 7월 14일

논 평

해산되어야 할 것은 자유북한운동연합이 아니라 통일부이다

●●●

제헌절인 7. 17 우리는 자유민주적 기본질서를 천명하고, 그 헌법적 토대 위에 서 있는 정부에서 취한 조치라고는 도저히 믿을 수 없는 소식 하나를 접하였다. 북한 주민들에게 대북전단과 물품을 살포하였다는 이유로 통일부가 '자유북한운동연합(대표 박상학)'과 '큰샘(대표 박종오)'에 대한 법인 설립허가를 취소하였다는 것이다. 법인을 해산한다는 것은 법률 행위 주체로서의 법인격을 말살한다는 것이고, 이는 자연인의 경우에는 사형에 해당하는 처분이다. 통일부가 내세운 그 사유가 과연 이러한 중대한 기본권 침해를 정당화할 만한가.

통일부가 내세운 첫 번째 이유는 대북전단 및 물품 살포 행위가 법인 설립목적 이외의 사업에 해당한다는 것이다. 모든 법인은 그 목적사항에 그 법인의 목적 달성에 필요한 기타 사항을 넣고 있다. 대북전단 및 물품 보내기는 공산왕조국가의 독재에 시달리는 우리 북한 동포에게 자유세계의 실상을 알리고, 인간으로서의 자율적 사고와 판단을 하도록 하는 1차적 기능을 하는 것으로서, 통일의 과정 속에 없어서는 안 될 일이다. 위와 같은 활동도 못 하는 법인이라면 통일부가 생각하는 목적 내의 활동은 무엇이란 말인가.

통일부는 두 번째 이유로 정부의 통일 정책이나 통일추진 노력을 심대하게 저해하는 등 설립허가 조건을 위배하였다는 것을 들고 있다. 정부의 통일 정책은 정권마다 바뀔 수 있다. 법인 설립허가와 취소권을 갖고 있는 정부가 자신의 정책에 반한다는 이유로 법인 설립허가를 취소하여 그 활동의 명맥을 끊는다는 것은 모든 시민사회의 자율적 활동을 정권에 예속시키겠다는 전체주의적 발상이 아니고서는 나올 수 없는 반헌법적 직권남용이다. 통일부 담당자들은 이에 대한 책임을 져야 한다.

세 번째 이유로 통일부가 들고 있는 것은 접경지역 주민의 생명·안전의 위험을 초래하고, 한반도에 긴장 상황을 조성하였다는 것이다. 접경지역 주민의 생명과 안전에 위험이 초래된 것이 아니고, 북한이 위협하였을 뿐이다. 한반도의 긴장 상황은 우리 시민이 아니라 핵개발을 하고, 멀쩡한 남북 연락사무소를 폭파한 비정상적 행태를 보이는 북한 당국이 초래한 것이다. 통일부는 이러한 상황에 대하여 북한에 대하여 어떤 단호한 조치, 아니 말이라도 하였는가. 자국 국민의 명줄은 쉽게 끊어 놓으면서 눈치 보는 통일부는 대한민국의 정부 기관으로서의 자격이 없다. 해산되어야 할 것은 시민단체가 아니라 통일부이다. 통일부는 지금이라도 당장 위법한 법인 해산 조치를 취소하고, 이와 같은 황당한 의사결정을 내리게 된 배경을 소상히 설명하고, 책임자를 문책하여야 한다.

2020년 7월 17일

사법·언론 장악 전체주의에 맞서는
자유시민·지식인 운동을 벌이자!
●●●

　우리 사회정의를 바라는 전국교수모임은 금년 2월 19일 '사회정의를 바라는 자유시민 운동'을 제창한 바가 있다. 문재인 유사전체주의 정치가 정치·경제·외교·안보·교육·법조·언론 등 모든 영역에서, 국가 전체의 이익을 추구하여야 할 공권력을 진영논리에 따라 특정 이념과 세력을 키우고 사익을 추구하는 도구로 남용하고 있음을 지적했다. 교육, 법조, 언론방송 등 3개 분야의 특정 이념 네트워크가 이러한 전체주의 권력을 뒷받침하고 있음도 설명했다.

　이제 전체주의화 작업이 완성단계로 접어들어 국민 개개인의 자유와 권리를 본격적으로 빼앗는 단계로까지 진입하고 있다. 사법과 언론 분야의 이념적 전체주의화는 그 귀결이다. 부정선거의 증거라 여겨 투표용지를 빼내어 국회의원에 제보하고 기자회견까지 한 공익제보자에 대해 법원은 "도주 및 증거인멸의 우려가 있다"며 절도죄로 구속시켰다. 앞으로 집권세력에 민감한 정치사안을 공익제보하는 사람은 모조리 구속시키겠다는 메시지가 아니면 무엇인가.

일정한 규격과 형식을 갖춘 투표지에 투표하도록 법이 의무화하고 있는데, 4.15 총선에서 의심스러운 투표지들이 개표참관인들에 의해 촬영된 영상에 의해 발견됐다. 부정선거를 주장하는 변호인단이 중앙선거관리위원회가 보관하고 있는 국회의원선거 투표지 이미지 파일에 대한 증거보전 신청을 냈는데, 법원은 모두 기각했다. 개표 프로그램을 조작하여 선거부정 행위를 저질렀다는 것을 이유로 100여 개 선거구에서 선거무효 소송이 제기됐는데도, 법원은 통합선거인 명부, 서버, 전자개표기 등 핵심자료에 대한 증거보전을 번번이 기각했고, 대법원은 석 달이 지나가는 데도 재검표 일정조차 밝히지 않고 있다. 이러한 사실들이 주요 언론에는 쟁점화조차 되고 있지 않다. 법원은 공직선거 검증이라는 헌법적 의무를 언제까지 저버릴 것이며, 언론은 얼마나 더 부정선거 문제를 외면할 것인가.

유시민 씨의 신라젠 주가 조작 연루의혹을 수사하다가 불똥이 튄 검·언 유착의혹 사건의 피의자인 채널A 기자를 구속시킨 판사는 "언론과 검찰의 신뢰 회복을 위해서"라는 구속사유를 제시했다. 판사가 언제부터 언론과 검찰의 관계까지 아우르는 국정 운영자가 되었는가. 검·언 유착 의혹 사건의 표적이 된 현직 검사장은 현 정권의 비리사건들을 수사해 온 당사자이다. 신라젠 사건 수사라는 본질은 간데없고, 검·언 유착 파동으로 관심의 초점을 돌려 서울지검장과 이를 옹호하는 법무부 장관과 다른 한편으로 검찰총장 간의 극한 대립을 연출하는 사상 초유의 사태까지 발생하고 있다. 전 월간조선 기자는 소위 국정농단 사건 재판장인 판사와 조국 민정수석, 최강욱 변호사가 함께 청와대 인근 식당에서 식사를 했다는 제보를 받고, 이를 보도한 것으로 법정구속 됐다. 최근 줄줄이 구속된 언론인들은 하나 같이 정권이나 친정권 인사의 비리와 관련한 보도를 진행한 공통점이 있다. 정치적으로 민감한 사항을 보도하는 유튜버들에 대한 집중단속도 진행되고 있다.

반면, 고위공직자가 적극적으로 뇌물을 요구해 유죄가 확정됐는데도 집행유예를 선고받은 유재수 전 부산 경제부시장, 재직 중 성추행 혐의에도 영장기각 판정을 받은 오거돈 전 부산시장, 그리고 허위사실 공표가 인정됐음에도 "단순 부인"은 처벌할 수 없다는 판결을 받아낸 이재명 경기지사는 모두 여권 핵심인사다.

헌법과 법률에 의하여 양심에 따라 독립하여 심판해야 할 법관들마저 정치권력이 만든 현실을 정당화시켜주는 법기술자들로 전락시키려 하는가. 모든 법관과 그 가족을 대상으로 수사하고 기소할 수 있는 공수처의 설치가 가시권에 오자, 법관들이 알아서 몸조심하고 있는 것인가. 정치권력의 손아귀에 절대로 장악돼서는 안 될 민주주의의 보루는 언론의 자유, 사법부의 독립, 교육의 정치적 중립, 그리고 공명선거다. 문재인 정부가 집권하면서 당·정·청에 유입된 586운동권 세대가 극렬 지지층의 무조건적 지지를 등에 업고 본격적으로 전체주의 작업에 나선 결과, 이 네 가지 가치를 모두 무너뜨려 버렸다. 이제 서구식 실질적 법치가 중국식 형식적 법치로 대체되고, 정치적 비판과 언론의 자유는 조선왕조 시대보다 못한 수준으로 전락하고 있다.

법조와 언론방송 분야의 이념집단을 해체시키지 않고서는 전체주의 망령은 우리와 후속세대를 늘 괴롭힐 것이다. 법조계를 정치 바람으로 오염시키는 이념 모임 출신의 법조인 그룹과 언론의 정치적 중립성을 거부하는 언론방송 분야의 선동의 나팔수 진영, 그리고 이들을 정치적으로 오염시키는 배후의 세력을 상대로 자유 시민들이 전쟁을 선포해야 한다. 이러한 진영의 실체를 폭로하고, 이들의 불의와 불법을 고발하며, 정정보도 요구, 시청 거부 운동, 국민 설문조사, 블랙 시위, 법조인 이력 추적 공개, 내부 고발자 보호운동, 조세 저항운동 등 다양한 형태의 연합 활동을 통해 유사 전체주의의 기반을 해체해나가야 한다. 의로운 언론인들도 더 자각하여 조직적·개별적으로 저항하며 본분을 다해야 하며, 헌법재판관, 판사, 검사들도 법조인의 양심과 헌법에 따라 수사하고 판결하는 기본적인 직업의식을 발휘해야 한다. 이제 대한민국에서 열린 마음을 가진 모든 단체와 개인은 전체주의 반대 범국민 투쟁에 나서자.

2020년 7월 28일

성명서

여당의 입법 폭주를 강력히 규탄한다

●●●

　유례없는 폭정의 서곡이 울리기 시작하였다. 7월 28일 민주당은 각 상임위에서 법안소위 심사절차도 거치지 않고 기립표결로 부동산 조세 관련 법안들을 비롯한 각종 법안에 대한 본 회의 상정을 의결했다. 오는 8월 4일 이 법안들을 본회의에서 강행처리하기 위한 목적이었다. 조세 관련 법안은 국민의 재산과 의무에 직접 영향을 주는 것으로서 정부가 밀어붙이더라도 국회가 이를 견제해야 한다. 아무리 집권당이라도 명색이 대의기관인 국회라면, 그 국회의 태생과 본질이 무엇인지 돌이켜 보아야 한다.

　역사적으로 의회는 조세를 부과하려는 절대권력과의 싸움에서 탄생하였다고 해도 과언이 아니다. 피비린내 나는 혁명의 시작들도 대부분 국민의 고혈을 짜내기 위한 권력과 이에 저항하는 백성 간의 싸움이 그 뿌리였고, 그래서 만들어진 원칙이 "대표 없이 조세 없다(no taxation without representation)"는 것이었다. 근대 헌법의 대원리 중의 하나이면서, 조세법률주의로 표현되는 이 국가권력 제어 원칙은 자유민주국가에서 포기될 수 없는 소중한 가치이다.

그런데 법률을 개정하지 않고 물가상승과 소득증가 등 객관적인 경제 여건에 관한 고려 없이 공시지가를 멋대로 올려 사실상 법률 없이 증세를 하던 정부가, 이제는 부동산정책 실패를 국민에게 떠넘기기 위해 졸속 정책을 국회의원 176석, 상임위원장 전석 독점에 기대어 무지막지하게 밀어붙이고 있다. 누구를 위한 국회인가. 이 과정에 어떤 국민의 대의가 있다는 말인가.

그뿐만 아니라, 박지원 국정원장 후보자에 대하여도 6.15 남북 정상회담 직전의 '비밀이면합의서'의 진위 파악을 위해 청문절차를 더 진행해 봐야 한다는 야당의 요청은 여지없이 묵살되었고, 여당 단독으로 의결한 인사청문경과 보고서를 받은 문재인 대통령은 바로 임명해 버렸다. 지금 국회에는 헌법을 농단하고, 자유민주적 질서를 유린할 법안들이 여당발로 쏟아지고 있다.

정권에 불리하고 눈에 거슬린다고 특정인 검찰총장을 쳐내기 위하여 검찰총장의 수사권을 박탈하여 법무장관에게 주라는 법무검찰개혁위원회라는 요상한 기구의 권고안은 곧 입법으로 이어질 태세이고, 정권의 옹위 기층세력의 먹이 생태계를 만들기 위한 이른바 '민주시민교육법안'들도 올라와 있다. 법의 외피를 쓴 전체주의의 그림자가 본격적으로 어른거리고 있는 것이다.

여당이 권력의 주구가 되어 국회로서의 기능을 못 하고, 야당은 무력함 속에 수적 열세만 핑계 대는 속에 언제까지 국민이 그 압제를 감내하며, 일부 정권 기생충의 희생 제물로 살 수는 없다. 거대 여당에게 경고한다. 지금처럼 폭주한다면 국민 불복종, 저항의 태풍은 시간문제이다. 그리고 야당은 마지막 봉사라 생각하고 언제든지 의원 총사퇴를 감행할 각오를 해야 한다. 우리는 지금이라도 집권 여당의 법의 껍데기를 빈 사실상 인치주의(人治主義)의 퇴행적 역사가 이쯤에서 중단되길 강력히 촉구한다.

2020년 7월 29일

지금은 의대정원 논란이 아니라, 코로나19 전쟁에 집중할 때!

●●●

공공의료를 왜곡하지 말고, 공급정책이 아니라 구조개선정책을 시행하라!

전국 377개 대학 6,100여 명의 교수들이 참여하는 〈사회정의를 바라는 전국교수모임〉(이하 정교모)에는 40개 의과대학 653명의 교수들이 포함되어 있다. 문재인 정부가 발표한 '의대 정원 확대 및 공공의대 설립 추진안'에 대해서 정교모 보건의료위원회는 지금이 코로나19 전쟁 중이라는 점에서 시기적으로 적절하지 않으며, 의료서비스의 공급자인 의료계를 무시했다는 점에서 절차적으로 바람직하지 않다고 지적했다. 또한, 간호대 정원 확대 등 이미 실패한 정책의 답습으로는 '공공의료 확충'이라는 목표를 달성할 수 없다고 주장했다.

정교모 보건의료위원회에 따르면 우리나라가 코로나19 팬데믹 상황을 비교적 잘 이겨내고 있는 것은 의료진의 헌신과 성숙한 시민의식, 그리고 건강보험제도 덕분이지만 의료체계의 문제점도 많다고 지적하면서 대표적인 예로 의료전달(환자의뢰)체계의 붕괴 및 불합리한 수

가구조로 인한 불균형을 들었다.

위원회에 따르면 대형병원은 환자가 넘치지만 의사가 부족하고, 중소병원과 의원은 환자가 별로 없어서 경영난이 심각한데 이러한 불균형은 의료전달체계가 무너졌기 때문이며 문케어로 인해 더욱 악화되고 있다고 주장했다. 피부과, 안과, 성형외과 등은 전공의들이 많이 지원하지만 외과, 흉부외과, 산부인과, 비뇨의학과, 소아청소년과 등은 기피하는데 이러한 불균형은 저수가와 불합리한 수가구조 때문이라고 설명했다. 또한, 의사들뿐만 아니라 간호사의 지역별, 의료기관별 불균형도 심한데 이것은 간호수가가 교대근무(특히, 야간근무)의 특성과 근무강도를 반영하지 못하기 때문이라고 지적했다. 그런데 정부는 이를 무시하고 간호사 공급을 확대했지만 결국 실패했다면서 과거의 실패를 타산지석으로 삼아야 한다고 강조했다. 또한, 의사 수 증가는 의료비 증가를 유발하므로 이에 대한 국민들의 부담도 고려해야 한다고 지적했다.

정교모 보건의료위원회는 이러한 문제들의 근본 원인이 공공의료에 대한 오해 때문이라고 강조했다. 즉, 공공의료라는 파랑새는 멀리 있는 것이 아니라, 우리 곁에 있는 건강보험의료가 바로 공공의료라는 것이다. 공공의료 확충을 위해서는 의대정원 확대, 공공의대 설립, 공공병원 신설, 간호대 정원확대 등의 공급정책이 아니라 의료체계의 구조개선정책이 우선이며, 구조개선의 내용으로는 의료전달(환자의뢰)체계를 개선하고 급여수가와 간호수가를 현실화함과 동시에, 불필요한 의료이용과 과잉병상을 감소시킬 것을 제안했다. 이를 위해서는 먼저 보건의료발전계획을 수립해야 하며, 장기적인 계획 하에 의료계와 같이 의대정원을 논의해야 한다는 것이다. 한편, 전국의 모든 의대에서 공공의료를 제공할 의사들을 교육하고 있는데 공공의대를 별도로 신설하는 것은 기존 의대 차별정책이며, 급조된 공공의대는 이미 실패한 서남대의 선례를 반복할 수밖에 없다고 지적했다. 정교모 보건의료위원회는 마지막으로, 현재의 보건복지부는 복지부로 변질된 상태이고, 이를 수행할 능력과 의지가 없으며, 의료계의 신뢰를 완전히 상실한 상태이므로 보건부의 독립이 필요하다고 강조했다.

2020년 8월 5일
사회정의를 바라는 전국교수모임 보건의료위원회

자국민 주거권을 위협하는
외국인 투기세력 방치는 매국 행위이다

●●●

유학 목적으로 들어온 어느 삼십 대 중국인이 서울을 비롯 전국의 아파트 8채를 사들였다고 한다. 국세청이 밝힌 바에 따르면 2017년부터 금년 5월까지 중국인들은 대한민국의 아파트 13,573채를 사들였다고 한다. 신고된 거래금액으로는 3조 1,691억 원에 달한다. 같은 기간 외국인들이 사들인 아파트는 모두 23,167채이나 비중으로 보아서는 중국인들의 아파트 매수가 절대적이다. 지금 대출을 받거나 전세를 끼지 않고서는 사실상 아파트 매입을 할 수 없는 절대다수의 젊은 세대에게 아파트 매수는 그림의 떡이 되었다. 정부가 국민들을 상대로 온갖 금융규제와 징벌적 세제를 통해 부동산 취득·보유·처분에 따르는 입·출구를 틀어막고 있는 사이 사실상 규제 사각지대에 놓인 외국인들이 수도권의 아파트를 쇼핑하고 있는 것이다. 이로 인해 자국민과의 역차별이라는 국민들의 항의와 시위가 잇따르고 있다.

그러나 이것은 단지 주택 매입에 있어서의 내·외국인의 역차별 문제만이 아닌 그 이상의, 주권 침해의 문제이고, 대한민국 미래세대의

앞날에 대한 심각한 사회문제임을 인식하고 대처해야만 하는 사안이다.

특히 중국인들의 경우 중국의 부동산소유제도에는 영구 소유라는 개념이 없다는 점에 주목해야 한다. 우리 국민이 중국 내에 아파트를 사더라도 30년을 한도로 하는 사용권을 취득할 뿐이다. 이에 반하여 중국인들이 국내에 아파트를 사는 순간 영구적인 소유권이 되고 만다. 이렇게 되면 자기들끼리의 매매는 물론 상속을 통해 대대로 대한민국 내에 그들의 거점이 마련되는 것이다. 이는 국제법상의 내국민대우를 맹목적으로 고수하다 보니 상호주의로부터 크게 일탈한 데서 비롯된 것으로 정부가 방치하고 있는 것이다. 국제협정상의 유보제도를 활용하고 국내규제를 도입해 지금부터라도 문제점을 시정해나가야 한다.

경제·사회적으로도 중국인들의 아파트 매수는 심각한 사회 갈등, 우리 국민들을 경제적으로 중국인들에 복속시키는 매국적 결과로 이어질 수 있다는 점을 인식해야 한다. 2017년 프랑스 파리에서 젊은이들에 의하여 '빈집 점거하기' 운동이 벌어졌었다. 날이 다르게 폭등하는 파리의 집값에 월급의 절반 이상을 주거비로 지출하거나, 그나마 집을 구하지 못한 청년들은 노숙을 하는 판에 파리 시내 고급 주택 20만 채가 비어 있는 현실이 프랑스 국민들을 분노하게 하였던 것이다. 그 빈집들의 대부분은 중국인을 비롯한 외국인들이 투기의 목적으로 사놓고 방치해 놓고 있었던 탓에 일어난 민심의 폭발이었다.

유학을 빙자하여 한국에 온 삼십대 중국인의 아파트 월세 장사는 이대로 방치할 경우 한국에서 그런 현상이 빚어지는 것은 시간문제라는 점을 시사한다. 정부가 아무리 아파트 가격을 잡기 위해 우리 국민을 옥죄는 정책을 내놓은들 가장 좋은 먹잇감을 발견한 외국인 투기세력이 있는 한 부동산 가격은 떨어지지 않을 것이다.

중국인들의 부동산 투자는 아파트에 국한되지 않는다. 해외의 사례를 보면 특히 수원지(水源池)가 포함되어 있는 지역을 집중 매입하여 현지 주민들과 갈등을 빚는 경우도 있다고 한다. 중국인 투자에 대한 종합적·거시적 대책이 필요한 이유이다. 지금 논의되는 외국인들에 대한 취득세 중과 등으로는 어림도 없는 대책이다. 일단 상호주의에 입각하여 소유기한에 제한을 둘 수 있는 제도를 시급히 도입해야 한다. 그리고 외국인들이 국내 취득 부동산을 전매할 경우에는 국가나 지방자치단체에서 우선적으로 매입할 수 있는 공공환매권도 적극 검토해야 한다. 여기에 다른 국가들에서 시행하고 있는 외국인의 투자가 제한되는 지역과 허용 총량제도 도입해야 할 것이다.

주권을 잃는다는 것, 식민지가 무엇인가. 김동인의 소설 '감자'에는 살아가기 위해 평양성 바깥의 중국인 지주에게 농락당하고 비참하게 죽어간 복녀라는 이십대 아낙의 이야기가 나온다. 판타지가 아니라 우리 어두운 역사에 대한 분노와 슬픔의 외침이다. 이 문제에 관하여는 정부·여당, 그리고 야당이 따로 있을 수 없다. 특히 의석 176석으로 폭주 중인 더불어민주당은 무한 책임을 져야 한다. 나라와 백성을 팔아먹을 생각이 아니라면, 지금 당장 중국인으로 대표되는 우리 경제 주권, 국민의 삶의 터전에 대한 노골적 침탈에 대한 입법적 대처에 나서야 한다.

2020년 8월 7일

코로나19 확산 방지는 희생양 찾기가 아니라 정권의 반성에서 찾아야 한다

●●●

정부의 책무는 국민의 안전을 도모하는 것이지만, 그 책무의 이행은 어디까지나 모든 국민의 기본권을 보장하면서, 헌법과 실질적 법치주의의 테두리 안에서 행사되어야만 한다. 최근 문재인 정부가 코로나 사태를 놓고 취하는 일련의 조치들 역시 그것이 정말로 국민을 위한 걱정에서 나온 방역 조치라면 의료적 관점에서 타당해야 하고, 형평을 잃지 않고, 공정에 부합하며, 법적 강제 조치는 가능한 최소화 되어야 한다. 그런데 대통령의 직접 지시를 필두로 봇물처럼 쏟아져 나온 최근 조치들은 이 모든 기준에서 벗어났다고 판단하지 않을 수 없다.

첫째, 그것들이 의료적 관점에서 타당했는가. 8·15 집회에서 확진자가 나와 전국으로 확산되었다는 정부의 조치는 최소한 4~14일간의 잠복기간이 있어야 한다는 의료계의 상식을 뒤엎는 것이었다. 8월 10일부터 가파른 확진자 증가는 이미 7월 말~8월 초의 피서 휴가지에서의 국민 운집 현상과 17일까지 연휴를 연장하면서 소비 확산을 촉진하며 방역전선에 구멍을 낸 정부의 해이해진 정책 때문인데 특정 교회와

8·15 광복절 집회 탓으로 돌리는 중세식 마녀사냥을 벌이고 있으니 이 점에 관하여 정부는 설득력 있는 해명을 해야 한다.

둘째, 그것들이 형평을 잃지 않았던가. 확진자 급증은 해운대 100만, 제주 22만 등 전국적으로 인파가 몰린 휴가기간의 느슨해진 방역 집행 때문이라는 사실을 무시한 채 서울 시내에서 있었던 민노총 등의 집회에는 강제검사 명령을 발동하지 않았음은 대단히 불균형한 조치가 아닐 수 없다. 감염 전파 위험성은 모든 집회에 동일한 것이지, 모임의 성격에 따라 달라지지는 않는다. 정부는 민노총 집회는 물론 8·15 직전의 의사 파업 관련 집회, 부동산 대책 관련 집회에서의 코로나 전파에 대한 역학조사 여부 및 그 결과도 공개하여야 한다.

셋째, 그것들이 공정에 부합하는가. '중대본'에서 특정 교회와 집회 참석자들을 상대로 보낸 진단 안내 문구는 과거의 것들과 확연히 다르다. 즉, 기존의 문자 안내에는 "OO 방문자는 증상시(증상 발현시, 유증상시)" 검사와 진료를 받도록 안내하면서, 사랑제일교회와 8·15 광화문 집회 참석자의 경우에는 "증상유무에 관계없이" 진단을 받도록 강제함으로써 합리적 이유 없이 방문 및 참석의 성격에 따라 차별하고 있다. '중대본'은 어떤 이유에서 특정 모임과 장소 출입자만 강제전수조사의 대상이 되어야 하는지, 이 안내 문구는 어떤 과정을 거쳐 변경되었고, 누가 최종결정하였는지 밝혀야 한다.

넷째, 그것들이 과잉금지의 원칙, 기본권 제한 최소화의 원칙을 따르고 있는가. 정부에 이어 여당 자치단체장들은 앞다투어 행정명령이라는 이름으로 증상 유무에 관계없이 사랑제일교회 및 광화문 집회 참가자들만 상대로 강제검사를 명하고, 이에 응하지 않으면 형사처벌 및 구상권을 행사하겠다고 나서는 것은 정상적인 법치국가의 행정이라고 볼 수 없다. 국민 개인의 정보가 영장주의가 사문화된 채 통째로 통신사들에 의해 정부에 넘어가고, 행정처분이 불특정 다수인에 대한 문자 살포로 대체되는 광적인 행정권 남용에 대한 문책이 있어야 한다.

이런 모든 사정을 종합할 때 문재인 대통령과 여당이 최근의 코로나 재확산 사태의 원인을 특정 종교와 특정 교회, 그리고 특정 모임에 참석한 사람들을 지목하여 낙인찍는 것은 국민 모두의 행복과 안전을 위한 것이 아니라, 실정(失政)에 대한 비판을 모면하고 국면을 전환하기 위한 희생양 찾기란 의구심을 지울 수 없는 것이다. 이것은 어느 특정한 위기 국면에서, 일부 사람들에게만 해당하는 것이 아니라, 대한민국 민주주의의 심각한 위기의 한 징조요, 모든 국민에게 다가올 암울한 전체주의적 폭정의 전조일 수도 있다.

특히 이와 관련하여 광복절 집회금지 효력정지 신청을 받아들인 서울행정법원 제11부(재판장 박형순)에 대하여 정부·여당이 앞장서서 이를 비난하고, 집회결사의 자유의 본질을 침해하는 법안을 발의하며, 이를 사법개혁으로 포장·선동하는 기도는 대한민국 헌법질서에 대한 정면 도전임을 강력하게 경고한다.

문재인 정권이 위와 같은 의구심에서 벗어나려면 방역을 빙자하여 증오를 부추기고, 편을 가르며, 모든 사회 경제적 정책 실패를 희생양에게 뒤집어씌우려는 비열한 정치공작을 당장 그만 두어야 한다. 강자에게 약하고, 약자에게 강한 비굴한 행태 역시 집어치워야 한다.

지금 정권이 해야 할 일은 누굴 낙인찍는 것이 아니라 국민 모두가 코로나 진단을 받을 수 있도록 하여 양성 확진율, 완치율, 치사율 등을 객관적으로 공표하여 심리적 불안감을 덜어주어야 한다. 코로나 4차 추경을 한다면 이런 데 돈을 써야 한다.

그러나 무엇보다 정권이 시급히 해야 할 일은 국민이 모이지 않도록, 모일 일이 없도록 잘못된 정책과 행태를 바로 잡는 것이다. 국민들을 모이게 한 것은 바로 정권 자신이다. 부동산정책을 통한 국민 수탈, 인천국제공항 사태로 대변되는 청년들 세대의 공정한 기회 박탈, 공공의료를 빙자하여 전문가를 무시한 의료정책의 탈선, 권력에 대한 수사를 무력화시키고 자파(自派) 보호를 위한 검찰 및 사법 장악 시도 등 국민들의 생존을 위협하고, 미래를 빼앗으며, 좌절하게 하고 분노케 하는 정권의 행태가 계속되는 한 어디에선가, 누군가는 모일 것이고, 외칠 것이다. 정권의 반성과 잘못된 정책에 대한 수정, 입법 폭주의 중단이야말로 진정한 코로나 대책이요, 진정한 경제 살리기라는 사실을 웬만한 국민은 다 알고 있다.

애초 중국 눈치를 보고 방역주권을 포기하여 중국인 입국 폐쇄 조치를 하지 않아 지금껏 온 나라 국민을 고통에 빠트리게 한 원초적 책임을 대통령과 집권당은 통감하고 더 이상 무능과 실책, 비판을 덮기 위한 꼼수와 국민을 향한 겁박은 통하지 않는다는 사실을 명심하여 거짓 정책과 국민을 향한 겁박을 당장 중단하라.

2020년 8월 24일

초등학교 학생들에게 성관계를 조장하고 사회적 합의도 없는 동성애와 동성결혼을 권리라고 가르치는 여성가족부 '나다움어린이책' 사업 중단을 환영한다!

●●●

여성가족부가 지원하는 '나다움어린이책' 사업에서 추천된 일부 책들은, 초등학교 학생들에게 성관계를 '재미있거나' '신나고 멋진 일'로 소개하면서, '하고 싶어진다'라고 표현하여 성관계를 조장할 뿐만 아니라, 동성커플과 아이들로 구성된 가족의 모습을 곳곳에 보여 주면서 동성애와 동성혼을 당연한 권리인 것처럼 소개하고 있다.

이에 대하여 많은 학부모들이 강력히 반대하였고, 지난 8월 25일 김병욱 의원(포항 남구, 통합당)은 국회 교육위원회에서 유은혜 교육부 장관에게 이러한 추천도서의 문제점을 항의하자, 26일 여성가족부는 문제가 된 책들을 회수하겠다는 입장을 밝혔다. 전국 377개 대학 6천여 교수들이 참여하고 있는 〈사회정의를 바라는 전국교수모임〉(정교모)은 문제가 된 책자를 회수하겠다는 여성가족부의 결정을 적극 환영하며, 김병욱 위원의 시의적절한 문제 제기를 적극 지지한다.

이번에 문제가 된 초등학생들이 보는 책에는 적나라한 여성 성기의 모습을 보여 주고, 남녀 간의 성관계를 상세한 그림으로 묘사하면서,

재미있다, 하고 싶어진다 등의 표현을 사용하고 있다. 또 남녀의 성관계를 적나라하게 표현하여 "여자의 질이 촉촉해지고 남자의 음경이 딱딱해져요", "남자가 음경을 여자의 질안에 넣고", "빨리 움직이면", "남자와 여자는 모두 설레고 흥분하며, 서로 사랑하는 감정을 느껴요" 등의 표현으로 초등학생들의 성적호기심을 자극하여 성관계를 조장하고, 동성결혼을 당연한 권리인 것처럼 가르치고 있다.

현행헌법에 나와 있는 양성평등과는 전혀 다른 성평등을 주장하는 기관과 단체들은 동성애와 동성혼의 합법화를 주장할 뿐만 아니라 어린 학생들에게까지 소위 조기성애화(premature sexualization)를 주장하고 있다. 성평등은 여성, 남성 외 50여 개 이상의 제3의 성을 주장하고 있으며, 제3의 성을 포함한 성 간의 평등을 주장하고 있다. 성평등을 주장하는 사람들은 당연히 동성애, 다자성애, 근친애 등은 물론 동성결혼, 다부다처 등을 권리라고 주장하고 있다.

한국여성단체연합, 참여연대, 민변 등 평소 성평등을 강력히 주장하는 단체들이 양성평등을 성평등으로 바꾸려는 개헌을 2017년 시도하다가 강력한 국민적 저항에 부딪쳐 포기한 적이 있다. 그러나 개헌 대신에 전국 지방자치단체에서 각종 성평등 조례를 제개정하였으며, NAP 등 각종 정부정책 등에서 성평등 정책을 강력히 추진해 왔다. 최근에는 권인숙 의원이 교육기본법에 포함된 남녀평등을 성평등으로 바꾸려는 개정안을 발의하였다.

성평등을 주장하는 현 정부와 단체들은 성평등을 위한 헌법과 법률 개정이 쉽지 않자, 정부의 다양한 사업에서 각종 성평등 정책을 적극적으로 시행하고 있다. 여성가족부가 지원하는 아하성문화센터에서 성평등과 동성애 등을 노골적으로 학생들에게 가르치고 있음은 국감에서 여러 차례 지적된 바 있다. 이들은 10년 후를 바라보면서 자라나는 자녀들에게 조기성애화와 성평등을 가르치고 있다. 여성가족부가 추진하다가 강력한 국민적 저항에 부딪쳐 '나다움어린이책' 사업에서 문제가 된 책자를 지금은 회수하였지만, 이들은 앞으로도 유사한 정책으로 끊임없이 시도할 것이다.

성평등을 주장하는 자들은 성소수자의 인권을 앞세우고 있지만, 사실은 사회체제 개편에 목적이 있다. 사유욕이 강한 인간의 본능을 거슬러 사회체제를 개편하는 것이 쉽지 않음은 발견한 이들은, 가장 기본적이고 본능적인 성욕을 어릴 때부터 무제한 풀어놓아 새로운 사회체제로 개편하겠다고 생각하고 있다.

8월 26일 여성가족부가 문제가 된 책들을 회수하겠다고 발표하자, 평소 성평등을 강력히 주장해온 전교조는 물론 한국여성단체연합, 진보당, 한국여성의전화, 한국여성민우회, 한국성폭력상담소, 정신대할머니와함께하는시민모임 등이 강력히 반발하며 나섰다. 이를 통하여 자신의 정체와 의도가 무엇인지를 스스로 드러내고 있는 것이다.

현행헌법은 신체에 나타난 생물학적 성에 기반하여 사람의 성별을 나누고 있다. 또 한 명의 여자와 한 명의 여자의 결합만을 혼인으로 인정하고 있다. 윤리 도덕의 가장 중요한 출발은 한 명의 여자와 한 명의 남자의 결합으로 구성된 가정으로부터 시작되며, 부모와 자식 간의 관계로부터 시작된다. 정교모는 건강한 가정이 깨어지며, 건전한 윤리도덕을 파괴하는 성평등 이데올로기를 강력히 반대한다.

극도의 저출산을 겪고 있는 가운데 출산 장려를 위해 천문학적 예산을 쏟아붓고 있는 여성가족부가 자녀 출산이 가능한 가정을 파괴하는 성평등 정책에 앞장서고 있음은 앞뒤가 맞지 않다. 여성가족부는 성평등 정책을 즉각 포기하고 현행헌법에 규정된 양성평등 정책을 성실히 수행해 주기를 강력히 요구한다.

또 여성가족부와 교육부는 사회적 합의도 없을 뿐만 아니라, 현행헌법에 위반되는 동성결혼을 당연한 권리인 것처럼 학생들에게 가르쳐서는 안 된다. 학업에 힘써야 할 자녀들에게 성폭력 방지와 건전한 성윤리와 책임을 가르치는 것 대신에 성적호기심을 자극하고 성관계를 조장하며, 학생의 임신 출산을 당연한 권리인 것처럼 가르치는 나쁜 성교육을 즉각 중지할 것을 강력히 요구한다.

2020년 8월 31일

대한민국의 의료제도를 지키려는 의사파업을 지지한다!

●●●

사회정의를 바라는 전국교수모임(이하, 정교모)은 이번 의사파업이 자유대한민국의 의료제도를 지키기 위한 최후의 투쟁이라고 판단하고 강력하게 지지한다.

대한민국에서는 건강보험의료가 바로 공공의료이며, 우리나라의 공공의료는 전세계 어느 나라의 의료보장제도와 비교해도 질과 비용 면에서 최고 수준이다. 특히, 이번 코로나19 사태를 통해서 모든 국민이 공공의료의 진가를 경험하고 있다.

이러한 장점에도 불구하고, 우리나라 공공의료는 의료자원의 지역 간 불균형이라는 구조적 문제점을 안고 있다. 불균형의 가장 큰 원인은 (1) 1977년 국민소득 1천 달러 시대에 만들어진 '저부담-저수가-저급여' 정책을 3만 달러 시대인 현재에도 여전히 고수하고 있는 점과, (2) 2000년 건강보험 통합을 위해 진료권을 폐지하고 환자의뢰체계를 붕괴시킴으로써 전국의 환자들이 수도권으로 몰리게 만든 것이다. 따라서 이러한 불균형의 해결을 위하여 환자의뢰(의료전달)체계 개선, 급여수가와 간호수가 현실화, 불필요한 의료이용 및 과잉병상 감축 등 구조개선 정책이 필요하다.

그런데 문재인 정권은 불균형의 근본 원인을 그대로 둔 채, 의대 증원과 공공의대 신설 등 이미 실패한 공급확대 정책을 강행하고 있다. 이것은 그나마 기능을 유지하고 있는 건강보험제도와 공공의료를 파괴하는 행위이며, 자신들의 이익을 위해 전 국민의 목숨을 통제하겠다는 사악한 시도이다. 또한, 안전성과 유효성이 이미 입증된 시술이나 약물도 건강보험 재정부담으로 인해 급여항목에 포함되지 못하고 있는 상황인데 안전성과 유효성이 전혀 입증되지 않은 첩약급여화 시범사업으로 건강보험 재정을 파탄내려 하고 있다. 이것은 명목상 '국민을 위한' 정책일 뿐, 실제로는 문재인 패거리들의 논공행상에 불과한 '그들만을 위한' 정책이다. 대한민국에 공공이 아닌 의료는 존재하지 않음에도 불구하고 '공공'의 이름으로 포장한 이유는 의료사회주의 구축, 전문가 집단 파괴 및 하향 평준화, 능력이 아니라 이념적 충성도에 따른 직업 배분 등 사회주의-전체주의 정권을 완성하기 위함이다.

의협의 요구는 간단하다. 4대악 정책을 '철회'하고, 그 약속을 '문서화'해달라는 것이다. 정교모는 이러한 의협의 요구가 지극히 정당하다고 판단한다. 예컨대, 보건복지부는 지자체장이 아니라 시민단체가 포함된 위원회가 공공의대 입학생을 추천한다고 발표하고도 여론이 나빠지자 통상적인 전형절차를 거치겠다며 말을 바꾸고 있다. 그런데도 정책추진을 중단하겠다는 '구두 약속'을 믿으라는 것은 어불성설이다. 또한, 그들이 말하는 "통상적인 전형절차"는 일부 의약대와 의전원에 이미 존재하는 민주화전형이나 5·18전형과 같은 현대판 음서제이다.

더구나 180석의 거대 여당이 전횡을 일삼는 국회에서는 균형 잡힌 토론과 정상적인 의결이 불가능하다.

문재인 정권이 추진하는 의대 증원이나 공공의대 신설 정책은 의사 및 의료기관의 불균형 문제를 해결할 수 없다. 오히려 의학교육의 질이 저하되고, 능력 없는 의사가 양성되며, 국민들의 세금부담 및 의료비만 증가할 것이다. 또한, 불공정과 반칙에 실망한 실력 있는 의사들은 대한민국을 떠나게 될 것이며, 전국민은 직업윤리에 충실한 올바른 의사가 아니라, 코드 맞추기에 충실한 이념 의사에게 목숨을 맡겨야 할 것이다.

2020년의 의사파업은 어느 날 뜬금없이 생긴 것이 아니다. 의사파업은 박근혜 대통령의 사기 탄핵 이후 일련의 사태와 최근의 부정선거 사태를 포함하는 일련의 스펙트럼 내에 있다. 이에 정교모는 자유대한민국의 공공의료인 건강보험의료를 지키고 더욱 발전시키고자 하는 의사들의 파업을 강력하게 지지한다. 문재인 정권은 세계 최고라고 칭송되는 대한민국의 의사들이 원래의 자리로 돌아갈 수 있도록 "4대악 정책"을 속히 철회하고 그 약속을 문서화하기 바란다.

2020년 9월 3일

"인국공 사태"는 불공정한 특혜이며 젊은 청년 세대의 기회를 박탈, 이를 촉발한 구본환 사장, 김현미 장관 등을 특정경제범죄가중처벌 등에 관한 법률위반(배임) 등으로 대검찰청에 고발

●●●

〈사회정의를 바라는 전국교수모임〉(이하 정교모) "인국공 특위"는 2020년 9월 9일 '청원경찰 전환 직고용' 과정에서 촉발된 "인국공 사태"는 통상적인 기업 경영의 관점에서 도저히 있을 수 없는 일로서 불합리한 의사결정을 강행한 구본환 사장을 비롯한 공사 경영진과 이사들의 법령과 정관에 위배되는 경영 행위 그리고 이를 강요하고 교사한 정부기관에게 배임 및 직권남용의 범위 혐의를 물어 대검찰청에 고발한다고 밝혔다.

전·현직 6천여 명의 교수들로 이루어진 정교모는 "인국공 사태"가 갖고 있는 젊은 청년 세대의 기회 박탈, 불공정한 특혜, 그리고 이 과정에서 인천국제공항공사 경영진이 보인 불법적인 행태에 주목하여 문제점을 밝히고자 "인천국제공항공사 특별위원회"를 구성하였다.

정교모는 대검찰청에 제출한 고발장을 통해 우선 공사가 6월 21일 일방적으로 확정하여 발표한 보안검색요원 1,902명의 전환 직고용 전환 방안인 청원경찰 제도는 공사에게 막대한 인건비를 부담하게 하면서 임용에 있어서는 지방경찰청장의 승인을 받아야 되므로 보안검색 업무 운영에 있어 심각한 경직성에 봉착하게 될 것이며, 특히, 향후 재무전망이 매우 비관적인 상황으로 2020년의 경우 여객 수요가 97% 급감하여 2003년 이후 처음으로 적자를 기록할 전망임에도 막대한 금전적, 비금전적 추가 부담을 피할 수 없는 '청원경찰 전환 직고용'을 강행하는 것은 통상적인 기업경영의 관점에서는 도저히 있을 수 없는 일이라고 비판하였다.

정교모는 코로나로 인한 재무상태의 위험성에 대해 인지하고 있는 구본환 사장은 임직원 회의를 통해 수시로 악화되는 경영 환경에 대비한 비용 절감, 인력 감축 등을 지시하였음에도 불구하고 한편으로는 막대한 고정 인건비가 추가적으로 소요되는 보안검색 요원의 직고용 채용 관련 의사결정에 대해서는 독립적 법인격을 가진 공사의 경영진으로서의 당연하고도 충분한 주의의무를 해태한 채 공사에 매년 최소 211억 원가량의 인건비 추가부담이 수십 년간 발생하게 될 것이고 이는 결국 공사에 손해를 끼친 의사결정이므로 특정경제범죄 가중처벌 등에 관한 법률에 따라 배임죄를 면하기 어려울 것이라고 강조했다.

또한, 정교모는 공공기관은 관련법에 따라 자율적 운영을 보장받는 독립된 법인으로서 이를 운영하는 경영진은 당연히 책임경영의 책무가 부여되어 있으며 이사들은 정관에 따라 "책임경영체제가 확립될 수 있도록 직무집행에 충실하여야 한다"고 되어있으며 현저한 손해가 발생할 사항에 대해서는 감사를 요청하도록 되어있음에도 불구하고 공사의 임남수 부사장을 비롯한 상임이사, 정홍식 이사회 의장 등의 비상임이사, 그리고 김길성 감사위원이 구본환 사장의 정규직 전환 결정으로 인한 재정부담 및 인력 운용상의 문제점에 대해 방기하거나 동조하고 법령과 정관에서 정한 임무를 해태하였음을 비판하였다.

아울러, 정교모는 공사의 감독관청인 국토교통부와 고용정책을 관장하는 고용노동부의 고위공직자들이 독립적 경영을 보장받는 공사에 정규직 전환을 채근하며 직권을 남용하고 공사의 경영진으로 하여금 업무상 배임을 저지르도록 사주하고 있음을 구본환 사장이 특위에 밝힌 문자를 통해 확인하였다며 대검찰청이 수사를 통해 감독관청의 업무상 배임죄 사주에 대해서도 진상을 철저히 규명해줄 것을 요청한다고 밝혔다.

인국공 특위는 고발장에서 "보안검색요원들의 안정된 직장과 고용관계에 대한 대안은 이미 노사전문가 협의회를 통해 나와 있으며, 공정한 취업 기회를 무시한 공사의 시혜적 정규직 전환 강행과 구본환 사장을 필두로 한 공사 경영진의 보신주의와 책임 망각으로 인하여 멀쩡히 잘 다니던 수많은 자회사 정규직들이 실직당하고 쫓겨나게 되는 지경에 이르렀다"며 "시대를 역행하는 갈등을 양산하고 있는 비정상적 행태와 아무런 생각 없이 부화뇌동하는 경영진들에 대해 검찰이 사명감과 정의에 입각하여 철저하게 수사하여 단죄하여 주기를 바란다"고 밝혔다.

2020년 9월 9일

검찰은 추미애 장관 측의 직권남용의
증거인멸 행위를 그냥 넘겨서는 안 된다

●●●

동부지검이 추미애 장관의 아들 서모 씨와 군 관계자에게 전화를 하였다는 추 장관 측의 최모 전 보좌관을 소환하여 진술을 받았다. 최모 보좌관은 서 씨가 소속되어 있던 카투사의 상급 부대인 미2사단 지역대 지원 장교 김모 대위와 2017년 6월 수차례 통화한 사실을 인정하였으나, "서 씨의 부탁으로 전화를 한 것"이라고 진술한 것으로 알려졌다. 주 장관의 아들 서모 씨 역시 자신이 최모 보좌관에게 부탁을 해서 이뤄진 것으로 주장하는 것으로 전해진다. 이들 주장의 핵심은 두 가지이다. 다른 하나는 청탁이 아니라 단순한 문의 전화였고, 다른 하나는 그 문의 전화 과정에서 추 장관은 아들과 보좌관 사이에서 일어나는 일에 전혀 무관하였다는 것이다.

우선 여당의 대표, 그것도 막 정권을 잡아 국방 개혁을 추진하던 집권당 대표의 보좌관으로부터 걸려온 전화가 단순히 민원 문의 정도였는지, 아니면 압박이었는지는 통화 당사자들의 지위를 통해 객관적으로 가려져야지 일방의 변명에 기울어서는 안 된다. 이 점에 관하여 검찰의 상식적이고 합리적인 판단이 있을 것으로 믿는다.

우리가 주목하는 것은 정작 두 번째 주장이다. 추 장관은 이미 국회에서 자신이 공무로 바빠서 서모 씨의 수술 당일 병원에도 못 가봐서 엄마로서 미안하다고 진술한 바 있다. 그런데 정작 자신의 보좌관이 군에 수차례 전화를 걸어 아들의 휴가 연장과 관련하여 통화한 사실에 대하여는 "보좌관이 뭐 하러 사적인 지시를 받나, 그런 사실이 없다"고 부인했다가 14일 국회 대정부질문에서 답할 때는 "그것을 확인하고 싶지 않다"고 했다. 보통 국민의 상식으로 전혀 납득이 가지 않는다. 말을 이리저리 비틀고 핵심을 빠져나가려는 술책으로밖에 보이지 않는다.

하지만 이제 추 장관이 말한 대로 진실의 시간이 다가왔다. 추 장관이 보좌관에게 아들 문제로 군에 전화를 하라고 지시했다면 정치적 논란은 물론 직권남용에 해당할 수 있다. 아들 서 씨와 전 보좌관 최모 씨는 둘 사이에 연락이 이뤄져서 보좌관이 군에 전화를 한 것뿐이라고 한다. 객관적으로 이들의 진술은 말 맞추기를 통해 추 장관의 개입을 차단하고 꼬리를 자르려는 전형적인 증거인멸 행위일 가능성이 높다.

추 장관이 보좌관 연락처를 아들에게 주지 않았다면 아들은 어떻게 최모 보좌관에게 도움을 청했다는 말인가. 평소에 아들이 보좌관의 연락처를 알고 있었더라도 논란은 그치지 않는다. 이는 추 장관은 가정 대소사도 보좌관에게 부탁했다는 말이 되기 때문이다. 그리고 보좌관이 추 장관과 일체 지시나 교감 없이 군에 전화를 했다면 최모 보좌관 본인이 직권남용죄를 면할 수 없다.

검찰은 서모 씨와 최모 보좌관의 통화기록을 파악해야 한다. 최모 보좌관이 군에 전화를 건 시점, 서모 씨가 최모 보좌관에게 전화를 한

적이 있는지 여부, 양자의 선후, 그리고 추 장관과 보좌관 사이의 통화 내역 등이 밝혀져야 한다. 이 모든 것이 객관적으로 추 장관, 아들 서모 씨, 최모 보좌관이 국민을 상대로 거짓말과 증거인멸을 하면서 사법질서와 정의를 농단하고 있는지 여부를 밝히는 증거가 될 것이다.

이미 검찰은 추 장관 아들 사건과 관련하여 신뢰를 많이 잃었다. 추미애 법무장관은 자신의 지위를 이용하여 아들과 관련한 수사를 담당하던 검사와 수사관을 상식 밖의 인사 발령을 통해 사실상 방해하여 왔다. 추 장관의 이런 행태에 대하여는 언젠가 책임을 물을 날이 오겠지만, 이와 별개로 검찰 역시 부실수사, 권력 앞에 드러눕는 수사라는 오명을 남기고 후일 자유롭게 되기 위하여는 추 장관 아들과 측근에 대한 증거인멸 및 직권남용 혐의 등을 철저하게 수사하여 의혹을 남기지 않아야 할 것이다.

2020년 9월 15일

종전선언이 아니라 인권선언이 먼저이다

●●●

조선과 같은 왕조시대, 폐쇄성이 강했던 전근대 국가에서도 바다로 부터 외국인들이 표류해 오면 이를 구해주고 잘 보살펴서 본국으로 돌려보내거나 본인이 희망하면 귀화토록 하여 이 땅에서 자리 잡고 살게 해 주었다. 이런 것은 동서고금을 통해 인간이라면 마땅히 해야 할 것이고, 인간이 인간답다는 징표가 바로 이런 것이다.

그런데 바다에서 장시간 표류하다 연안에 이른 동족의 비무장 민간인을 발견한 북한군이 여섯 시간 후에 사살했다. 코로나 방역 핑계를 대지만 전시에도 있을 수 없는 야만적인 행위이다. 사람을 전염병을 옮길지도 모를 살처분의 대상으로 여기고, 바로 그 앞에서 방아쇠를 당겨 10여 발의 총알을 퍼부어 사살한 행위는 북한 체제가 인권이라고 는 찾아볼 수 없는 반인륜·비정상국가임을 다시 한번 세계에 보여 준 것이었다.

게다가 40여 분 동안 기름을 부어 태운 것이 시체이건, 북한 측이 보내온 통지문에 있는 내용 그대로 부유물이건 간에 그 본질은 변함없는 패륜적 행위의 극치이다. 김정은은 "통지문에서 확인해보니 시체가 없어서 혈흔이 남아 있는 부유물체를 태웠다"고 하나, 시신이 남아 있었다면 그 시신은 수습해서 돌려줄 마음이 있었다고 강변하고 싶었던 것일까. 북한 체제의 그 잔혹함과 비윤리성은 우리를 분노케 하는 것을 넘어 같은 민족이라는 이유로 우리에게 고개를 떨궈야 하는 치욕을 떠안기고 있다.

현대 국제법은 모든 국가에게 전쟁 상황에서도 민간인을 보호해야 하며, 평시에도 표류자에 대한 긴급구호 의무를 부과하고 있다. 남북한은 특수한 민족관계를 넘어 '시민적·정치적 권리에 관한 유엔인권규약'에 동시에 가입한 이후 이 조약을 준수해야 하는 바, 북한의 표류 민간인 살해와 사체 소각은 중대한 국제법 위반이다. 북한 정권은 이번 사태를 통하여 우리와의 동족 국가도, 유엔의 회원국 국가로도 볼 수 없는 사교(邪敎) 전체주의 폭력집단의 폭거를 자행한 것이다.

그 내용이나 형식, 그리고 지금까지 북한 매체에서 보여 주고 있는 침묵 등을 종합할 때 김정은의 통지문에서 진정성이라고는 조금도 찾아볼 수 없다. 정상적인 대한민국 국민의 눈에는 그저 그동안 국제 사회에서 나름대로 과시하고 싶었던 정상국가로서의 이미지 쌓기가 한순간에 물거품이 될 수 있다는 당혹스러움의 표현일 뿐이다. 이 야만적 작태를 덮어주고 싶어 안달이 난 문재인 정권과 그 일파의 정치적 곤경에 퇴로를 열어주고 국면 전환을 시도하고자 하는 정치적 기만책에서 나온 알량한 한 장의 팩스 그 이상도 그 이하도 아닌 것이다.

인권이 말살된 작태, 진정성과 진실이 제거된 괴(怪)통지문을 들고 문재인 대통령과 대한민국의 집권세력은 정권에 순치된 언론과 궤변가, 광란의 댓글 부대를 동원하여 인권과 문명의 도리를 호도하고 국민과 세계여론의 비판을 모면하려 발버둥치고 있다.

북한의 이 반인도적 만행에 대하여는 국내는 물론 국제적으로도 책임을 물어야 한다. 그리고 대북 소통 창구를 갖고 있기 때문에 시간상으로 볼 때 얼마든지 북측에 연락을 취해 자국민을 구할 수 있었음에도 불구하고 이를 구하지 않은 우리 정부 당국자들의 책임도 엄중하게 추궁되어야 한다. 물론 여기에 자국민이 사살당하고 시체가 불태워진 사건을 보고 받아 알고 있으면서도 종전선언을 강조하는 대통령의 유엔총회 연설에 영향을 줄까 봐 이를 쉬쉬하고 발표를 늦춘 의혹이 있는 자들도 빠질 수 없다. 남북한 당국자들에게 분명히 경고한다. 진실 규명, 인권과 정의에는 시효가 없음을.

지금 우리 국민은 허탈함과 분노에 싸여 있다. 김정은의 통지문에 감읍하다시피 하면서 그나마 시신을 불태우지 않았다는 말에 그것이 마치 사실인 듯, 그리고 그게 어디냐는 듯이 호들갑을 떨며 바다를 수색하는 대한민국 정권의 모습을 보며 국민은 그 비굴함과 무책임, 뻔뻔함에 또 한 번 배신감과 분노를 억누를 수 없다. 군이 관찰했다는 40여 분의 불길은 한 사람의 시신을 태우는데 필요한 시간이지, 가벼운 부유물체를 태우는데 소요되는 시간은 절대 아니다. 도대체 어느 국민을 위한 대통령이고 여당인가, 목불인견의 사태를 모면하려는 저들의 사실 호도와 책임 전가는 정치적 모략을 넘어선 인도(人道)와 역사에 대한 중대한 범죄이다.

문재인 대통령은 한반도의 종전선언을 강조하고 있으나, 그 종전은 전쟁의 당사자들이 이성적인 체제, 합리적인 의사결정, 인권과 법치 아래 정상적으로 굴러가는 국가일 것을 전제로 한다. 사람 목숨을 파리 목숨처럼 여기는 국가, 사나운 짐승과 같은 공격성이 늘 내재되어 있는 체제와의 평화적 공존이란 백일몽에 불과하다. 아울러 6·25 휴전조약 체약국 자격도 없는 한국의 대통령이 유엔군참전국, 이를 대표한 미국과의 정책협의도 없이 오로지 특정 정파의 평화이데올로기 선전의 도구로 정당성도, 실효성도 없는 '종전선언'의 허언(虛言)은 이제 종식되어야 한다. 문재인 정권이 진정 대한민국과 국민을 생각한다면 지금이라도 이 엄정한 현실을 직시하기 바란다. 대통령의 가슴 속에 있어야 할 것은 종전선언이 아니라 인권선언이다. 어떻게 하다 우리가 우리 정부에 대하여 "대한민국 국민의 목숨도 소중하다"고 외쳐야 하는 지경에 왔다는 말인가.

2020년 9월 28일

코로나19는 현 정권의 독재 바이러스이다

●●●

단기 4353년 10월 3일, 하늘이 열린 날 대한민국의 민주는 완전히 닫혔다. 집권세력이 촛불혁명의 성지로 떠받들던 광화문 광장은 경찰 버스가 첩첩이 둘러싼 산성(山城)으로 변했고, 지나가던 시민들은 영문도 모른 채 수십 미터마다 통행의 이유와 목적지를 대고, 소지품검사를 받아야 했다. 정권에 비판적인 목소리가 나오는 광장과 차량 시위는 코로나19의 서식지로, 수천 명, 수만 명이 몰리는 전국의 유원지와 위락시설은 코로나19의 해방지대로 이분화하는 정치적 선전·선동은 사익화된 공권력에 힘입어 널리 인간을 이롭게 한다는 홍익(弘益)이념을 철저하게 짓밟았다.

내일 한글날 또다시 우리는 이런 모습을 보게 될 것이다. 여당 대표는 텅 빈 민주의 광장을 만든 경찰의 노고에 박수를 보내고, 국회의장에서 국무총리로 전락한 여권 인사는 엄정한 공권력 행사를 다짐하고 있으며, 대통령도 경찰을 치하하기에 바쁘다. 이들에게 코로나19는 선택적 감염원이다. 몽매한 현실을 타파하고자 한글을 창제한 선조의 업적을 기리는 날, 대한민국 국민들은 핸드폰 문자조차 정권에 장악되어 눈과 귀가 막힌 채 코로나19의 정치방역 선전에 속아 무지함을 강제당해야 하는 상태가 되고 말았다.

의학은 과학적 사실로 말해야 한다. 현재의 코로나19는 대구·경북에서 폭증했던 코로나19와 다르다. 초기에는 V유형과 S유형이던 것이 5월 이후부터 GH유형으로 바뀌면서 확진자 수의 증가에 비해서 치사율은 오히려 감소하고 있는데 이는 전 세계적인 추세이다. 현 정권의 행태가 '정치방역 소동, 코로나 계엄령'이 아니라면 질병관리청은 코로나19 바이러스의 유형 변화가 가지는 임상적 의미를 더 이상 은폐해서는 안 된다.

처음에 코로나19는 공포스러운 미지의 신종 감염병이었지만 8개월 이상 경과한 지금은 더 이상 베일에 싸인 존재가 아니다. 우리나라의 확진자 사망률은 1.7%이며 치사율에 가장 중요한 요인은 연령이고, 치료 성적에 가장 큰 영향을 미치는 것은 인공호흡기(중환자실) 숫자라는 것이 밝혀졌다. 감염자 치사율이 50세 이하는 1% 미만, 65세 이상은 2.2%, 75세 이상은 7.3%, 85세 이상은 27.1%이다. 사망자는 대부분 70세 이상 노인이고 이들 중 상당수는 기저질환이 있었으며, 우리나라의 코로나19 사망자 수는 자살이나 교통사고 사망자보다 적다. 차제에 정부는 코로나19 사태 전후의 사망원인 통계를 완전히 공개하고, 코로나19 사망자 중 순수한 코로나19 사망자와 기저질환 악화로 인한 사망자를 구분해서 국민에게 알려야 한다. 또한, 현재의 방역대책이 과도한 공포감을 조성하여 경제를 망치고 있는 것은 아닌지, 현재의 치사율에 걸맞은 대응은 무엇인지 전문가들의 심도 있는 토론의 장을 열어야 한다.

잠복기를 감안할 때 8·15 이후 광화문 일대의 확진자들은 이미 그 전에 다양한 경로를 통해서 감염되었음에도 불구하고 집회에 참석했다는 이유만으로 집회발 확진자로 발표·보도한 행위는 명백한 허위이다. 이를 통하여 현 정권은 8·15 광복절 집회 등 자신에게 불리한 집회와 행사에 대하여 과학적 근거나 의학적 상식과는 전혀 거리가 먼 선동으로 국민의 입을 막고 있다. 관제 언론과 정권의 주변세력을 동원하여 선전·선동을 과학이라 우기며 국민을 세뇌시키는 것은 전형적인 전체주의 정권의 행태이다. 코로나19 조차 정권보위에 이용하는 현 정권의 행태야말로 국민들의 건강을 볼모로 민주주의를 노골적으로 능멸하는 것이다. 코로나19의 진정한 위험성은 바로 독재 바이러스이다.

2020년 10월 8일

대법원은 지금이라도 선거소송심리 제대로 하라

●●●

민주주의의 요체는 자유로운 시민의 자율적인 의사결정이 정부를 구성함으로써, 지배의 정당성을 자기 지배에서 찾는 것이며, 이런 점에서 선거는 민주주의 꽃일 뿐만 아니라 뿌리요, 줄기요 열매이다. 지난 4.15 총선은, 그 과정에서 유권자의 표심이 왜곡되었다는 숱한 지적과 이를 뒷받침하는 각종 정황과 통계로 인해 많은 국민들이 지배의 정당성을 의심하고 있다.

그렇다면, 선거쟁송을 전담하는 대법원으로서는 가능한 한 신속히 재판절차를 진행함으로써, 국민들의 의혹에 대해 적절한 증거자료에 근거한 합리적인 답을 제시하는 것이 마땅하다. 사법부가, 선출되지 않은 권력임에도 불구하고 삼권의 한 축으로 존재하는 이유는, 바로 민주적 정당성의 최후 보루로서의 역할을 담당하기 위한 것이기 때문이다.

그런데 지난 4.15 총선 후 제기된 각종 선거무효소송에 관해 대법원이 보인 행태는 삼권분립의 한 축으로서 견제와 균형, 심판자가 아니라, 대법관을 중앙선관위 위원장으로 파견한 행정기관, 각 지방 선관위 원장을 관할 법원의 판사로 앉힌 하나의 행정기관으로서 권력의 눈치 보기에 급급한 것 아닌가 하는 의심을 갖게 한다.

공직선거법에서 정하고 있는 처리 기한인 180일이 다 되도록 대법 원에서 한 것이라고는 원고의 각종 증거신청을 묵살하고, 선관위가 투 표지 분류기, 사전투표 관련 기기 등을 점검·교체한다는 명목 하에 사 실상 증거를 훼손하는 행위를 방치하는 것뿐이었다. 투표 사무에 관 한 일체의 정보와 자료를 선관위가 갖고 있기 때문에 피고인 선관위 가 부담하여야 하는 입증책임을 석명 준비를 빌미로 원고에게 떠넘기 는 행태는 선거쟁송이 갖는 본래의 의미를 망각한 것이라고 할 수밖에 없다.

공정한 선거쟁송을 통해 국민들의 의구심이 적절히 해소되어야만 공정한 선거문화가 정착되고 모두가 승복하는 선거를 통해 건강한 자 유민주주의가 실현될 수 있는 것이다. 공정한 선거쟁송의 기본은 합리 적인 의심이 제기되는 모든 선거과정에 대해 선거를 관리하는 측에서 스스로 의혹을 해소하도록 하는 것이지, 완전한 정보 비대칭에 놓여 있는 원고가 입증하여야 할 것은 아니다.

대법원은 지금이라도 중앙선관위에 대하여 원고가 요구하는 자료 를 제출하고 의혹을 스스로 해명하도록 하며, 객관적이며 중립적인 전 문가, 필요하면 해외의 전문가를 통해서라도 검증 절차를 밟도록 해야 한다. 그래야만 그간 소 제기 이후 합리적 이유 없이 시간을 끌며 사건 을 뭉개왔던 책임을 조금이나마 덜 수 있을 것이다.

그 내용에는 선거인 명부작성의 정확성, 특히 관외사전투표자들이 과연 진짜로 투표하였는지에 대한 샘플링 및 전수 조사, 등기 우편을 포함하여 투표지 이동과정에서의 엄결성, 전자개표기에 대한 해킹 가능성 및 투표 당시 복원된 시스템 하에서의 재연, 개표 전에 이뤄진 봉인함 훼손, 개표 후 현재까지 증거보전대상이 된 투표함의 훼손, QR코드 대조, 포렌식된 이미지 파일 검증 등이 들어가야 한다.

대법원은 전자개표를 포기하고 종이와 연필 선거를 부활시킨 네덜란드, 아일랜드, 독일 등의 사법부를 배워야 한다. 선거 과정의 투명성이 보장되지 않고, 전문가가 아닌 평범한 보통 시민들에 의해 검증이 불가능한 선거라면 비록 현실적으로 부정이 있었느냐와 별개로 그러한 선거는 허용되지 않아야 한다는 것이 저들의 법관적 양심이었다. 우리 대법원에 이 정도 양심을 기대하는 것이 사치인가.

지난 수개월 동안 투·개표의 투명성을 검증에 필수적인 각종 장비와 시스템에 대한 검증요청을 묵살하고, 심지어 선거결과의 무결성 검증에 필수적인 투표지 이미지에 대한 증거보전 의지마저도 보이지 않았던 것에 대하여 많은 국민들이 우려하고 분노하고 있다. 이제라도 대법원은 법관의 양심을 걸고, 역사에 부끄럽지 않게 선거관련 쟁송을 공정하고도 철저하게 심리하여 그 결과를 국민 앞에 내놓기 바란다.

2020년 10월 22일

"국민을 지키지 않는 정권은 필요 없다"

●●●

1. 문재인 대통령, 북한군에 피살된 우리 공무원 아들의 절규가 들립니까?

대한민국 해양수산부 공무원이 〈대한민국 국민〉이라는 이유로 북한군에 의해 사살된 지 한 달이 지났습니다. 한 달이 지나도록, 대한민국 대통령과 정부는 "국민의 생명과 재산의 보호"라는 엄중한 책무를 다하지 못한 채, 헛수고 진상조사로 이 중대한 사태의 책임을 피하고 있습니다. 아버지의 기막힌 피살에 대한 의문과 원망, 명예회복과 무사송환의 애끊는 마음을 담아 고교생 장남이 꾹꾹 눌러 쓴 편지를 대통령에게 보냈습니다. 그러나 그 답장은 대한민국 대통령으로서의 헌법상 최고·최종의 책무를 담은 굳은 약속도 없었고, 모든 자식 가진 아버지, 할아버지가 가져야 할 진정성 있는 연민과 위로의 마음도 느껴지지 않았습니다.

'실종자 공무원 아들', 온 사지에 힘이 빠지는, 한 번도 들어보지 못했던 편지의 이름입니다. 대한민국 대통령에게 보내는 편지에 아버지의 이름도, 자신의 이름도 적지 못하는 이 어린 청년의 심중을 생각하면 온몸의 맥이 빠져 버립니다. 그 아들은 "(아빠는) 대한민국의 공무원이었고 보호받아 마땅한 대한민국의 국민이었습니다. 나라의 잘못으로 오랜 시간 차디찬 바다속에서 고통받다가 사살당해 불에 태워져 버렸습니다. 시신조차 찾지 못하는 상황을 누가 만들었으며 아빠가 잔인하게 죽임을 당할 때 이 나라는 무엇을 하고 있었는지, 왜 아빠를 지키지 못했는지 묻고 싶습니다. (…) 대통령님께 간곡히 부탁드립니다. 저와 엄마, 동생이 삶을 비관하지 않고 살아갈 수 있도록 아빠의 명예를 돌려주십시오. 그리고 하루빨리 아빠가 가족의 품으로 돌아올 수 있도록 도와주십시오"라고 하였습니다.

이에 대한 문재인 대통령 명의의 인쇄된 답신을 요약하면 "나도 슬프다, 조사를 지켜보자"가 고작입니다. 저는 문 대통령의 답신에서 아이들을 키워낸 아버지, 아니 그냥 한 어른으로서 참을 수 없는 분노가 일어납니다. 자초지종을 떠나서 그 답신은 참 무성의하고 무감각하게 느껴지기 때문입니다. 그토록 자랑스럽게 여기던, 하늘같이 든든했던 아버지의 원통한 죽음, 그래서 대통령에게 아버지의 죽음의 자초지종을 밝혀달라고, 아빠의 시신이라도 부둥켜안고 싶다는 저 애타는 '실종자의 아들', 어린 청년의 애타는 구원의 염원을 그렇게 하찮게 넘기실 수 있는 것인가요? 문재인 대통령은 북한군에 피살된 우리 공무원 아들의 절규가 들리기는 하나요?

2. 국민을 지키지 않는 정권은 필요 없다

우리 사회의 대부분 부모들은 이 상황에 처해 분노와 함께 더할 수 없는 수치심과 모멸감을 느꼈으리라 확신합니다. 국민을 지키지 않는, 아니면 지키지 못하는 대통령과 정부가 왜 필요한가 하는 수치심과 함께 우리 국민 어느 누구도 황망한 상황에서 국가의 보호를 받지 못하고 개죽음을 당할 수 있다는 공포심과 모멸감이 교차합니다. 우리가 참으로 황당한 세상을 살고 있구나 하는 생각입니다. 내가 나라의 주인인데, 젊었을 때 국토방위 임무도 다했고, 열심히 일하여 세금도 내면서 지난 온 세월이 이 지경에 이르러 무슨 의미가 있는지, 아빠와 자기의 이름도 못 밝히는 저 청년에게 우리 정부와 사회, 그리고 나는 과연 무엇을 하고 있는가 하는 마음에 가슴이 먹먹해집니다.

문재인 대통령의 취임사가 떠오릅니다. "이게 나라냐? (…) 오늘부터 나라를 나라답게 만드는 대통령이 되겠습니다"라고 우리 대한민국 국민에게 약속하셨죠? "국민의 서러운 눈물을 닦아주는 대통령이 되겠다"고, 그리고 "저의 신명을 바쳐 일하겠다"고 천명하셨죠. 오늘 이 지경에 처해 국민 대다수가 다 부질없는 약속이었구나 하는 실망감과 배심감이 끓어 오를 것이라는 것을 과연 문 대통령은 모르시는 건가요? 어린 청년이 대통령께 물었죠? "아빠는 왜 거기까지 갔으며 그 시간에 아빠의 생명을 구하기 위해 어떤 노력을 했는지 왜 아빠를 구하지 못하셨는지 묻고 싶습니다." 이 절절한 물음에 문재인 대통령과 관계부처 책임자들은 응당 해야 할 답을 못하고 있습니다.

문재인 정권은 그렇게 무능한가요? 아니면 사건 발단부터 예단된 '월북자' 프레임을 정당화시켜야 하는 말 못 할 사정, 혹은 모종의 음모라도 있다는 것입니까? 왜 실종자 아들은 "저와 엄마, 동생이 삶을 비관하지 않고 살아갈 수 있도록 아빠의 명예를 돌려주십시오"라고 간청한 이유를, 그 마음을 헤아리지 못하는 건가요? 문재인 정권은 대한민국의 자랑스러운 우리 공무원, 대한민국 국민의 보호의무를 다하지 않았습니다. 국방부 장관은 6시간 이상의 골든타임, 우리 공무원이 찬 바다에서 고통받고 죽어가는 동안 응당 취해야 할 최소한의 조치도 취하지 않았다는 것이 언론의 취재와 국회 국정조사에서 드러났습니다. 그것이 판단착오라면 국방장관은 당장 파면돼야 한다는 것이 대다수 국민의 생각입니다.

대한민국 해양경찰청은 객관적이지도 과학적이지 않으며 이미 실기한 진상조사에 임하면서, 어느 누구도 납득하지 못할 실종자의 '월북' 정황만을 발표하고 있습니다. 사실인가요, 아니면 불법적 음모인가요? 통일부, 국가정보원, 청와대 외교안보실은 발신인도 없고, 수신인도 부적절한 북한의 통지문에 적힌 김정은 위원장의 유감 표시에 감읍(感泣)하고 있는 본말전도의 그야말로 기가 찬 언행을 드러내고 있습니다. 한 달여 동안 대한민국 대통령과 정부당국은 오로지 한 가지 사실, "대한민국 아무개"의 사살을 적시한 북한 조평통 명의의 통지문을 수령하는 것 이외의 그 어떤 사실도 확정하지 못했습니다. 더욱 실망스러운 것은 북한이 스스로 사살을 인정했음에도 불구하고 통일부는 북한 당국에 대한 엄정한 책임을 추궁하는 그 어떤 노력도 보이지 않았습니다. 외교부는 우리 공무원 월경(越境)의 사유와 별도로 북한군의 '비무장 민간인 사살'에 대한 국제(인도)법적 책임추궁과 반인권도발에 대한 의미 있는 외교활동도 취하지 않았습니다.

3. 문재인 대통령, 이건 '나라다운 나라'가 아닙니다.

문재인 대통령, 이게 나라다운 나라입니까? 이런 상황에서 대통령이 유엔과 국제사회에 종전선언의 체결을 촉구하는 것이 무슨 의미가 있나요? 문재인 정권은 우리 공무원 실종자를 지키지도 못했고 이미 자백한 반인권적, 반인륜적 우리 국민의 사살(射殺)에 대한 그 어떤 책임 추궁도 못 했습니다. 많은 국민들은 문 정권에게 묻고 있습니다. 이제 주권자 국민이 뽑은 문재인 대통령에게 명령을 내려야 하는 상황에 이르렀다고 (…).

대한민국의 독립과 번영에 온 몸을 던져 순국의 선열이 잠든 국립현충원 앞에 서서 '사회정의를바라는전국교수모임(정교모)' 회원 일동은 주권자 국민의 요구를 대신하여 엄숙히 문재인 대통령에게 명령합니다.

첫째, 실종자 공무원의 가족을 직접 만나십시오. 이 자리에서 실종자 아들의 염원을 듣고 대통령으로의 책임과 배려를 약속하십시오. 그리고 우리 국민 모두에게 정부가 "대한민국 국민을 지키지 못했고, 사살에 대한 책임 추궁을 다하지 못한 점에 대해 사과하고 정부의 국민 보호책임을 다하지 못한 책임자를 가려 엄정하게 문책하십시오.

둘째, 금번의 사안은 지금까지 국내에서 일어날 수 있는 많은 사고와 그 희생자들의 애석한 죽음과는 성격이 다르다는 통감해주기를 바랍니다. 주권자 대한민국 국민은 응당 우리 스스로가 선택한 국가와 정부로부터 생명과 재산을 보호받을 권리가 있음을 선언합니다. 당연한 권리를 새삼 요청하는 이유를 동감해주기를 바랍니다. 주권자 국민이, 국민을 지키지 못하는 정권은 필요하지 않다고 생각하고 행동하여 '주권 위임'을 철회하기 전에 필요 최소한의 조치에 임해 주기 바랍니다.

4. 정교모가 유족들의 아픔을 같이 지고자 합니다.

오늘은 10월 24일 '유엔의 날'입니다. 우리 정교모 회원 일동은 대한민국 국민 모두에게, 유엔과 세계시민 모두에게 호소합니다. 이유 여하를 불문하고 비무장 표류 상태에서 절명(絶命)의 한계 상태에 있었던 민간인이 '대한민국 국민'이라는 이유로 북한군에게 사살되고 시신마저 소각(燒却)되었거나 아니면 어두운 바다에 방치된 그 일은 명백히 반인도적 범법 행위이며 그 범법자와 책임자는 국제인권법에 따라 처벌되어야 함이 마땅함을 천명합니다.

우리 정교모 교수 일동은 우리 국민 실종자 공무원의 명복을 빌며, 가족의 크나큰 여윔에 무한한 위로의 마음을 전합니다. 우리는 인도의 원칙, 진실 존중과 정의에 입각하여 비운의 실종자 사건의 전모를 밝히는데 노력할 것입니다. 아울러 우리 정교모 교수 일동은 유족이 동의한다면 남겨진 두 자녀가 이 감당하기 힘든 비운과 역경을 딛고 끝까지 잘 자라서 이 대한민국의 소중한 인재가 될 수 있도록 장학금을 모금할 예정입니다. 남겨진 가족, 문재인 정권이 이 분들을 외면하고 보호하지 못하면 우리 국민이 위로하고 지켜 주어야 합니다. 우리 정교모가 앞장서겠습니다. 같이 해 주십시오.

2020년 10월 24일 유엔의 날, 대한민국 국립현충원에서

사회정의를 바라는 전국교수모임

성명서

'신의주학생의거'는 지금 대한국민을 거리로 소환한다

●●●

신의주학생의거 75주년을 맞는 11월 23일은 한반도에서 벌어지는 전체주의 세력에 대한 항거의 시작일이다. 1945년 11월 23일 신의주 6개 남녀중학교 학생 3천 500여 명이 소련공산당을 앞세운 김일성 전체주의에 맞서 분연히 일어났을 때, 대한민국의 반전체주의 투쟁의 역사는 시작됐다. 24명의 청년 지사가 목숨을 잃으면서까지 지키려한 가치는 자유와 인간성이다.

지금 문재인 전체주의는 입법과 사법 부문까지 장악하고 언론을 정권의 나팔수로 부리며 이데올로기와 이권의 연합체로 구성된 '대깨문' 들을 내세워 대한국민의 자유와 인간성을 유린하고 있다. 적폐 개혁을 한답시고 더 큰 적폐를 쌓으며 역사의 수레바퀴를 마치 북한식 전체주의 체제 쪽으로 몰아가고 있다. 정치권력에 대한 비리수사를 온갖 압력과 사실왜곡을 통해 무력화시키고, 4.15 부정선거에 대한 국민의 검증권을 교묘하게 빼앗으며, 막무가내식 탈원전과 부동산정책으로 산업기반과 서민의 생활기반까지 근본적으로 위협하고 있다. 코로나바이러스 상황을 악용해, 정치적 반대세력에 "국민생명을 위협하는 살인자" 누명까지 씌워 집회결사와 표현의 자유까지 박탈하고 있다. 귀순한 탈북선원을 강제북송하고, 표류하다 북한군에 의해 총살된 공무원의 명예까지 짓밟으면서, 북한식 전체주의에 대한 끝없는 집착을 보이고 있다.

도대체 1945년 11월의 북한 지역과 오늘날의 대한민국이 무엇이 다른가. 일부 이념집단이 온갖 사회적 이권을 챙기고 권력 지배체제를 공고히 하면서도, 겉으로는 민족해방과 자주노선을 외쳐대는 전체주의 통제체제가 굳어지고 있지 않은가. 자신들이 비호하는 자는 어떤 파렴치한 잘못을 저질렀어도, 살아 있는 권력을 수사하겠다는 검찰의 팔다리를 자르면서까지 무마시키는 것이 일상화되고 있다.

문재인 정치를 비판하고 대자보를 부착한 학생들을 지문감식과 차량추적까지 벌이며 조사하고, 조국비판 전단지를 뿌리던 차량을 압수수색하고 학생들을 연행하고 있다. 4.15 부정선거의 실체적 진실을 파헤치려는 유튜버들과 시민대표들을 탄압하고, 진실규명을 외치는 종교인들을 생명 경시자들로 낙인찍어 사회적으로 매장시키고 있다. 이것이 인민민주주의를 내세우며 자유와 인간성을 말살해나간 김일성 전체주의와 무엇이 다르단 말인가. 75년 전 전차와 비행기까지 동원해서 평화시위를 무력진압한 자들이 지금 법집행권력과 언론을 동원해 평화로운 저항의 목소리를 모조리 진압하고 있는 자들과 무엇이 다르단 말인가.

이러한 외침을 스스로의 목숨까지 바치면서 이 땅에 새긴 75년 전의 학생의거가 더욱 소중하고 자랑스럽게 느껴지는 이유다. 전체주의 시대에 국민의 생명과 자유와 재산을 지킬 길은 시민들이 직접 저항하는 것뿐이라는 교훈을 남긴 3,500명의 선열들의 명복을 빌며, 우리 모두 그 유지를 떠받들어 반전체주의 투쟁에 나서자.

2020년 11월 23일

검찰총장에 대한 직무배제, 수사방해를 위한 대통령과 장관의 역할분담인가

●●●

법무부 장관이 헌정 사상 처음으로 검찰총장에 대한 직무정지명령을 내렸다. 해방 이후 총 네 번에 걸친 검찰총장에 대한 지휘권을 두 번씩이나 행사했던 추미애 법무장관이 검찰총장에 대한 직무정지 명령을 내린 최초의 법무부 장관이 되었다. 검찰총장은 준사법기관의 수장으로 형식상 내각의 구성원인 법무부 장관의 통할 하에 있지만 수사와 소추에 관하여는 독립성을 갖고 있는 검찰의 최고위직으로서 검사동일체의 정점에 있다.

추미애 법무장관이 윤석열 검찰총장에 대하여 내린 직무정지 명령의 사유로 든 감찰의 결과들의 진위 및 과연 그것이 독립된 기관으로서의 검찰 수장의 직무를 배제할 만한 사유에 해당하는지는 추후 가려질 것이다.

그러나 그간의 정황을 보면 추 장관의 이번 조치에서는 정권을 향한 검찰의 수사, 특히 월성 원전 1호기 폐쇄 관련 수사를 방해하려는 의도가 엿보인다. 월성 원전 1호기 폐쇄 관련 수사를 진행 중인 검찰의 총수에 대해, 추미애 법무부 장관은 "정치인 총장이 정부를 흔들려고 편파·과잉 수사를 하고 있다"고 한 바 있다. 이를 전후하여 벌어진 검찰총장의 특수활동비 집행 내역 감찰 및 검찰총장에 대한 대면감찰 강행 등이 사실상 수사방해를 노린 사전 포석이었음은 이번 사태로 드러났다.

우리는 윤석열 검찰총장이 법무장관의 조치의 적법성 여부를 법적 절차에 따라 당부를 가리겠다는 의지를 존중한다. 만일 윤석열 검찰총장이 그 발동근거와 사유도 불명한 정치인 장관이 휘두르는 감찰과 징계에 무기력하게 무릎을 꿇는다면 이는 윤석열 한 개인의 문제가 아니라 대한민국 검찰의 독립성이 심대한 타격을 받고, 헌법 질서가 농단되며, 그 폐해는 곧 국민에게로 돌아오기 때문이다.

이와 관련하여 추미애 법무장관은 직무정지 명령 발동 요건으로 공식 발표한 여덟 가지 사유 속에 지난 라임, 옵티머스 관련한 총장 지휘권 배제의 근거가 되었던 김봉현발(發) 감찰 결과는 왜 빠졌는지 국민 앞에 설명해야 한다. 스스로 부실 감찰, 근거 없이 발동했던 수사지휘권이었음을 자백하는 것은 아닌가를 소상히 밝혀야 한다. 그렇지 않으면 추미애 법무장관은 직권남용죄를 면할 수 없다. 우리는 추미애 장관의 관할 검찰인 수원지검에서 추미애 장관과 박은영 법무부 감찰담당관의 직권남용 혐의에 관하여 수사에 착수하여 줄 것을 요청한다.

그런데 이 와중에 대통령이 보이지 않는다. 당사자들의 입장과 별개로 우리는 검찰총장 임명권자이자 헌법의 수호자로서 역할을 해야 할 문재인 대통령의 침묵과 책임 회피적 태도에 대하여 주목한다. 대통령이 있어야 할 곳은 어디인가. 헌법에 명기된 기관이 정면충돌하는 이 상황에 이른 데는 대통령의 책임이 크다. 그간 애매한 침묵으로 일관했지만, 지금은 국민 앞에 명확한 태도를 보여야 한다. 대통령은 윤석열 검찰총장에 대한 법무부 장관의 감찰과 직무정지명령이 타당하다고 생각한다면, 임면권을 발동하여 징계위원회의 결정이 있기 전에 검찰총장을 해임하여야 한다. 아마도 대통령은 징계위원회의 의결에 핑계를 댈 때까지 기다리며 시간을 끌 수도 있겠지만, 그것은 헌법의 수호자로서의 책임을 다하는 것이 아니다. 명백한 직무유기이다.

검찰총장에게 해임 사유가 있다면 즉시 해임하라! 그리고 법무부 장관이 그 권한을 남용한 것이라면 법무부 장관을 해임해야 한다. 더 이상 뭉개며 시간을 보내서는 안 된다. 아마도 대통령은 법무부 징계위원회에서 내린 결정을 핑계 삼아 마지못해 하는 시늉을 낼 수도 있겠지만, 이런 경우 윤석열 검찰총장은 끝까지 법적투쟁을 해야 한다. 권력의 입맛에 맞지 않는 수사를 한다는 이유로 법무부 장관과 대통령이 비열하게 역할 분담을 하여 언제든지 검찰을 무력화시킬 수 있다는 선례를 남겨서는 안 되기 때문이다.

문재인 대통령은 더 이상 숨어서 비정상을 조장하지 말라. 스스로의 결단 하에 검찰총장을 해임하던가, 장관에게 책임을 묻기 바란다. 그렇지 않으면 추미애 법무장관은 윤석열 검찰총장에게 직무정지명령을 내렸지만, 국민은 문재인 대통령에게 직무정지명령을 내릴 것이다. 대통령을 이 시험대에 세운 것은 추미애 장관이다.

2020년 11월 25일

조민에 대한 부산대학교의 입장을 규탄한다

●●●

최근 부산대학교는 조국 전 법무장관의 딸 조민의 부산대 의학전문대학원 입시 부정행위에 대하여 그 모친 정경심에 대한 형사재판 확정까지 입학취소 결정을 유보한다는 공식 입장을 밝혔다. 그 이유는 법원의 1심 판결이 있었지만 사실관계가 확정되지 않은 상태에서 무죄추정의 원칙에 따라 판결 확정이 될 때까지 판단을 유보하겠다는 것이다. 이는 당사자의 인권 보호를 핑계로 국가의 핵심 기능 중 하나인 입시제도의 공정성과 신뢰성을 뿌리째 훼손하는 행위이다.

입시부정 의혹의 당사자는 정경심이 아니라 조민이다. 서울중앙지방법원 형사 제25-2부 정경심 피고인에 대한 1심 판결문에 따르면 조민은 피고인 정경심이 만들어 준 허위 증명서 등을 소극적으로 입시에 제출한 것이 아니라, 입시부정의 주범으로서 적극적으로 행동하였다. 즉 직접 자기소개서를 작성하는 과정에서 허위의 사실을 기재하고, 그 허위사실을 뒷받침하기 위하여 자신의 활동과 전혀 무관한 사실을 뒷받침하는 허위 증명서를 첨부하였으며, 이를 본인이 제출하였고, 나아가 면접 전형 등에서 적극적으로 그 사실을 진술한 사실관계가 뚜렷하게 나와 있다.

심지어 피고인 정경심조차도 법정에서 자신은 조민의 자기소개서 작성은 물론 동양대 총장 표창장 등을 받는 데 관여한 바 없다고 주장하였다. 이에 1심 법원은 "허위내용이 기재된 입학원서, 자기소개서와 위조된 동양대 총장 표창장을 제출한 조민의 행위는 위계에 의한 공무집행방해죄의 위계에 해당한다"고 판결문에 적시하였다.

한편 조민이 응시하였던 2015년도 부산대 의전원 신입생 모집요강에는 '입학원서 등 제출서류 미비 또는 기재사항이 사실과 다르거나 서류의 변조, 대리시험 또는 부정행위자는 불합격 처리합니다. 또한 입학 후 부정한 방법으로 입학한 사실이 발견될 경우는 입학을 취소하며, 졸업한 후에라도 학적말소 조치합니다'라는 '지원자 유의사항'이 명시되어 있었다.

그렇다면 부산대로서는 마땅히 진즉에 조민으로 하여금 입시요강에 위반하여 허위사실을 기재하였는지, 입시원서에 첨부된 각종 확인서와 증명서가 사실관계에 부합하는지를 독자적으로 파악하여 그에 따라 입학취소 여부를 결정하였어야 하는 것이다. 그럼에도 불구하고 조민의 입시 부정행위 여부를 밝히기 위한 절차를 주도적으로 밟기는 커녕, 조민의 방어권을 위해 정경심의 판결 확정 뒤로 숨는 것은 부산대 스스로 교육기관으로서의 존립 당위성을 부정하는 짓이다.

만일 조민의 방어권을 존중한다면 학교 차원의 진상조사위원회를 구성하여 그 자리에 조민으로 하여금 충분히 소명토록 하고, 그 절차를 거쳐 종합적으로 판단하면 될 것이다. 권력의 편에 서서 정치적 편향성을 노골적으로 드러내는 차정인 총장의 잘못된 판단을 무조건 좇아 이마저 하지 아니한다면 부산대는 국민적 공분의 대상이 되고, 대한민국의 수치가 될 것이다. 그리고 차정인 총장 개인은 앞으로 조민이 의사자격을 소급적으로 박탈당하는 경우 그간 무면허 의료인에 의해 진료를 받았던 의료소비자들로부터 민, 형사상의 책임도 지게 될 것임을 엄중히 경고한다.

아울러 검찰에 요구한다. 법원의 1심 판결에 의해서 위계에 의한 공무집행 방해 및 위조사문서행사의 주범으로 적시된 조민에 대한 수사와 기소를 언제까지 미룰 것인가. 교육자로의 양심을 저버리는 저급한 자들이 궤변으로 사법적 정의의 뒤편으로 숨고자 하는 데 검찰이 이에 동조하여서 되겠는가. 즉시 조민에 대한 수사에 착수하고, 수사가 이미 종결되었으면 기소하라. 상식과 양심이 살아 있는 국립 부산대학교 구성원들의 맹성과 검찰의 전향적 태도를 촉구한다.

2021년 1월 25일

헌법재판소의 존재 이유를 보여 주기 바란다
-28일 공수처법 위헌심판 사건 선고에 즈음하여

●●●

1. 헌법재판소가 그간 결정을 미루어 오던 '고위공직자범죄수사처 설치 및 운영에 관한 법률'(이하 '공수처법')의 위헌심판 청구에 대해 이번 주 28일에 그 선고를 하기로 한 것에 대하여 늦은 감이 있지만, 위헌적 기구인 공수처 구성이 더 진행되기 전에 그 위헌성 시비가 가려지게 된 점을 우선 환영하는 바이다.

아울러 우리는 먼저 헌법재판소가 헌법의 정신과 헌법적 가치의 충실한 수호자라면, 헌법을 무시하고 또 여야 합의도 없이 만들어진 공수처에 대해 응당 위헌임을 선언할 것이라는 상식적 신뢰부터 서두에 먼저 밝혀두고자 한다.

2. 한변은 공수처법의 고위공직자에 해당하는 유상범 국민의힘 의원을 대리하여 작년 5월에 개정 전 공수처법에 대해. 그리고 작년 12월에 개정 후 공수처법에 대해, 각각 헌법소원을 제기하고, 2020년 12월 28일부터는 지체되고 있는 헌법소원 심판을 촉구하기 위해 헌법소원 청구인인 유상범 의원을 필두로, 한변 소속 변호사, 사회정의를 바

라는 전국교수모임 소속 교수들이 번갈아 가며 매일 헌법재판소 앞에서 민주주의 원칙의 근간을 흔드는 위 법률의 위헌성을 헌법재판소에 호소해 오고 있으며, 헌법재판소의 결정이 내려지게 될 2021년 1월 28일 오전까지 1인 시위를 이어나갈 예정이다.

3. 개정 전 공수처법은 법안 제출 과정부터 불법 사보임 및 패스트트랙 상정과정에서 야기된 여야 극한대립과정에서 국회 내의 심도 있는 논의를 거친 법률이 아니었을 뿐 아니라, 국회 본회의 의결에 이르는 동안에도 민주주의에 따른 다수결 원칙이 무시된 채 상정되었으며, 국회 본회의 의결과정에서조차 원안 내용을 일탈한 위법한 수정안 상정되어 통과되는 등 심각한 절차적 위헌·위법사유가 존재하였다.

4. 실체적으로도 공수처는 임명권자인 대통령과 정부여당에 의해 정치적·법적으로 악용될 위험이 있고, 헌법 어디에도 공수처 설치에 관한 근거 규정이 없으며, 입법부, 사법부, 행정부 어디에도 속하지 않는 무소불위의 권한에도 불구하고 이를 제어할 장치가 없어 권력분립의 원리에 반하고, 공수처법의 대상인 고위공직자에는 퇴직 여하를 불문하고 고위공직자의 '가족'까지 포함시켜 범죄인으로 취급하는 등 수사대상이 무한정 확대되어 기본권 침해 가능성이 있으며, 판사, 검사 등에 대해서는 기소권까지 장악하여 법원을 사실상 압박함으로써 사법권의 독립을 침해하고, 수사처 구성과정에서의 편파성 등으로 정권 수사를 뭉개는 것은 물론, 충분히 '정적 죽이기' 운용도 가능한 점 등으로 여러 심각한 위헌성을 내포하고 있다.

5. 헌법재판소는 초대 공수처장이 헌법재판소 연구관 출신이라는 점만을 들어 내심 반길 것이 아니라, 위와 같은, 공수처법의 위헌성을

그대로 둘 경우 과연 대한민국 헌정질서에 얼마나 해악이 될 것인지, 무소불위의 '괴물' 권력기구 출현에 따른 법치주의의 파괴로 인해 대한민국 국민들이 겪을 혼란과 불안이 얼마나 클지 등을 다시 한번 심사숙고해 주기를 바란다. 이에 유상범 의원, 한변, 정교모 일동은 헌법재판소에 거듭 공수처법의 '위헌' 결정을 촉구하는 바이다.

2021년 1월 26일

국회의원 유상범

한반도인권과 통일을 위한 변호사모임

사회정의를 바라는 전국교수모임

툭 까놓고 말해 김명수 대법원장은 탄핵되었다!

●●●

김명수 대법원장에게 묻는다. 당신이 애용하는 언어를 쓴다. "툭 까놓고" 말해 보라. 김명수가 그 자리에, 대한민국의 대법원장의 자리에 그대로 머물러 있어야 하는 이유를 툭 까놓고 답해 보라.

김명수 대법원장은 2020. 5. 25 전국법관대표회의에서 "국민 눈높이에서 어떤 재판이 '좋은 재판'인지를 생각하고 실천해야 한다"면서 '국민'을 수차례 언급하였는데, 그 발언 시기와 상황이 청와대의 울산시장 선거 개입, 조국 전 법무부 장관 가족 입시 비리, 청와대의 유재수 전 부산시 경제부시장 감찰 무마, 김경수 경남지사 댓글 조작 공모 의혹 사건 등을 맡은 법관들에게 부담을 줄 수밖에 없어 부적절하다는 비판을 받은 바 있다. 대법원장 김명수의 '국민'은 누구인가에 대하여 그간 보인 행태에 비추어 모든 국민이 아닌 파당을 염두에 둔 것이 아닌가 하는 시각이 있었던 것이다. 그리고 그것은 결코 과장되거나 기우가 아닌 것으로 드러났다.

김명수 대법원장은 사표를 반려할 여하한 사유도 없는 상태에서 일선 법관이 건강의 악화 등으로 제출한 사표를 탄핵이 거론되고 있어 부담이 된다는 이유로 반려함으로써 형법상 명백한 직권남용죄를 저질렀고, 그로부터 8개월 후 실제로 탄핵으로 이어져 대법원장이 앞장서서 집권당과의 탄핵 거래를 하였다는 공분을 사고 있다.

그뿐 아니라 탄핵을 거론하며 사표를 반려하였다는 언론 보도가 있자 즉각 그러한 사실이 없다면서 불과 몇 시간 후에 밝혀질 거짓말을 하였고, 그 말이 거짓으로 밝혀지자 이번엔 불완전한 기억 탓으로 돌렸다.

툭 까놓고 말하면, 김명수 대법원장의 이런 행동은 위증죄를 범한 자들이 수사기관이나 법정에서 단골로 내놓는 변명 아닌가. 두 번째 해명 역시 객관적인 정황에 비추어 보통 사람들이 판단할 때는 거짓이다. 위증의 선서를 하지 않았다고 하여 위증죄가 되지 않는 것이 아니다. 숙명적으로 실체적 진실을 찾아서 공정한 판단을 내려야 하는 법관, 법정에서 증인으로 하여금 선서를 하도록 하고, 진실을 말하게 하며 거짓에 대하여 준엄하게 꾸짖는 법관은 늘 거룩한 맹세 앞에 서 있는 존재이다. 이런 법관들이 모인 법원의 최고 수뇌로서, 그 역시 대법관으로서 직접 재판을 하는 사람으로서 판사 김명수가 위증의 선서를 하지 않았다고 하여 두 번의 명백한 거짓말의 책임을 벗을 수 없다.

이미 대법원장 김명수는 정치적, 도덕적 위증을 하였고, 법적인 정치적 중립성을 저버렸으며, 헌법에 따라 전체 국민의 봉사자가 되어야 할 직업 공무원의 최소한의 기준마저 스스로 팽개친 자로서 탄핵된 것이다. 김명수 대법원장은 법적인 절차를 밟지 않고 있다고 해서 탄핵되지 않았다고 착각하지 말기 바란다. 사상 최초로 집권당에 의하여 탄핵 소추된 임성근 부장판사의 행위가 개별 재판을 둘러싸고 동료 법관에 대하여 의견을 개진한 것으로서 사법부의 담벼락에 낙서나 그 위의 벽지를 훼손한 정도라면, 김명수의 행위는 삼권분립의 한 기둥인 사법부라는 기둥을 송두리째 흔들어 대한민국의 헌정질서를 위태롭게 하고, 사법에 대한 불신을 자아내어 민주 공화정의 근간을 흔든 반역에 해당한다.

이에 우리 정교모는 김명수 대법원장을 국민의 이름으로 탄핵한다. 그대는 더 이상 대한민국 최고법원의 수장인 대법원장이 아닐뿐더러 판사의 자격도 없음을 확인한다. 지금 대한민국은 대법원장 궐위 상태이다. 김명수는 묵묵히 법관의 양심을 쫓아 진실을 발견하고, 공정과 정의를 실현하기 위하여 구도자적인 자세로 사는 대다수 법관들의 명예를 더럽히지 말고, 혼백이 떠난 그 누추한 껍데기만이라도 수습하여 자리에서 내려오기 바란다. 툭 까놓고 말해 보라. 그만하면 출세와 영달도 충분하지 않은가.

2021년 2월 8일

민주당은 "중대범죄비호청" 추진을 즉시 중단하라

●●●

부패범죄, 경제범죄, 공직자범죄, 선거범죄, 방위사업범죄, 대형참사. 이런 범죄를 우리는 거악(巨惡)이라 부른다. 범죄의 배후에 권력과 돈이 개입되어 있고, 그 범죄의 수익과 영향력은 개인을 넘어 조직으로 분배되고, 당대를 넘어 후대에까지 세습되며, 범죄자의 우발적 충동이 아니라 범죄자의 지능적 영악함이 범죄를 보다 과감하게, 은밀하게, 지속적으로 가능하게 한다. 거악은 그들만의 리그로 끝나는 것이 아니다. 거악의 최종적 피해자는 국민이며, 궁극적 희생자는 서민이다.

공무원, 관료들의 부패가 탄탄하게 비호되는 사회에서 대중은 수탈의 대상일 뿐이고, 각종 금융기법과 편법을 동원한 경제범죄의 피해자들은 누구를, 어떤 죄명으로 고소, 고발할지도 모르고 좌절하게 된다. 그 뒤에는 또 권력이 있다. 선거범죄가 부실수사, 편파 수사, 뭉개기로 흐를 때 감옥에 있어야 할 자들은 법을 비웃고 여의도에서 국회의원 배지를 달고 자신을 사면할 법을 만들어 낸다.

그러므로 우리는 거악에 대한 수사와 기소, 재판을 논함에 있어 어떠한 조직 논리나 사욕을 배제하고, 국가기능이 거악 척결에 효율적인지, 은밀하고 거대한 범죄의 배후에 있는 자들이 누구의 손에 수사권이 달려 있을 때 가장 두려워하고 근신하는지 따져봐야 한다. 범죄자들이 가장 두려워하고, 범죄자들을 가장 잘 잡아낼 수 있는 것이 검찰이라면 검찰의 손에 거악 척결 기능을 두어야 하고, 이른바 중대범죄수사청이 그런 역할을 할 수 있다면 중대범죄수사청을 만들어야 할 것이다.

그러나 지금 논의되는 민주당 발 중대범죄수사청은 그 법안 발의자들의 특성과 동기, 법안의 내용, 그 법안으로 달성하려는 의도 등을 볼 때 거악 척결 역량의 강화가 아니라 그 역량을 말살함으로써 거악 비호의 수단으로 전락시키고자 하는 의도가 너무나 뚜렷하다. 그 자신들이 피고인으로서 법정에서 재판을 받아야 할 황운하 같은 사람들이 중대범죄수사청설치에 앞장서고 있다는 것은 이 기구가 파렴치한 범죄자의, 범죄자에 의한, 범죄자를 위한 기구에 불과하다는 사실을 단적으로 말해 준다.

이른바 〈중대범죄수사청설치및운영에관한법률안〉에 따르면 중대범죄수사청은 거악의 영악함을 파헤칠 수사 능력도, 거악에 맞설 배짱도 없는 그저 그런 또 다른 조잡한 수사기관 창설에 다름 아니다. 이걸 환영하는 부류는 범죄자들과 허수아비 같은 기관이나마 들어가 경력을 쌓아 보겠다는 자들이 전부일 것이다. 한마디로 이 법은 사회 "기생충들"을 위한 〈중대범죄비호청〉이다.

한편 이 선동의 안팎에 세계 유수의 국가에서 검찰에 수사권을 두고 있는 사례가 없다는 식의 거짓말로 지지층을 결집하고, 일반 국민을 호도하는 조국, 추미애 류의 국가사법농단 세력들이 자리 잡고 있다는 사실은 이 범죄자들이 입법권이라는 미명 하에 자행하고 있는 국가사법농단의 방향과 이를 통해 얻어내려는 자신들의 목표가 무엇인지 충분히 짐작하게 한다. "그 누구도 자신의 사건에 대하여 판관이 되어서는 안 된다"는 동서양 고금의 극히 상식적 법언이, 21세기 대한민국에서는 "자신의 사건을 위해 입법을 해도 된다"는 뻔뻔함 앞에 여지없이 조롱당하고 있다.

지금도 검찰이 나름 독자적으로 거악에 대한 수사권을 갖고 있다고 하지만 청와대와 관련되어 있는 울산지방선거 부정의혹의 수사는 진척이 없고, 라임, 옵티머스 사건 같은 경제범죄 역시 추미애 전 법무장관의 검찰 농단으로 인해 수사팀이 공중분해되다시피 하고 역량이 분산되어 그 실체를 밝힘에 있어 한계에 봉착해 있다. 따라서 현재 우리에게 필요한 것은 검찰에서 거악 척결 기능을 빼앗는 것이 아니라, 검찰이 권력, 여론, 돈에서 벗어나 오직 실체적 진실과 사법적 정의를 실현할 수 있도록 수사와 기소권을 제대로 보장해 주는 것이다.

또한 이 국정 난맥의 시대를 벗어나 모든 것이 정상화되었을 때 국정 작폐를 일삼는 무리에 대한 단죄가 신속, 엄정하게 될 수 있도록 국가 수사와 재판 역량을 바로 잡아주어야 한다.

무엇보다 범죄자들이 앞장서서 국가의 거악 척결 기능을 무력화하려고 시도하는 것은 용납할 수 없는 국민 우롱이다. 악이 더 활개치도록 만드는 것은 입법이 아니라, 반역이다. "중대범죄비호청" 추진은 즉시 중단되어야 한다. 그리고 이 문제에 대하여는 대통령 선거가 일 년여 앞으로 다가온 지금 소위 대권주자로 거론되는 사람들 역시 조기에 분명하게 그 입장을 밝혀야 한다.

2021년 3월 2일

서울시장 후보들에게 단일화의 시대적 대의를 엄중히 촉구한다

●●●

지금 대한민국은 침몰 직전의 운명에 처해있다. 이 위기는 정권의 무능과 실책에 기인한 것에서 더 나아가 민주주의와 법치주의를 노골적으로 능멸하고 파괴하는 거짓과 선동에 의해 의도적으로 초래되었다.

다가올 서울과 부산의 보궐 선거는 이 정권의 위선이 계속될 경우 대한민국 공동체의 미래가 어떻게 전개될 것인지 단적으로 보여 준다. 인권과 민주를 부르짖던 자들이 성범죄에 연루되어 자살하거나 사퇴하여 공석이 된 지자체장 보궐 선거에, 이 정권은 당헌 당규를 손바닥 뒤집듯이 고쳐 후보를 내었다.

LH 사태를 통하여 드러난 바와 같이 집값 잡는 것이 아니라 나라 거덜 내는 정권의 주택정책의 뒷면에서 조직적인 사익 편취를 일삼는 무리에 대하여 수사할 기관조차 제대로 정하지 못하게 국가 사정시스템을 무력화시키고, 흐트러뜨려 놓은 것이 이 정권이다.

그렇기에 이번 선거는 국정(国政)과 분리된 시정(市政)만의 문제가 아니요, 국민과 유리된 서울과 부산 시민만의 문제가 아니다. 정책의 옳고 그름, 유능과 무능을 넘어선 위선과 망국의 재집권인가, 자랑스러운 대한민국 역사의 재생과 부활인가의 사활이 걸린 선거이다.

180여 석 입법 독재가 횡행하고, 대법원과 헌재의 정치적 독립성마저 의심받고 있으며, 쪼개지고 흩어진 국가 사정기관의 무력함이 예정되어 있기에 그 어떤 상식도, 합리도, 견제할 수단도 없는 문재인 정권의 폭정에 대하여 내년 대통령 선거 전에 국민이 직접 경고할 수 있는 유일한 기회가 이번 보궐 선거이다.

우리는 이 선거가 그나마 대한민국의 명운을 내년에 되살리는 초석이 될 수 있도록 하늘이 부여하신 것이라 믿는다. 따라서 이번 보궐선거는 어느 한 도시의 지자체장 선출을 넘어 거여의 횡포와 코로나 사태로 정치적 의사의 표현이 막힌 대한민국 온 국민의 심정적 항거가 표출되는 정치적 심판의 장이다.

그런데 지금 LH 사태 등 정권의 위선과 무능, 부패에 분노한 민심으로 인해 여론의 향배가 조금 달라졌다고 하여 서울시장 후보로 결정된 오세훈, 안철수 양자 사이의 단일화 논의가 답보상태에 빠지고 있는 것을 걱정하지 않을 수 없다.

정당의 존립 가치는 결코 국민의 생존권과 미래의 삶 위에 있지 않다. 정당이 국민의 분노와 걱정, 미래에 대한 평범한 사람들의 염려를 인질로 삼아 '그들만의 리그'에 머물러, 이 절박한 대의를 외면하여서는 안 된다.

지금의 상황은 후보들을 낸 야당이 잘해서가 아니라, 여당의 영악한 부패와 무능에 질린 탓이기에 야권의 정당들이 무엇을 자랑하거나 내세워서는 안 된다. 야당은 반사적 이익으로 지탱해온 정당으로서의 존재감을 내려놓고 후보들에게 전권을 주어야 한다. 하지만 이와 무관하게 이젠 두 후보가 스스로 결정해야 한다. 선거 이후의 그 무엇을 계산하는 당과 주변 인물들을 고려하지 말고 과감하게 결단하기 바란다.

분노하고 걱정하는 국민을 안심시키는 큰 정치의 길을 가는 큰 정치인으로서 서로를 세워주고, 이제는 박원순의 서울 10년 속에 쌓였던 적폐의 청산에 대한 청사진과 함께 미래 서울과 대한민국에 대한 명쾌한 방향과 대안을 모으는데 같이 머리를 맞대주기 바란다. 이제 공은 두 후보의 손에 달려 있다. 두 후보는 이미 약속한 바대로 후보 등록일 전에 단일화를 공동으로 발표해야 한다. 만일 국민의 분노를 담아낼 단일화 그릇을 만들어 내지 못하면 그 공분은 고스란히 오세훈, 안철수 두 후보에게 돌아갈 것임을 엄중히 경고한다.

2021년 3월 15일

성명서

공직선거 관리제도의 문제점과 개혁방안

●●●

　사회정의를 바라는 전국 교수모임은 대한민국 공직선거제도를 근본적으로 개혁할 것을 요구한다. 사전투표제와 전자개표제의 도입 이후 한국에서는 광범위하고, 실체적이며, 지속적으로 선거부정 의혹이 제기되어 왔다. 특히 2020년 4.15총선에 대해서는 총선거구의 절반에 육박하는 법률적 쟁송이 발생하였으나, 선거소송 처리기한 180일을 넘어 1년이 넘도록 재판과 선고가 무한정 지연되고 있다. 이런 상황은 그 자체로 대한민국의 선거민주주의의 무결성(integrity)에 대한 정당성과 주권자 국민의 신뢰가 깨어진 것을 의미한다. 부정선거 의혹 자체도 문제이지만, 이러한 의혹을 투명하고 적극적으로 해소하지 않고 사회적 여론몰이에 의존하는 세력이 발호하고 있는 것도 심각한 문제다. 중앙선거관리위원회의 존재 자체의 당위성은 이미 사라졌다고 볼 수 있다.

　이 상황은 단순히 선거제도의 운영과 관리 차원의 문제가 아니라 자유민주주의의 체제적 정당성과 국민의 주권적 권리의 본원성이 훼손되는 총체적 국가위기를 야기할 수 있다. 현재 제기된 한국 사회의 부정투표 의혹 제기는 공직선거법과 중앙선관위 관리규칙에 대한 운용적 차원의 문제를 넘어 보다 근원적 문제를 성찰하고 사전투표제와 전자개표제의 폐기라는 근본적 조치까지 포함한 근본적 개혁이 필요함을 의미한다.

사전선거 결과의 통계는 상식적으로 받아들일 수 없는 정도의 인위적 조작가능성이 나타났고, 전자 투개표 제도 관련 의혹은 여러 증거에 의해 합리적으로 뒷받침되고 있어서, 대대적인 제도개혁이 절실하다. 투개표 관리 과정에서의 불투명성, 강압성, 제도적 사각지대의 존재 등의 근본적 부실관리의 위험성도 상존하고 있다. 선거의 과정과 결과에 대한 사후검증 메커니즘 자체도 결여되어 있어, 이해관계자의 소송제기라는 전근대적 방식에 전적으로 의존하고 있는 제도적 후진성을 보이고 있다. IT기술의 발달에 따라 갈수록 다양해지고 은밀해지는 선거 부정행위에 대처하기 위한 예방적 목적으로도 선거관리제도 전반에 대한 근본적 개혁은 시대적 명령이다.

이러한 국민적 염원을 담아 사회정의를 바라는 전국교수모임은 "대한민국 공직선거제도의 문제점과 개혁방안"이란 책자를 발간하게 되었다. 이 책자에는 사전선거 제도 및 전자 투개표제도 개혁, 선거관리 및 절차 개혁, 사후검증 제도 도입, 그리고 신규 입법·제도적 개선에 대한 내용까지 현행 공직선거제도의 문제점과 개혁방안에 대하여 광범위하고 근본적인 내용을 담고 있다. 정교모는 본 책자를 각 국회의원실과, 중앙선거관리위원 등 선거제도개혁과 선거관리의 책임을 맡고 있는 국가기관에 송부하여 공직선거제도의 개혁을 강력히 촉구할 예정이다.

이 책자에 담긴 문제의식과 개혁방향을 토대로, 국회, 정부, 선관위, 법원 등 모든 관계기관이 조속히 개혁 작업에 착수하여 자유민주주의의 본질을 회복하려는 노력을 기울일 것을 엄숙히 촉구한다. 중차대한 문제에 대해 헌법상의 기본임무를 다하지 않는 국가기관은 역사의 심판을 받을 것이다.

2021년 5월 20일

백신에 대한 국민감사청구를 제안한다

●●●

전 세계가 코로나19로 국민 건강과 일상, 경제에 심각한 손상과 위협을 받고 있으나 코로나 백신을 충분히 확보한 국가들은 이미 일상으로 복귀하고 있으며 사회적 활기와 경제적 활동도 정상화되고 있으나, 대한민국은 백신 조기 확보에 실패하여 2021년 4월 기준 전국 법원에 접수된 개인파산 신청이 전년 동월 대비 3,945건에서 4,901건으로 24.2% 증가한 수치가 보여주듯 개인과 사회가 코로나의 캄캄한 터널에 여전히 갇혀 있으며 국민은 희망을 갖지 못하고 있다.

2020. 12. 23 기준으로 대한민국의 백신 확보 수준은 OECD 37개 회원국 가운데 34위로 최하위권이며, 이는 실제로 BBC에서 2021. 3. 8 보도한 〈코로나19 백신 전 세계 백신 접종 현황〉에도 그대로 나타나, 한국은 100명당 9.1 접종으로 중국(28.3)보다도 낮으며, 중남미 에콰도르공화국(8.4), 볼리비아(9.4) 수준이다.

지금 백신 접종이 실시되고는 있으나, 다른 국가들에 비하면 한참 뒤진 것이고, 설령 백신 접종이 다 된다고 하더라도 이렇게 백신 확보가 늦어지고, 그 과정에서 대통령과 장관 등의 말장난에 가까운 궤변으로 백신확보실패를 정당화하는 대국민 거짓말에 대한 책임은 반드시 규명되어야 할 국정농단이자 대표적인 신적폐라 하지 않을 수 없다.

첫 번째, 감사 항목은 대통령 문재인의 국민 생명권 보호 의무 위반과 대국민 거짓 발표 의혹이다. 청와대는 2020. 12. 29 문재인 대통령이 모더나의 CEO인 스테판 반셀과 28일 통화하였고, 이를 통해 한국에 2천만 명분의 백신을 공급한다는데 합의했다고 언론에 알렸으나 모더나는 공식 발표를 통해 "한국과 논의는 약속도, 보장도 아니다(neither promises nor guarantees)"라며 "보도 내용을 과신하지 말라"고 하여 청와대의 발표가 사실이 아닐 수 있음을 공개적으로 밝혔다. 그런데 정은경 질병관리청장은 12. 31 저녁 브리핑을 통해 "올해 마지막 날 모더나 백신 구매계약을 완료했다. 국민 총 5,600만 명이 접종을 받을 수 있는 물량에 대한 백신 계약이 마무리됐다"고 하였다. 정은경 청장의 발표가 사실이라면 12. 31 계약을 완료했다는 것인데, 모더나의 공식 발표일 현지 시각과 계약 체결일과의 시점을 보면 모더나의 확약이 그렇게 단기간에 이끌어내어 계약 체결에까지 이를 수 있었는지 의문이고 신뢰할 수 없는 것이다. 청와대 및 질병관리청의 대국민 발표는 백신 도입을 둘러싼 용어의 의도적인 조작과 혼란을 부추긴 점에서 더욱 의혹이 있을 수밖에 없다. 국민의 생명을 담보로, 언제든지 변할 수 있는 수사로 현혹하였다는 비판을 면할 수 없고, 이로 인해 대통령이 헌법 수호자로서 보호해야 할 국민의 생명권, 행복추구권이 침해되고 있어 이 부분에 대한 엄정한 감사가 필요하다.

두 번째, 감사 항목은 백신 관련 대통령의 국법상 행위의 적법, 타당성 감사이다. 우리 헌법 제82조는 "대통령의 국법상 행위는 문서로써 하며, 이 문서에는 국무총리와 관계 국무위원이 부서한다"고 되어 있어 문서로 그 근거를 남기게 되어 있다. 우리는 청와대와 장관들의 숱한 말 바꾸기와 변명을 보았다. 문재인 대통령이 처음부터 어떤 입장으로 백신 문제를 대하고, 지시하였는지, 국민의 생명에 직결되는 사안에 있어 그 의무를 제대로 했는지 감사해 주기 바란다. 대통령과 장관의 서명이 들어간 관련 문서가 없다면 헌법 위반인데, 감사원은 그 문서의 존재 여부 및 있다면 그 내용을 공개하여 어떻게 그렇게 백신 조기 확보에 무능, 무책임, 거짓말이 가능했는지 국민 앞에 투명하게 밝혀 주시기 바란다.

세 번째, 감사 항목은 정부가 백신 선구매를 주저하다가 실기한 이유 중의 하나로 정권과 셀트리온이라는 국내 제약업체와의 밀월 가능성을 제기하는 시선이 있다. 공개된 언론 기사를 잠깐 인용하면 이렇다.

"…이에 관해 익명을 요청한 의학 전문가는 '문 정부와 셀트리온 간의 밀월관계가 빚은 현상'이라고 주장했다. 이 정부는 화이자, 모더나의 백신 개발 가능성을 안 본 것이다. 대신 셀트리온 치료제를 믿은 것이다. 서정진(셀트리온 명예회장)이 하도 말을 하니까. 대통령 곁의 누군가가 '서정진 회장이 그러는데 치료제로 된답니다'라며 백신 선구매를 막은 것이라고 본다." …의료계와 정치권 일각에서 노영민 전 대통령 비서실장과 서정진 명예회장이 동향(충북 청주) 관계인 사실에 주목하는 시선도 있다."

그렇다면 이에 관하여 감사원은 청와대와 보건복지부를 상대로 셀트리온에 본인의 가족, 친지, 측근들을 통해 주식이나 임직원 취업 등 부당한 거래 내지 묵시적 담합이 있었는지 감사하고, 사적인 이해관계로 전 국민의 생명과 경제활동을 좌지우지했는지 명명백백하게 밝혀야 한다.

네 번째, 감사 항목은 관련 공무원들의 직무유기 의혹이다. 2020. 11. 17 박능후 보건복지부 장관은 국회 보건복지위원회 전체회의에서 화이자와 모더나의 신종 코로나바이러스 감염증(코로나19) 백신과 관련해 "현재 우리에게 물량을 오픈한 회사들을 합치면 3,000만 명분이 넘는다" 화이자나 모더나의 백신의 경우 "두 회사에서도 일반적인 예상과 달리 빨리 계약을 맺자고 오히려 그쪽에서 재촉하고 있는 상황으로 우리가 백신 확보에서 불리하지 않은 여건에 있다"고 했고, 권준욱 중앙방역대책본부 제2부본부장도 "국민들께서 코로나19 백신 확보와 관련해 불안해하실 필요가 없다"고 정례브리핑에서 밝혔으나, 결과적으로 새빨간 거짓말이었다. 다른 국가에서 전 국민들을 두세 번 접종하고도 남을 백신을 확보할 때 우리는 백신 계약이다, 도입이다, 계약을 검토 중이다라는 말장난으로 국민을 속였다. 이런 관료들의 무지, 교활한 행태에 대한 철저한 감사와 책임 추궁이 필요하다.

이상 네 가지 감사항목을 토대로 청와대와 보건복지부를 상대로 감사청구를 하게 되었다. 관련법령에 따르면 국민감사청구는 접수일로부터 30일 이내에 감사실시 여부를 결정하도록 되어 있다. 우리는 그 전에라도 감사원이 감사실시를 결정하여 부패와 헌법, 법령 위반 의혹이 뒤섞여 있는 정권의 백신조기도입실패 내지 백신무시 정책의 경과를 국민 앞에 소상히 밝히고, 관련자들의 책임을 물어 주길 바란다.

2021년 6월 01일

자유민주주의를 전체주의 체제로 바꾸려는 평등법과 차별금지법을 강력히 반대한다!

●●●

2021년 6월 더불어민주당 이상민 의원이 발의한 평등법(안)과 2020년 6월에 정의당 장혜영 의원이 발의한 차별금지법(안)은 평등과 차별금지라는 이름으로 자유민주주의 사회의 기본적인 자유를 심각히 침해하고, 윤리와 도덕을 파괴하며, 정당한 자유경쟁을 차별로 간주하고 있다. 이에 전국 377개 대학 6,094명의 교수들이 참여하고 있는 '사회정의를 바라는 전국교수모임'(정교모)은 자유민주주의 사회를 전체주의 체제로 바꾸려는 평등법과 차별금지법 제정을 강력히 반대하며, 이를 즉각 철회할 것을 강력히 요구한다.

평등법과 차별금지법은 '학력'을 차별금지사유에 포함하여 학력을 이유로 급여에 차등을 두거나 승진이나 배치에서 다른 대우를 하면 차별에 해당한다고 한다고 명시하고 있다. 석·박사 학위 소지자가 해당 분야의 전문가로서 학사 학위자보다 더 많은 급여를 받거나 좋은 자리에 배치를 받으면 차별이 된다. 그러나 학력은 성, 연령, 국적, 장애 등과 같이 통상 선천적으로 결정되는 부분이 아니라 개인의 선택과 노력에 따라 상당 부분 성취의 정도가 달라진다는 점에서 합리적 차별 요소로 보는 것이 상식인데, 무조건 평등 논리로 학력에 의한 정당한 경쟁을 죄악시하고 있다.

또한 평등법과 차별금지법은 '고용형태'를 차별금지사유에 포함하였다. 평등법 제21조에는 은행 등 금융회사도 차별금지 규제 대상에 포함하고 있는데, 가령 은행에서 정규직과 비정규직 등의 고용형태에 따라 대출 한도나 이율을 다르게 하면, 차별이 되는 것이다. 이렇게 되면 고신용의 정규직 고용자가 역차별을 오히려 당할 수 있는 것이다.

현행 헌법과 법률은 한 명의 남자와 한 명의 여자의 결합만을 혼인이라고 규정하고 있으며, 동성결혼, 근친혼과 중혼, 다부다처 등의 혼인은 허용하지 않고 있다. 그럼에도 평등법과 차별금지법은 '가족 및 가구의 형태 및 상황' 등을 이유로 차별해서는 안 된다고 하고 명시하고 있다. 또한 동성결혼, 다부다처, 중혼, 근친혼 등을 일부일처 혼인과 마찬가지로 평등하게 혼인으로 인정하지 않으면 차별이 된다.

평등법과 차별금지법은 인간의 성을 여성과 남성의 생물학적 성(sex)이 아니라, 개인적 선택에 따라 50여 가지 중에서 선택할 수 있는 사회학적 성(gender)으로 보며, 이에 따른 성별정체성을 인정하지 않으면 차별이라고 규정한다. 사람의 성별이 XX, XY의 유전자에 의한 생물학적 성에 의해 결정되지 않고, 사회적인 학습과 환경에 의해 결정된다는 젠더이데올로기에 따른 것이다. 그러나 이러한 주장은 많은 연구에서 그 오류를 지적받고 있으며 과학적으로도 검증되지 않았다. 또한 사회적 합의를 전혀 이루지 못한 상태에서 입법을 추진하는 것은 자유민주주의에 대한 도전이며, 사상적 독재이다.

차별에는 합리적인 사유에 따라 정당한 차별과 부당한 차별이 있다. 교육부가 지적한 것처럼 성, 연령, 국적, 장애 등의 선천적이고 불가항력적인 것을 차별하는 것은 부당한 차별이지만, 개인의 선택과 노력에 따라 상당 부분 성취의 정도가 결정되는 학력 등으로 차등을 두는 것은 정당한 것이다. 좋은 성적을 받은 사람을 합격시키고, 좋은 성적을 받지 못한 사람을 불합격시키는 것은 정당한 것이며, 오히려 정당한 사유를 불문한 절대적인 평등이 역차별과 사회적 혼란을 불러올 것이다.

평등법과 차별금지법은 성적자기결정권의 이름으로 동성애, 다자성애(난교) 등의 성적지향을 차별금지 사유에 포함하고 있다. 부부 사이와 부모 자식 간의 지켜야 할 도리는 동서양을 막론하고 인간 사회에서 가장 기본적인 윤리도덕이다. 성이란 한 명의 남자와 한 명의 여자의 결합으로 이루어진 부부 사이에 존재해야 하는 것이지, 부부가 아니거나, 동성 간이나, 여러 사람 사이, 더 나아가 부모와 자식 간에 있는 것이 아니다. 헌법재판소와 대법원도 그동안 4번의 판결을 통해 동성애를 부도덕한 성적 만족 행위라고 결정한 바 있다.

네오마르크시즘의 중요한 한 축인 성혁명은 "인간은 성적 본능이 충족 되어질 때 행복해진다"고 주장하고 있다. 소위, 윤리도덕에 의해 제한받고 있는 성적 본능을 풀어놓을 때 인간이 행복해진다는 주장이며, 이는 가장 기본적인 윤리도덕조차 인정하지 않겠다는 것이다. 우리 사회에서 공개적으로 검증되거나 사회적으로 합의되지 못한 성혁명의 주장을 받아들이지 않는 것을 차별로 간주하고 법적으로 제재를 하겠다는 시도는 전체주의적인 발상이다.

평등법과 차별금지법은 학교에서 동성애 등의 성적지향과 마음대로 성별을 정할 수 있는 성별정체성을 의무적으로 교육하도록 요구하고 있다. 의무교육 내용에 어린 학생들의 자유로운 성적지향, 성별 정체성과 성행위에 대한 자기 결정권을 포함시킨 국가들의 사례를 보면, 동성애자에 대한 선호와 자신의 성을 바꾸려는 학생들이 급증하고 있다는 사실을 알 수 있다. 만약 이런 교육이 우리나라에서도 교육내용에 포함된다면 사회 근간을 이루는 전통 윤리와 도덕이 크게 흔들릴 것이며, 다음 세대는 우리와는 전혀 다른 세계에서 살게 될 것이다.

평등법과 차별금지법은 이 법이 규정한 차별에 대하여 비판하거나 반대하는 것을 괴롭힘이라 주장하고 괴롭힘을 또 다른 차별로 정의하고 있다. 이는 평등법과 차별금지법에 대한 비판으로부터 스스로를 보호하기 위하여 2중, 3중의 보호막을 치고 있는 것이다. 예를 들자면, "동성애는 비정상적이고 이성애가 정상적이다." "남자와 여자가 결혼하는 것이 정상"이라는 표현 등을 차별로 보겠다는 것이다. 평등법과 차별금지법을 비판하거나 반대조차 못 하게 하는 것은 표현과 양심, 신앙과 학문의 자유 등의 기본권을 심각하게 침해하는 것이다. 결국 평등법과 차별금지법은 현혹적인 언어로 국민들을 기망하여 자유민주주의를 무너뜨리고 전체주의 체제로 바꾸려는 시도이며, 우리 사회에 대한 심각한 반역이다.

평등법은 현행 헌법을 심각히 위배하고 있음에도 불구하고, 어떤 법보다 상위적인 개념을 가지려 하고 있다. 평등법 제9조는 "국가 및 지방자치단체는 이 법에 반하는 기존의 법령, 조례와 규칙, 각종 제도 및 정책을 조사·연구하여 이 법의 취지에 부합하도록 시정하여야 한다"라고 요구하고 있다. 평등법과 충돌이 일어나는 모든 법과 제도는 평등법에 맞추어 고치라는 주장이다. 이것이야말로 입법독재이며, 법률을 통한 전체주의적 혁명이다.

평등법과 차별금지법, 그리고 최근에 발의된 인권정책기본법 등은 국가인권위원회에게 누구도 견제할 수 없는 막강한 권한을 부여하고 있다. 이는 인권의 이름으로 사회체제를 바꾸려는 홍위병으로서의 국가인권위원회를 의미하는 것이다.

전국 377개 대학 6,094명의 교수들이 참여하고 있는 '사회정의를 바라는 전국교수모임'(정교모)은 현란한 언어전술로 국민을 기만하고 자유민주주의를 전체주의 체제로 바꾸려는 평등법과 차별금지법을 즉각 철회할 것을 강력히 요구한다.

2021년 7월 19일

김경수의 죄명은 반역이다

●●●

대법원 2부가 김경수 경남도지사에게 댓글 여론조작 범행에 대하여 징역 2년을 선고한 원심을 확정하였다. 김경수와 드루킹 김동원 사이에 공직을 놓고 거래했던 공직선거법 위반의 점에 대하여 무죄를 선고하고, 일부러 재판을 장기화시키는 등 법원의 태도에 석연치 못한 점이 없지 않았으나, 어쨌건 대한민국 국기를 뒤흔든 이 사건은 일단락되었다.

이른바 친문 적자로 문재인 대통령의 최측근인 김경수가 드루킹 일당과 공모하여 2017. 5. 9 제19대 대통령선거를 전후하여 네이버의 경우 아이디 2,325개를 동원하여 약 7만 5천 개의 뉴스 기사, 댓글 118만 6천 개에 8,833만여 회의 공감/비공감 클릭수를 조작한 범죄가 최종 판결로 확인된 것이다.

이로써 이 정권의 정치적, 도덕적 정당성은 종언을 고했다. 그러나 이것은 끝이 아니라 진실을 밝히기 위한 새로운 시작일 뿐이다. 문재인 후보의 부인 김정숙 씨가 대선 후보 경선 과정에서 공개적으로 드루킹의 조직인 "경인선도 가야지, 경인선에 가자"고 말한 장면, 그리고 김경수가 문 후보에게 "외곽조직 중 드루킹이라는 사람이 있다"고 보고한 사실이 있다는 진술은 특검의 수사와 재판의 대상에서 제외되었다.

대선을 전후하여 김경수를 그 누구보다도 옆에 두고 조력을 받았던 문재인 후보의 실정법 위반 여부는 문재인 대통령 퇴임 후에 밝혀질 미완의 과제로 남았다. 대한민국의 민주주의가 더러운 손에 의해 오염되었음이 확인된 이 사건은 어느 특정인에 대한 형사처벌 문제에 국한되어서는 안 된다.

김경수 전 지사의 죄명은 컴퓨터 등의 장애를 통한 업무방해이다. 네이버 등 포털 사이트의 업무가 방해되었다는 것이다. 그러나 실질은 대한민국의 본질적인 국가운영의 토대인 합법적이고 정당한 정부의 구성 업무가 방해된 것이다. 이 점에서 김경수의 정치적 죄명은 반역이다.

드루킹 일당은 "사회경제적으로 재벌을 대체하여 기업을 소유하고 국가와 소통한다"는 규약을 갖고, 소액주주권 행사 등의 방법으로 적대적 M&A를 시도하여 재벌을 해체하고 주요 기업들에 대한 지배 소유를 확보한 뒤, 자기들만의 공동체를 만들어 무료로 주거를 제공하겠다는 등의 목표까지 제시하고 있었다.

이들은 한때 국민연금관리공단 이사장직에 자기조직의 회원이 임명될 수 있게끔 영향력을 행사해 달라고 요구하려 한 적도 있음이 판결을 통해 확인되고 있다.

'경제적 민주화'로 포장된 드루킹의 구상은 김경수에게도 보고되었고, 이들이 내세운 소액주주운동, 스튜어드십 코드 등은 우연이라고 보기엔 문재인 정권의 대기업 지배구조 흔들기 정책과 너무나도 일치한다.

깨끗한 민주주의 공기를 마시며 건강한 공동체를 만들어가기 위해서라면 주권자의 올바른 선택을 다중의 소리를 조작하려는 음습한 뿌리까지 드러내어야 한다.

김경수는 드루킹 김동원과 두 개의 휴대전화번호로 연락하면서 총 4개의 텔레그램 및 시그널 대화방을 개설하여 메시지를 주고받았고, 그중 비밀대화방 하나는 메시지 화면 캡처를 알게 된 김경수가 대화방을 나가 이전 메시지가 삭제되었고, 다른 비밀 대화방은 김동원이 메시지 보존기간을 1주일로 설정했으나 김경수가 1일로 재설정함으로써, 둘 사이의 오고 간 대화의 전모는 밝혀지지 않은 상태이다.

그렇지만 대법원 확정판결로 드러난 사실만으로도 저들이 정치적 반역을 통해 달성하려는 목표가 실은 이권 수탈, 확실한 경제 기생세력으로의 거듭남에 있음을 보여주기엔 충분하다. 반역의 뿌리까지 철저하게 찾아내고 제거되지 않으면 언젠가 또다시 무성하게 자라나서 정부 구성의 헌법적 정당성은 물론, 국민 경제가 남의 것 빼앗기에만 능숙한 자들에 의해 농단당하고, 국민 각자의 삶은 곧 피폐해지고 고단해질 것이다.

여전히 궤변으로 범죄자를 옹호하는 세력들, 특히 3심을 거치며 확정된 판결도 선택적으로 내가 믿고 싶은 대로 믿겠다는 자들이 대선주자라는 사실은 우리를 경악하게 한다. 저들은 정권재창출을 통해 〈반역 정치 시즌2〉를 이어갈 것임을 노골적으로 드러내며 국민을 조롱하고 있는 것이다. 정권교체만이 저 반역의 뿌리를 도려내고, 다시는 그 더러운 손이 우리의 삶을 주물럭거리는 것을 막을 수 있다.

이제 정상적인 사고를 하는 국민이라면 〈반역 정치 시즌2〉를 종식시키는 대열에 동참해야 한다.

2021년 7월 22일

민주당은 〈언론재갈법〉 입법 시도를 당장 중단하라

●●●

더불어민주당이 8월 25일 국회 본회의에서 강행통과 시키려는 〈언론중재 및 피해구제 등에 관한 법률("언론중재법")〉 개정안은 언론중재법안이 아니라, 〈언론재갈〉이다. 언론사의 악의적 가짜뉴스를 엄단하여 개인이 언론사로부터 입은 피해에 대한 구제를 용이하게 한다는 구실을 내세우지만, 이 법의 조항들은 근대 문명국가 그 어느 언론법제, 손해배상에 관한 일반 사법 영역에 있어서도 유례가 없는 수치스러운 내용으로 가득 차 있다.

뉴스와 관련하여 해당 언론사가 고의나 과실이 없음을 언론사가 입증하지 못하는 한 악의적으로 보도한 것이라고 추정되어 손해배상을 하게 된다면 어떤 언론 매체이건 객관적 사실조차도 그 보도에 주저할 수밖에 없다. 거기에 매출액의 1만분의 1에서 1천분의 1을 기준으로 3~5배의 징벌적 손해배상을 하도록 하고, 손해배상의 하한선을 두도록 한 것은 뉴스 한번 내보낼 때마다 언론사의 명운을 걸어야 한다는 협박에 다름 아니다. 거기에 열람차단청구권은 개인의 피해 구제를 빌미로 국민의 알 권리를 차단하고, 공론의 장에서 팩트를 선택적으로 내놓을 수 있는 근거를 마련해 준다.

문제는 이러한 독소조항들이 하루아침에 만들어진 것이 아니라는데 있다. 지난 총선 직후인 2020. 6. 9 국회의원 정청래를 필두로 2021. 6. 23 김용민이 마지막 개정안을 내기까지 언론중재법에 대한 개정안은 모두 16회나 발의되었다. 한 달 평균 1.3회꼴로 집권당이 언론중재법 개정안을 내었고, 야금야금 내놓은 개정안들을 한데 묶어 드디어 언론중재법이 언론재갈법으로 둔갑하기에 이른 것이다.

우리는 이 점에 있어 집권당이 언론중재법을 누더기로 만드는 작업을 하는 사이 제1야당인 국민의 힘은 도대체 무엇을 하고 있었느냐고 비판하지 않을 수 없다. 정권 눈치만 보면서 안주하던 있던 언론의 무책임과 비겁함도 지적하지 않을 수 없다. 물론 국민의 무관심도 한몫하였다. 야당, 언론, 국민의 무관심이 180여 석의 범여권의 입법독재를 부추긴 책임에서 우리 모두 자유로울 수 없다.

그러나 이제라도 건강한 민주주의를 위해서 언론의 자유가 공기 속의 산소처럼 중요하다는 점에 인식을 같이 하는 모든 국민은 이 희대의 악법 추진에 항거하고 불복종 운동을 해야 한다.

참된 민주주의 사회는 다원주의에 바탕을 둔 자유로운 대화가 열려 있어야 한다. 민주당은 언론중재법 개정의 사회적 필요성을 주장하지만, 정권의 필요성, 자신들의 위선을 가리기 위한 필요성 때문에 언론재갈법 강행을 고집하고 있음을 국민은 알고 있다.

가짜뉴스는 언론의 자유가 제대로 보장되어 있는 사회에서는 저절로 걸러진다. 국민은 바보가 아니다. 언론중재위원의 자격을 이른바 시민단체 출신에 확대하고 가짜뉴스와 진짜뉴스를 사실상 정권이 재단하겠다는 이 정권의 무도함의 이면에는 뉴스의 전면에 자신들의 치부가 드러나면 안 된다는 기득권 수호의 뻔뻔함이 자리하고 있다.

언론재갈법 강행처리는 어느 진영이나 정파의 문제를 뛰어넘는 전사회적 공분의 대상이다. 우리는 기자협회 등 언론계의 강력한 반대와 저항운동에 지지를 보내며 동참할 것이다.

집권민주당에 엄중히 경고한다. 지금이라도 당신들의 위선과 정권의 치부를 가리려는 언론재갈법의 강행 시도를 중단하라. 자신들의 위선, 무능, 부패를 언론에 재갈을 물려 덮어보려는 꼼수를 당장 철회하라.

2021년 8월 12일

더불어민주당은 사학의 자율을 빼앗는
사립학교법·초중등교육법 개정을 즉각 중단하라

●●●

2021. 8. 19 국회교육위원회에서 더불어민주당 등 여당은 야당의 반대에도 불구하고 사학의 자유를 박탈하고 관치를 강화하는 내용의 사립학교법 개정안과 초중등교육법 개정안을 통과시켰다. 여당은 8월 25일 본회의서 통과시킬 계획으로 밀어붙이고 있어, 사학의 자율을 빼앗는 거대 여당의 입법 독재가 자행되고 있다. 이에 〈사회정의를 바라는 전국교수모임〉(이하 정교모)은 국회의 사립학교법개정과 초중등교육법 개정을 다음과 같은 이유로 강력히 규탄하며, 그것에 대한 대안을 제안한다.

첫째, 사립학교 신규교원 채용을 교육청에 위탁 강제하는 개정안(사립학교법제53조의2)은 사학의 혁신적 채용을 부정하고, 학교법인의 교원임용권을 침해하는 것으로 헌법정신에 어긋난다. 사립학교의 인사권은 학교법인의 고유권한이며, 학생모집권, 교육과정 편성권, 수업료 징수권이 정부에 있고 법인구성권에서도 개방이사 등 일부 권한이 정부에 있음에도 인사권마저 정부에서 행사하려는 것은 자유민주주의 원칙과 자유시장경제, 그리고 사적 영역에 대한 말살이다. 현실적으로도 종교학교나 예술학교 경우는 필기시험 없이 면접 등을 통해서 유능하고 건학이념에 합당한 자를 교원으로 채용하고 있다. 대입에서도 필답고사 없이 학교생활기록부 기록으로만 학생을 뽑듯이 사학에서 교원 채용에 필기시험을 강제하는 것은 적격자 선발을 저해한다. 더욱이 필기시험을 치룰 경우 반드시 교육청에 위탁하도록 강제하고 있어 위탁자(학교법인)의 의사와 관계없이 수탁자(교육감)가 채용예정자를 사전 거르는 역할을 하여 사실상 학교법인의 인사권을 박탈하는 것이다. 따라서 개정안 제53조의2 제11조"(신설) ⑪「초·중등교육법」 제19조에 따른 교원의 임용권자는 제10항에 따른 공개전형을 실시할 때에는 필기시험을 포함하여야 하고, 이를 시·도교육감에게 위탁하여 실시하여야 한다. 다만, 대통령령으로 정하는 바에 따라 시·도교육감의 승인을 받은 경우 필기시험을 다른 시험으로 대체하거나, 위탁하지 아니할 수 있다." 또는 다음과 같이 수정되어야 할 것이다.

(수정안) ⑪"「초·중등교육법」 제19조에 따른 교원의 임용권자는 제10항에 따른 공개전형을 실시할 때에는 필기시험을 시·도교육감에게 조건을 정하여 위탁할 수 있다. 이 경우 교원임용권자는 교육감에게 필기시험 합격자의 결정 기준을 제시할 수 있다." 이처럼 위탁 근거만 두어서 사학이 위탁 여부를 자율적으로 결정할 수 있도록 하고, 위탁할 경우 학교법인이 교육감에게 필기시험 합격자의 기본적 요건(예, 채용예정자수의 배수, 자격증 요구 등)제시하여 건학이념에 적합한 자를 선발할 수 있도록 한다.

둘째, 사립학교개정법률안 제20조의2(임원취임의 승인취소) 제70조의

4(사무직원에 대한 징계 요구)는 사립교직원의 징계권을 교육청에서 관할하고 사학 경영권을 용이하게 박탈할 수 있기에 폐기되어야 한다. 관할청이 임원취임 승인을 취소하는 것은 사학의 자유와 권리를 중대하게 제한하는 것으로, 헌법 제37조 제2항에 따라 필요한 최소한의 범위 내에서만 행해져야 한다. 학교장에 비하여 학교의 경영에 관여하는 것이 거의 없는 교직원에 대하여, 그것도 징계 요구의 원인을 불문하고 징계요구에 불응할 경우 무조건 임원취임의 승인취소를 할 수 있도록 하는 것은 사립학교 징계위원회 존재 의의를 무력화하는 것으로, 위헌적인 법률 개정안이다. 또한 개정안은 사무직원의 특정한 중요 위반사항이 아닌 모든 위반사항에 관할청이 개입하는 것으로, 사학의 자주성·자율성을 심각하게 침해하는 것이다. 사무직원의 근무 관계는 본질적으로 사법상의 고용계약관계이므로, 임면에 관한 사항을 정하는 데에는 임면권자의 고도의 재량권 행사가 허용된다고 할 것이기 때문에 현행과 같이 학교법인의 정관에서 정하는 것이 타당하다. 대법원도 사립학교 교직원은 기본적으로 학교법인과 근로계약에 의해 고용된 피고용자로 보고 있다.

셋째, 현재 자문기구인 학운위를 심의 기구로 격상시키는 것은 사립학교의 특수성과 자주성 내지 자율성을 침해할 가능성이 클 뿐만 아니라 이사회의 기능과 권한을 말살하는 내용으로, 위헌적 법률개정안이므로 폐기하여야 한다. 초중등교육법 제32조, 사립학교법 제29조(회계의 구분 등), 제31조(예산 및 결산의 제출)를 개정하여 사립학교운영위원회의 법적 성격을 자문기구에서 심의기구로 격상하고 있다. 학운위의 심의기구화는 학교운영에 관한 의사결정구조에서 국·공립과 사립

학교의 구별을 없애려고 한다. 지방자치단체가 설립·운영해 지역주민
이 학교운영위원회와 같은 기구를 통해 관여할 수 있다고 보는 공립학
교와 달리 사립학교는 그 설립의 주체는 물론 운영의 권리주체가 학교
법인이고 운영에 따른 일체의 의무와 책임도 학교법인에 귀속된다. 많
은 시도에서 학운위에 정치·노조활동가가 위원으로 참여할 수 있도록
하면서 이념이나 이익에 따라 학교운영이 좌지우지되고 있어 학교장
의 자율적 학교운영이 어렵게 되어 그 피해가 학생들에게 고스란히 전
가되고 있는 상황임을 감안할 때 심의기구가 될 경우 더 큰 혼란을 초
래할 우려가 있다. 또한 대학에서 초중등학교의 학교운영위원회 기능
을 담당하는 '대학평의원회'의 심의사항에 사학법인 이사회 권한과 충
돌을 피하기 위하여 예·결산, 교직원 인사에 관한 사항은 제외하고 있
는 입법례(고등교육법 제19조의2)를 고려할 때, 학교운영위원회에 학교법
인 고유사무까지 심의토록 하는 것은 부적절하다. 이와 같은 입법례는
선진국의 사학 전례에도 없는 이사회을 무력화시키는 법률개정안이다
(2005년 노무현정권의 사학법 파동 시 법률 개정을 추진하다 무산됨).

넷째, 사립학교법개정법률안은 국제적 규범과 배치된다. 국제적 평
균보다 높은 공적 규제를 받는 우리나라 사학에 대하여 추가적인 규제
는 사학의 자주성과 공공성의 불균형을 더 심화시킬 것이다. 관할청의
임원승인 취소·교비회계와 법인회계 구분 등 한국의 사학은 선진국과
비교하여 매우 큰 공적 규제를 받고 있다. 이에 더하여 인사권과 재정
운용에서 공적 규제를 강화하는 이번 법률개정은 사학의 자유로운 경
쟁을 통해서 교육혁신의 단초를 찾고자 하는 선진국의 노력과 정반대
이다. 사립학교가 국공립과 다른 자율과 위험부담을 통해서 교육혁신

모델을 창출하여 4차 산업혁명을 이끌 인재양성과 지식창출을 선도하고 있는 국제적 흐름과도 배치된다. 사학 부조리 척결에 몰두하여 우리 교육을 지탱하고 있는 건전 사학을 육성하는 정책을 찾아볼 수 없어 안타깝다.

사학의 부정과 비리의 원천적인 차단을 이유로 사학에 대한 공적 규제를 강화하고 있으나, 사학비리는 해당 사학에 대한 감독권 강화와 처벌의 실효성을 제고함으로써 예방하고 재발을 차단하여야 하지, 그것을 사학의 자주성을 억제하는 근거로 활용하면 과잉규제라 할 수 있다. 이는 기본권의 주체가 자신의 기본권을 남용한다고 기본권 자체를 박탈할 수 없는 것과 같은 이치이다. 일부 사학의 비리를 빌미로 학교법인 이사회 기능을 무시한 학교운영위원회 자문기구에서 심의기구화, 사학 신규교원 채용의 교육청 위탁 강제, 사학의 자주적 인사권과 징계권을 제약하는 관할청이 직접 관여 등 반헌법적이고 자유민주주의적 가치를 정면으로 부정하는 것이다. 따라서 더불어민주당은 사립학교법·초중등교육법개정 시도를 즉각 중단할 것을 강력히 요구한다. 만약 일방적으로 법률개정안을 통과시키면 헌법소원심판청구를 통해서 사학의 자율성이라는 헙법적 가치를 수호할 것이다.

2021년 8월 23일

대장동 공영개발 '먹튀' 의혹,
특검으로 신속하게 풀어야 한다

●●●

3억 5천만 원의 출자금으로 4,040억 원을 이익으로 배당받고, 이와 별개로 경쟁입찰 대상 토지 낙찰 가격의 65% 수준에 수의계약으로 토지를 매입하여 분양수익 2,352억 원을 챙겨간 대장동 화천대유 공영개발 먹튀 사건이 온 국민을 경악하게 하고 있다. 가히 단군 이래 최대의 부패 스캔들이라 하지 않을 수 없다.

이로 인해 성남시민에게 돌아갈 6,350억 원이 특정인 몇 사람들의 입으로 들어가고 말았다. 이재명 경기지사는 현금 배당 1,822억 원과 시행사로부터 기부채납 받은 사회기반시설 등의 가치를 합해 총 5,500억 원가량을 시민에게 돌려주었다고 주장하나, 3억 5천만 원을 출자하여 6,350억 원을 챙긴 민간업자들의 폭리에 대하여는 함구하고 있다.

이재명 지사는 시민에게 5,500억 원을 돌려준 것이 아니라, 시민이 받아야 할 1조 2천억 원 중에서 6,350억 원을 날린 것이다. 이 지사는 이 경위에 대하여 납득할 수 있는 해명을 내놓아야 한다.

우리는 이 대장동 공영개발 먹튀 사건이 고의적으로 잘못 끼운 첫 단추일 수 있다는 점에 주목한다. 도시개발법에 의하면 당초 도시개발 시행은 개발 지정권자인 성남시 아니면 성남도시개발공사가 맡는 것이 원칙이었다. 그렇게 했다면 개발에 따른 이익 1조 2천억 원가량은 고스란히 성남시민에게 돌아왔을 것이다.

그럼에도 불구하고 성남시는 성남도시개발공사가 일부 출자한 법인, 성남의 뜰이라는 것을 급조하여 사업시행자로 내세웠고, 이런 구조 속에 민간업자들이 들어올 공간이 생긴 것이다.

도시개발법에 지방공사가 출자한 법인도 시행자가 될 수 있기는 하지만, 이럴 경우 민간 출자자가 자연스럽게 끼어들 수밖에 없고, 결국 민간이 소수 지분으로 들어와서 특혜를 누릴 수 있는 문을 열어 둔 것은 성남시이다. 이재명 경기지사는 이 책임에서 자유로울 수 없다.

성남시나 성남도시개발공사가 시행자가 되지 않음으로 인해 생기는 이득은 무엇인가? 그렇지 않기를 바라지만, 공공기관이 민간과 결탁하여 업무상 배임과 같은 범죄를 저지른다면, 이렇게 다단계로 내려가면서 법인이라는 외피로 가려두는 것 이상으로 후일에 대비한 꼬리 자르기용, 면피용으로 이상적인 설계는 없을 것이다.

성남도시개발공사는 50%의 1종 우선주 지분을 갖고, 잔여 수익 배당에는 참가하지 않는 이른바 '비참가적' 우선주를 갖기로 하였다. 정상적인 수익을 기대하는 주주라면 확정 이익을 배당받고, 수익이 좋을 경우에 대비하여 보통주와 같이 참여하여 분배받는 '참가적' 우선주를 발행받아야 정상이다.

이 비정상적 우선주 발행의 아이디어가 누구의 머리에서 나와서 제안되고 관철되었는지, 그 과정에서 어떤 지적이 나왔었는지, 특히 당시 이재명 성남 지사는 어느 정도 이 의사결정에 관여하고 사전, 사후에 알고 있었는지 진상이 밝혀져야 한다.

이 지사 스스로 2012년 이 사업이 1조 원 이상의 수익을 올릴 수 있는 사업이라 보았고, 2013년에는 "용도변경만 하면 수백 수천억의 개발이익"이 생기는 사업이라고 판단한 적이 있다. 그렇다면 법률가이자 행정가인 이재명 시장으로서는 우선주로 확보할 이익 외에 추가적인 수익 분배에도 성남도시개발공사가 참여할 수 있는 '참가적' 우선주를 발행하라고 했어야 마땅했다. 이재명 지사는 왜 이런 지시를 하지 않았는지, 몰라서 그랬는지, 알면서도 안 했는지 그 이유를 말해야 한다.

성남도시개발공사는 우선주로 포장하였지만 실제로는 보통주 7%를 가진 특정인들에게 수익을 몰아주기 위한 권리포기 선언을 하였다. 이로 인해 화천대유 등이 가진 7%의 보통주는 보통주가 아니라 특권주가 되었다. 모든 객관적인 정황은 당시 위 공사의 사장과 본부장 등이 업무상 배임의 죄책을 면할 수 없음을 보여 준다.

위 공사의 현직 임직원 역시 업무상배임에서 자유로울 수 없음은 마찬가지이다. 최초 배당을 하면서 수익성이 당초 예측과 달리 보통주에게 과도하게 돌아가는 사정을 안 이상 그 이후에라도 시행사인 ㈜성남의 뜰을 통해 기존 발행주식 100만 주에 더하여 신주를 추가로 발행하였어야 했다. 300만 주의 발행여분이 있었으므로 신주가 발행되어 성남도시개발공사가 보통주식을 배정받았다면, 화천대유 등이 액면가 5천 원짜리에 1주에 대하여 270만 원(2018년), 206만 원(2019년), 100만 원(2020년)씩을 배당받아 가는 황당한 일은 없었을 것이다. 화천대유 등의 독식을 방조하고 있는 현 성남도시개발공사의 임직원들이 부작위에 의한 업무상 배임으로 처벌되어야 할 이유이다. 한편 이것은 이 사건이 초기부터 성남도시개발공사와 소수 민간 세력 간에 공영개발을 빙자한 '먹튀'를 위해 조직적으로 기획되었을 수 있음을 추론케 하는 정황이기도 하다.

우리는 이 모든 진실은 결국 특검에 의해 밝혀지는 것이 정도라고 믿는다. 중립적이면서, 활동시한이 법정된 특검을 통해 대선 전에 이 황당한 스캔들이 과연 무능과 무지의 소산에 그치는 것인지, 아니면 치밀하게 기획된 범죄의 산물인지 규명되어야 한다.

여야 정치권은 당리당략을 떠나 진상규명을 위한 특검법 발의에 중지를 모아야 한다. 무엇보다 대권 후보로 나선 이재명 지사 스스로 해괴한 자화자찬으로 국민을 기망하고 대장동식 공영개발을 전면 확대하겠다는 등의 어깃장을 그치고 협조할 건 협조해야 한다. 수사를 자청한 만큼 페북과 언론을 통한 자기변명을 중단하고 특검도 기꺼이 받겠다는 자세를 표명해서 진정성을 보여주어야 한다. 떳떳하다면 주저할 이유가 없지 않은가. 그렇지 않으면 국민은 계속하여 물을 것이다.

"대장동의 대장은 누구인가?"

2021년 9월 23일

김명수 호위무사를 자처하는 법관들, 부끄럽지도 않은가

●●●

사상초유의 판사 탄핵을 스스로 유도하는 등 사법부 독립을 스스로 침해하고 사법부 수장의 자리를 오욕으로 점철한 김명수 대법원장을 상대로 소송을 제기하였던 사회정의를 바라는 전국교수모임(정교모) 소속 교수들은 2021. 11. 7 서울중앙지방법원 제5민사부(재판장 신한미)의 결정문을 통지받았다.

이 사건(2021가단5028825호)의 담당 판사인 서울중앙지법 민사49단독 강영훈 판사가 2021. 4. 5 원고들에게 소송비용담보제공을 요구하는 결정에 대하여 하였던 즉시항고에 대한 결정이었다.

2021. 2. 9 제기된 소송에 대하여 두 달여 가까이 되어 법원이 직권으로 소송비용담보제공을 명하고, 이에 대하여 즉시항고를 하자 6개월 반이 넘도록 이를 결정을 내리지 않고 있다가 아무런 구체적 이유도 적시하지 않은 채 관련 소송법규정만 나열하고 "제1심 법원이 위와 같은 사유가 있다고 판단"하여 "소송비용에 대한 담보를 제공하도록 명한 것은 정당"하다는 달랑 세 줄의 판단을 보내온 담당재판부의 행태는 지

금 위증증에 빠진 대한민국 사법부의 현실을 단적으로 보여준다.

원래 소송비용담보제공에 관한 민사소송법 제117조는 "원고가 대한민국에 주소·사무소와 영업소를 두지 아니한 경우에는 법원은 피고의 신청에 따라 원고에게 소송비용에 대한 담보를 제공하도록 명하여야 한다"고 되어 있었는데, 2010. 7 여기에 "소장·준비서면, 그 밖의 소송기록에 의하여 청구가 이유 없음이 명백한 때 등"을 추가하여, 이때에도 피고의 신청에 따라 담보제공을 명하되, 제2항을 신설하여 법원이 직권으로 명할 수도 있도록 해 둔 것이다.

그런데 원고들이 즉시항고 이유에서 지적하였던 것처럼 피고가 주장하지 않는 한 법원이 이를 직권으로 행사하는 것은 민사소송의 당사자주의, 쌍방주의, 변론주의의 대원칙에 위반하는 것으로서 극히 예외적인 경우가 아니면 행사하여서는 안 되는 것이다.

왜냐하면 원고의 청구가 이유 없다고 판단되면 재판을 통해 각하나 기각하면 되는 것이지, '명백히 이유없음'을 이유로 법원이 직권으로 소송비용담보제공을 요구하는 식으로 개입하게 되면 사실상 피고 측을 편드는 셈이 되고, 국민의 재판받을 기본권을 심각히 침해하는 결과가 초래되기 때문이다.

우리는 묻는다.

서울지방법원 민사49단독 강영훈 판사에게 묻는다.

귀하는 이 사건 외에 지금까지 피고가 신청한 바도 없는데, 직권으로 원고측에게 소송비용담보제공을 명한 사례가 있었는가.

우리는 묻는다.

서울지방법원 제5민사부 재판장 신한미(조정환, 오승이)에게 묻는다.

귀하가 지금까지 재판하면서 직권으로 소송비용담보제공을 명한 적이 있는가.

귀하가 지금까지 즉시항고 사건을 담당하면서 결정을 내리는데 6개월 반 이상 걸린 적이 있는가.

원고들은 재항고를 통해 김명수가 수장으로 있는 대법원의 판사들이 어떤 결정을 내릴 것인지 지켜볼 것이다. 법관의 정의감과 양식을 저버리고, 자기 수장의 호위무사를 자처하는 판사들의 비루한 행태 역시 김명수라는 비루한 대법원장의 이름과 함께 역사에 기록될 것임을 경고한다.

2021년 11월 22일

전두환 전 대통령의 장사(葬事)에 부쳐

●●●

오늘 전두환 전 대통령이 한줌의 재로 돌아갔다. 전두환, 노태우 두 전직 대통령의 사망으로 대한민국은 제5공화국과 그 계승 정권을 역사의 수장고(收藏庫)에 온전하게 갈무리할 책무를 안게 되었다.

우리는 여야 유력 대선 주자들을 포함하여 전두환 전 대통령의 사망을 둘러싸고 정치권과 주요 언론이 보였던 행태가 과연 공정하고, 대한민국의 미래를 위해 올바른 것인지 진지하게 묻지 않을 수 없다.

헌정질서를 파괴하고, 국가권력으로 시민을 살상한 죄과는 사과한다는 말로 씻을 수 없다. 백번의 사과도 잘못을 덮을 수는 없다. 역사의 법정에 정상참작은 없다. 냉철한 심판만이 있을 뿐이다. 가벼운 혀로 국민을 조롱하여 쉽게 내뱉는 사과 이벤트를 우리는 지금도 진절머리 나게 보고 있는 중이다. 차라리 역사의 가중처벌을 감수할 수도 있다는 우직한 침묵이 더 떳떳하지 않은가.

그럼에도 청와대가 노태우 전 대통령의 경우와 달리 전두환 전 대통령의 빈소에 조문은커녕 조화 하나 보내지 않은 것은 옹졸함과 편협으로는 설명 안 되는 광기의 일단이다. 권력이 스스로 제사장이 되어 선악을 제시하고, 온갖 사회적 터부와 금기의 영역을 만들고 있는 중이다. 대북전단금지법, 언론재갈법, 5·18 역사왜곡가중처벌법 등을 둘러싼 논란은 이미 이념이 깊숙이 종교화되어 시민의 양심과 생각까지 옥죄려하고 있다는 증거이다.

동족을 살상하고, 가공할 독재로 인민을 생지옥에 가둬 놓고 있는 북한 정권에 대하여는 비굴함의 극치를 보이는 집권당, 김일성 회고록의 판매는 허용하면서 전두환 전 대통령의 회고록에 대하여는 판매금지를 내린 대한민국 사법부 역시 이 광기의 시대에 일조하고 있다는 비판에서 벗어날 수 없다.

청와대, 국회, 사법부까지 모두 이 우화의 시대에 괴기스러운 가면극을 벌이고 있는 것이다. 북한 정권 지도자에게는 김일성 주석, 김정은 위원장이라는 공식 호칭을 꼬박꼬박 붙여주면서 고인에 대해 "전두환 씨"라고 쓰는 일부 언론도 이 가면극의 주연이다. 우리 국민은 가공할만한 중세적 회귀, 광포한 오웰리안 전체주의의 도래에 아연실색하고 있다. 이제는 이 고리를 끊어야 한다.

문제는 이 현상이 빙산의 일각일 뿐이라는 것이다. 객관적 역사관과는 거리가 있는 자들이 시민의 이름으로 집권세력과 야합하여 시민교육을 도맡겠다는 법안을 쏟아내고 있다. 가공할만한 중세적 회귀이다. 역사의 반동을 척결해야 한다.

진실은 진실로서 가려야 하고, 정당성은 도덕적 우위로 가려내야 한다. 강압은 오히려 거짓을 진실로, 악을 선으로 보이게 한다. 어떤 역사도 0과 100 사이에 있지, 0이거나 100인 것은 없다. 이 사이의 지점을 냉정하게 볼 때, 미래를 위한 교훈도, 통합도 가능하다.

'권력' 따위가 "역사의 진리 표준을, 개인 양심의 척도까지 독점하고 강제"해서는 안 된다. 극단과 극단을 오갈 때 미래를 위해 내디딜 틈은 없다. 제5공화국의 성취도 대한민국의 성취였고, 거기에 대통령으로서의 전두환의 역할이 있었다면 그 점도 평가받아야 마땅하다. 1980년대 중반 대한민국 경제는 연평균 11%가 넘는 성장을 했고, 1986년과 1988년 사이 주식가격은 3배가량 상승했다. 무역은 흑자를 기록했고, 중산층은 확대되었다. 여기엔 정권 초기 대통령 단임제의 장점을 살려 인기를 의식하지 않고 물가안정에 집중했던 정책이 그 토대가 되었다. 1980년 물가안정을 위해 제정한 독점규제및공정거래에관한법률은 이탈리아(1990년), 네덜란드(1997년) 등보다도 빠른 경제입법이었다.

심판의 저울에는 공과(功過)를 모두 올려놓아야 한다. 무엇보다 그 저울을 들고 있는 자들의 민낯이 순수하고 정직해야 한다.

2021년 11월 27일

근본적 개혁 없는 미봉책 선거법 개정으로 역사적인 3.9 대선을 치러서는 안 된다

●●●

전 세계적으로 전자개표시스템과 사전투표 및 우편투표제도가 선거부정행위에 취약함은 공공연한 사실이다. 대한민국에서는 지난 4.15총선에서 사전·우편투표를 중심으로 대규모 조직적 부정행위가 자행됐다는 의혹이 합리적이고 구체적으로 제기된 바 있다. '사회정의를 바라는 전국교수모임'은 6,200명 대한민국 교수들의 이름으로, 이러한 의혹마저 해소하지 않으면, 회복할 수 없는 민주공화국의 위기가 도래하므로, 국민주권 원칙의 입장에서 신속하고 정확하게 검증할 것을 촉구했다. 그런데도 민주주의 최후의 보루인 대법원조차 이 의혹을 아직도 해소하지 않고 있다.

집권세력은 2021년 3월 26일 선거법을 개정해 사전투표와 우편투표 제도를 보완한 바가 있다. 선거정보통신망의 기술적 보안 조치를 취할 것을 의무화했고, 사전투표함 보관 장소에 CCTV를 설치하여 CCTV 녹화 영상파일을 6개월간 보관하며, 우편투표함 접수시 참관인이 동행 감시하는 것을 허용하는 것이 그 개정내용이다.

이러한 개정을 근거로 선관위는 물론이고 야당 대통령후보 캠프마저 나서서, 이제는 사전투표의 공정성이 확보되었으므로 적극적으로 사전투표에 임할 것을 독려하는 일까지 벌어지고 있다. 과연 현행 사전·우편투표 제도 하에서 역사적인 3.9대선을 치러도 되는 것인가.

우리는 이러한 선거법 개정에도 불구하고 그동안 제기했던 부정선거 가능성은 여전히 존재하고 있음을 지적한다. 우리는 이미 2021년 5월 성명을 통해 사전투표제와 전자개표제의 폐기라는 조치까지 포함한 근본적 선거제도 개혁만이 문제를 해결할 수 있음을 국민들에게 설명한 바가 있다(공직선거 관리제도의 문제점과 개혁방안, 2021. 5. 20). 현행 선거법 개정내용이 아래와 같은 근본적 한계와 문제점을 지니고 있기 때문이다.

첫째, 사전투표함 보관 장소에 CCTV를 설치하는, 당연한 제도개선 하나로 사전투표의 문제점이 해결되는 것이 아니다. 지금이라도 사전투표 제도를 전면 폐지하고 이틀 동안의 당일투표 제도로 변경하는 것이 최선이다. 만일 사전투표 제도 유지가 불가피하다면, 사전투표 용지에 법에서 명시한 "바코드"가 아닌 "QR코드"를 사용하는 관행을 중단시켜야 한다. 사전투표관리관이 법에 명시된 자기도장을 사용하지 않고 선관위가 제작한 도장을 인쇄형태로 출력해서 사용하는 관행도 시정해야 한다. 사전투표인 수를 헤아리지 않고 오로지 중앙선관위의 서버가 계산해서 발표하는 관행 또한 즉시 바꿔야 한다. 사전투표가 끝나고 나면 봉인하고 서명하는데 개표 시 이러한 봉인의 이상 유무를 철저히 확인하도록 의무화해야 한다. 사전투표함 보관 장소의 CCTV 영상의 조작이나 미작동 가능성까지 담보하려면 정당 참관인이 교대로 입회하여 육안으로 지켜볼 수 있도록 허용해야 한다. 개표 시 사전투표함을 가장 늦게 개표하여, 대부분의 참관인들이 떠나거나 주의력이 흩뜨려진 상태에서 사전투표함 개표가 이루어지도록 유도하는 관행 또한 바꾸어 사전투표함을 제일 먼저 개표해야 한다.

둘째, 우편투표함 접수과정에서 참관인이 동행한다고 문제가 해결되는 게 아니다. 등기우편 발신기록에 대해 발신자, 발신 우체국, 경유 우체국, 도달 우체국 등에 대한 단계별 확인이 이루어져야 한다. 최소한 일정비율이라도 무작위로 선정하여 이러한 등기우편 수신기록의 무결성을 확인해야 한다. 아울러 독일의 경우와 같이 우편투표 배달 봉투에 투표지 봉투 이외에 투표자의 자필 서명서가 든 봉투를 하나 더 첨부하는 방식을 채택할 수 있다. 투표지 봉투만 개표하고 서명지 봉투는 따로 모아두었다가 사후 검증용으로 사용할 수 있기에 허위·가공인물의 우편투표를 효과적으로 견제할 수 있는 것이다.

셋째, 선거정보통신망에 대한 보안을 강화하는 기술적 보호조치를 취한다고 전자적 조작 가능성이 차단되는 게 아니다. 최첨단 해킹기술은 비약적 속도로 발전하고 있다. 선관위가 마련하는 기술적 보호조치를 우회하거나 압도하는 해킹은 언제라도 가능하다. 전자적 조작 가능성 배제를 위해, 전면 수개표 제도로 전환하는 것이 반드시 필요하고, 굳이 전자개표기를 사용하려면, 수검표를 완료한 후, 점검 차원에서 전자개표기를 사용해야 한다. 개표기, 분류기, 연결 노트북에 외부 연결 포트, 무선 랜, 무선 칩 등 통신기능은 마땅히 제거해야 한다. 투표지 분류기의 소스코드와 관련된 일체의 프로그램은 공개해야 마땅하고, 모든 디지털 자료 및 장비를 증거보전 대상으로 삼아야 한다.

넷째, 선진국들이 행하는 바와 같이, "사후검증제도"를 공직선거 제도의 불가결한 부분으로 마련해야 한다. 이해관계자 사인의 선거소송 제기를 통해 선거결과를 검증하는 것은 비용부담 문제, 제한적 사안별 검증의 한계, 검증 지연 가능성, 사법부의 무능 및 매수 가능성 등 근본적 한계가 있음이 이미 입증되지 않았는가. 특히 해킹의 가능성이 상존하고 있는 마당에 철저한 선거관리에도 불구하고 부정행위가 개입할 여지는 배제할 수 없다. 이러한 가능성을 차단하기 위해서라도 선거결과에 대한 사후 검증을 제도적으로 진행하는 것은 필수적 과정이다. 독립된 국가기관의 주관 하에 광역선거구 별로 일정비율의 투표지를 무작위 샘플링 방식으로 선정해 개표결과의 정확성을 사후 검증해야 한다.

이상과 같이 사전·우편투표 제도를 근본적으로 개혁하고 수개표 제도를 도입하여 제대로 된 제도 하에서 역사적인 3.9대선을 치르는 일은 당연한 시대적 요구이고 대한민국 국격에도 맞는다. 그런데도, 미봉책 선거법 개정으로 얼버무리며 3.9대선을 치르려 하는 시도는 마치 금이 갈대로 간 댐의 일부를 땜질하며 악의적으로 계속 물을 채워 넣는 짓이 아닐 수 없다. 설령 댐이 한순간에 무너지지 않더라도, 또 다른 5년 내내 부정선거 논쟁을 촉발시켜 국가와 국민을 불신과 음모론·마녀사냥의 악순환으로 내몰 것이 뻔하다.

2022년 2월 6일

'갑질 의전'이 아니라 구조적 부패이다

●●●

경기도지사 시절 총무팀 소속 5급 공무원 배소현이 7급 공무원 A 씨로 하여금 도지사 부인 김혜경 씨와 이재명 지사의 집안일을 하도록 시키고, 그 과정에서 법인카드 등을 무단히 사용하였다는 논란은 단순한 '황제의전'이나 '갑질 문제'에 그치는 것이 아니다. 자신의 업무 90퍼센트가 김혜경 씨와 이재명 당시 지사의 집안일을 돕는 것이었다는 A 씨의 증언, 경기도의 관용차가 김혜경 개인용으로 배정되어 사용되었다는 의혹 등도 그렇거니와, 배소현과 A 씨 사이의 대화로 알려져 있는 녹취록의 일부 내용은 이 사건이 개인의 일탈을 훨씬 넘어서는 문제임을 시사한다.

배소현이 A 씨와 통화하면서 했다는 말들은 가히 충격적이다.

"공무원한테도 놀아나지 말라고 몇 번을 얘기해… 이제 이 지랄 떨면 매번 부를 거라고" "왜 우리가 세팅해 놓은 걸 니가 망쳐?"

공무원이 공무원에게 놀아나면 안 된다는 말은 무슨 뜻인가. 우리가 세팅해 놓았다는 말은 이재명 후보의 변호사 시절 사무실 경리직원으로 근무했던 사람이 경기도 5급 공무원이 되어서 공적 조직을 비선으로 움직이고 있었다는 뜻이 아닌가.

속옷 서랍은 저절로 정리되고, 냉장고는 스스로 과일을 채우는 마법의 혜택은 누가 보았는가. 경기도지사의 개인 아파트에는 우렁각시라도 있었단 말인가. 법인카드로 소고기를 샀다는 사실이 밝혀질까 두려워 식당에서 쓴 것처럼 천원 단위로 금액을 맞춘 정황도 드러났다. 국민 세금으로 먹고 사는 공무원들이 국민 세금으로 아주 저질스러운 행동을 일삼았다. 카드깡은 질 나쁜 횡령행위이다. 그런데 이에 그치지 않고 뭉칫돈이 현금화된 사실도 드러나고 있다.

국제투명성기구는 부패를 '사적 이익을 위해 위임받은 권력을 남용하는 행위'로 규정한다. 우리 부패방지 및 국민권익위원회의 설치와 운영에 관한 법률 역시 부패를 '공직자가 직무와 관련하여 그 지위 또는 권한을 남용하거나 법령을 위반하여 자기 또는 제3자의 이익을 도모하는 행위'로 정의하고 있다. 이 사건은 전형적인 부패에 해당한다.

그리고 배소현이 보여 준 말과 행태는 이 부패가 구조적·지속적으로 이어져 왔음을 보여준다. 이 사건을 단순한 개인의 잘못으로 몰아가거나, 대통령 후보 부인의 문제로만 보는 것은 본질에 다가가지 못한 것이다. 김혜경 씨 논란도 크건 작건 국가가 준 공적 권한을 이용한 데 그 본질이 있다. 5급 공무원 배소현에 의해 7급 공무원 A 씨는 인간으로서의 모멸감을 느끼는 공직생활을 해야 했다. A 씨는 공익제보자로 인정되어 법의 보호를 받아야 마땅하다.

공교롭게도 대장동 초과이익환수조항 배제 강행, 백현동 옹벽 아파트 인·허가 혜택, 성남 FC 기업 협찬 대가성 논란의 핵심에 있는 공통

점은 이재명 후보가 성남시장으로서 최종 의사결정권을 행사하였다는 사실이다. 배소현의 비밀 조직 운영에 이재명 지사의 승인 내지 묵인이 있었는지는 모른다. 분명한 것은 그 과정에서 경기도지사댁이 혜택을 보았다는 것이다. A 씨가 배소현의 지시로 제사음식까지 사다 자택 차량 조수석에 갖다 놓았다는 폭로가 나오자, 이재명 후보는 제사음식은 부인이 아니라 자신이 직접 배소현에게 부탁했고 사비를 썼다고 주장하고 있다. 그러나 현금으로 썼기 때문에 증빙자료는 없다고 한다. 대신 법인카드로 당일 구입한 내역은 남아 있다. 이후보는 배소현에게 현금을 주었는데, 배소현이 법인카드로 결제하고 도지사로부터 받은 현금을 떼어먹었다는 것인가.

그러므로 이제 이 모든 사안은 이재명 후보가 직접 나서서 해명해야 한다. 만일 배소현의 말대로 '공무원한테도 놀아나지 않는' 별도의 공무원이 '세팅'되어 있었다면 이것은 도정농단(道政壟斷)이다. 시정(市政), 도정(道政)에 이어 국정(国政)까지 부패시킬 수 있는 여지를 남겨두어서는 안 된다. 유럽연합은 부패로 인한 손실을 각 회원국의 GDP 1% 정도로 보고 있다. 우리 국민의 부패인식지수를 10점 증가시킬 경우 5만 달러 달성 시기가 5년 앞당겨진다는 것이 국민권익위의 분석 결과이다. 이재명 후보는 경제를 말하기 전에 자신에게 제기되고 있는 구조적 부패의혹부터 해명해야 한다.

2022년 2월 8일

성명서

선거무결성을 해치는 투표 시간·장소 확대를 중단하라

●●●

대선을 불과 한 달 앞두고 중앙선관위는 코로나19 바이러스 확산을 들어 국민적 의구심을 유발하는 조치를 취하고 있다. 첫째, 중앙선관위는 코로나19 확진자가 2.9~13간 거소투표를 신청하여 우편투표 할 수 있다는 지침을 발표했다. 최근 오미크론 변이 확산으로 하루에도 수만 명씩 발생하는 확진자를 우편투표 대상에 포함하여 관리하겠다는 것이다. 이 조치는 가뜩이나 취약한 우편투표 관리 부담을 가중시킬 것이 확실하다. 우편투표는 2020년 총선당시부터 경로관리 부실 등에 따른 논란이 계속되고 있으며, 이는 아직도 해소되지 않고 있다. 또 거소투표 미신청 확진자와 2.14~3.3간 발생할 확진자는 사전투표기간 중 생활치료센터에 "특별투표소"를 설치해 투표토록 하겠다고 한다. 거소투표 대상을 대폭 확대하는 것은 물론 장래에 발생할 불특정 확진자를 위해 별도투표소까지 운영하겠다니 대체 무슨 발상인가.

둘째, 선관위는 확진자와 접촉해 자가 격리된 시민은 사전에 지자체의 특별 외출허가를 받아 투표마감 시간 이후 "임시기표소"에서 투표토록 하겠다고 한다. 이와 관련 최근 방역당국은 2020년 4월 사용을 중단했던 "밀접접촉자" 용어(마스크 없이 확진자와 2m 내에서 15분 이상 머문 자)를 부활시켰다. 또한 백신 미접종 상태(부스터샷 포함)의 밀접접촉자도 확진자와 동일하게 7일 격리를 적용하는 조치를 취하였다. 감염병 전문가들은 방역당국의 조치로 인해 선거직전까지 밀접접촉자 규모가 수백만 명(누적)까지 이를 것으로 전망하고 있다. 우리는 선관위가 이같은 규모로 발생할 밀접접촉자 대상 "별도시간 별도투표"를 대체 어떻게 관리하겠다는 것인지 묻고 싶다.

국민생명은 보호되어야 하며, 투표권은 보장되어야 한다. 그러나 이를 명분으로 투표시간을 편의적으로 확대하고, 투표장소를 다중화하는 것은 경계해야 한다. 투개표관리가 훨씬 어려워져 선거의 무결성을 해치기 때문이다. 우리 국민은 2020년 코로나 바이러스 공포가 확산되었을 때에도 법정 시간에 법정 투표소에서 방역수칙을 지켜가며 한 표를 행사하였다. 누구도 바이러스가 무서워 신성한 투표권을 포기하지 않았음은 당시 높은 투표율이 입증한다. 2022. 2. 7 방역당국의 발표에 의하면 오미크론 변이의 치명률은 0.11%에 불과하다. 이는 독감 치명률 0.1%와 같은 수준이며 델타변이 치명률(0.82%)의 1/8이다. 중증화율(0.27%)은 더욱 낮아 델타변이 중증화율(2.32%)의 1/10에 그쳤다. 오미크론 변이 확산을 들어 투표시간과 장소를 확대 변경하려는 것은 과잉 대응이며, 그 의도를 의심하지 않을 수 없다.

선관위는 확진자와 밀접접촉자에 대해 투표시간·투표장소를 제약하지 말아야 한다. 이들도 당연히 집 밖으로 나와 현장투표에 정상적으로 참여할 수 있도록 준비하는 것이 선관위가 해야 할 일이다. 확진자와 밀접접촉자가 PCR 검사를 위해 선별검사소에는 가는데, 투표권 행사를 위해 정상 투표소에는 못 간다는 것은 자유민주주의 국가에서 있을 수 없는 일이다. 신성한 주권행사가 PCR 검사보다 가볍다는 것인가? 선관위는 투표권을 보장한다며 취하는 조치가 당연한 투표권을 오히려 제약하는 조치가 될 수 있음을 유념해야 할 것이다. 우리 국민은 선관위가 오미크론 변이 확산에 대처한다며 투표시간과 투표장소를 확대하지 않아도 스스로를 보호하면서 투표권을 행사할 준비가 되어있다.

따라서 우리는 선관위와 여야 정치권에 선거무결성을 해칠 투표시간 연장·투표장소 확대 추진을 중단할 것을 요구한다. 여야 정치권은 최근 진행 중인 공직선거법 개정 협의에서 확진자와 밀접접촉자 대상 투표시간 연장, 특별투표소·임시기표소 가동 등 선관위가 추진 중인 사안을 추인해 법제화하는 것을 중지해야 한다. 여야 정치권이 위 사안들을 담아 공직선거법 개정에 나선다면 대선을 코앞에 둔 졸속입법 비판을 면치 못할 것이며, 무엇보다 선거 무결성에 대한 국민적 우려를 불러일으킬 것이다. 정부와 정치권은 현재의 바이러스 상황은 성숙한 국민에게 맡기고 공정선거 보장에 전념할 것을 촉구한다.

2022년 2월 9일

윤석열, 안철수 후보의 단일화를 강력히 촉구한다

●●●

대한민국이 나락으로 떨어지는 것을 막아야 한다는 국민의 소리가 야당 후보들에게는 들리지 않는가? 정권교체를 원하는 국민의 목소리는 언제나 절대다수를 차지하고 있건만 그 주역이 되어야 하는 야당 후보, 그 누구의 지지율도 정권교체 비율에 못 미치는 현실은 당장 한 달 후 대한민국이 또 다시 어두운 고통의 5년을 겪을 수도 있음을 보여준다. 윤석열·안철수 두 후보는 정녕 이것을 원하는가.

정권연장을 위해서라면 어떤 거짓말과 궤변도 뻔뻔하게 늘어놓는 후보를 맹목적으로 지지하고, 개헌과 같은 나라의 중대사도 거래의 수단으로 삼고 협잡하겠다는 세력에 다수의 국민들은 진저리를 내고 있다.

안보를 파탄내고, 기생충처럼 권력의 발대를 꽂아 국민을 수탈하고, 권력형 부패를 덮어버리는 야만적 정권의 선전·선동, 협박에 대한민국이 그대로 주저앉아도 좋은가.

윤석열·안철수 당신 두 명에게 대한민국의 운명이 달려 있다. 후보

두 사람의 선택에 따라 대한민국은 극적으로 회생하여 다시 찬란하게 웅비할 기회를 갖거나, 마지막 숨이 넘어가거나 둘 중에 하나가 될 것이다.

후보 단일화가 되지 못하면 정권교체는 장담하기 어렵다.

윤석열 후보는 지금의 다소 우세한 지지율에 취해 확실한 승기를 잡기 위한 노력을 피해서는 안 된다. 문재인 정권의 검찰 무력화, 정권 친위부대화에 맞서 자유민주주의 위기를 절감하며 홀로 맞서며 국민에게 희망을 주었던 그때를 잊지 말아야 한다. 윤 후보가 당선되어야 자유민주주의가 승리하는 것이 아니라 정권이 교체되면 자유민주주의가 승리하는 것임을 명심하라.

안철수 후보는 이 나라 국운과 정치 발전을 위한 진정성을 보여야 한다. 정권교체에 앞장서겠다고 천명한 그대의, 지난 4.17 보궐선거에서 보여주었던 그 마음으로 돌아가서 국민에게 감동을 주는 큰 정치인으로 서 주어야 한다. 새로운 정치, 희망이 있는 미래는 이 광란의 정권을 종식시킨 다음에야 가능하다는 큰 흐름을 명심하라.

그래서 두 후보는 정권교체를 열망하는 국민이 그리는 대한민국의 미래상을 같이 제시하고, 또한 정권교체를 열망하는 국민의 뜻을 온전히 반영하는 아름다운 합의에 즉시 나서 주기 바란다.

이에 우리는 두 후보가 기존입장에서 각자 한발씩 양보하여 정권교체를 바라는 국민을 상대로 한 여론조사를 통해 대선 후보를 결정하는 용단을 내리길 제안한다.

우리는 이 제안에 호응하지 않는 후보에 대하여는 지지를 철회할 것이다. 우리는 하늘이 두 후보를 낸 것은 두 후보를 통해 대한민국을 살리기 위한 기회를 준 것이라 믿는다. 단일화 실패로 대한민국이 여기에서 그대로 만신창이가 된다면, 그것은 하늘의 뜻을 배반한 두 사람에게 책임이 있음을 엄중히 경고한다.

2022년 2월 9일
사회정의를 바라는 전국교수모임
야권후보 단일화 촉구를 위한 교수 461명

사전투표 부정의혹에 대한 선관위의 책임,
국민이 물어야 한다

●●●

투표하러 간 선거인의 손에 새로운 투표용지와 함께 이미 집권당 후보에게 기표가 된 투표지가 함께 들려 있는 사진은 우리의 눈을 의심케 한다. 이런 것이 어떻게 가능한가. 선관위는 코로나 확진자 선거와 관련한 업무처리 미숙이라고 둘러대서는 안 된다. 선거인이 직접 투표함에 넣지 못하고 선거관리요원에게 기표된 투표지를 교부하도록 하여 비밀투표, 직접투표의 원칙을 정면으로 위반하는 행위, 투표함의 부실한 관리 등은 대선이 끝난 뒤에도 반드시 책임을 물어야 한다. 이를 위해서라도 사전투표를 하지 않은 유권자들은 3월 9일 투표권을 행사하여 본 투표율을 가능한 높여야 한다.

이번 사전투표 논란에서 주목해서 봐야 할 것은 사전투표의 경우 투표용지가 각각 다른 기계에서, 각각 다른 용지를 통해, 각각 다른 사람들에 의해 무한정 찍혀 나올 수 있도록 제도적으로 보장되어 있다는 것이다. 그 제도적 보장은 선관위가 하였다.

본 투표의 경우 투표용지는 사전에 인쇄되어 각 선관위에 전달된 것만을 사용하기 때문에 수량 관리가 가능하고, 투표용지의 남발도 막을 수 있다. 그러나 사전투표의 경우 투표용지 인쇄소는 3,562개이다. 사전투표소 숫자만큼이다. 투표용지 발급기라고 해봐야 프로그램이 깔린 노트북 한 대와 프린터만 있으면 되므로 사전투표용지 인쇄소의 숫자는 이론상으로는 3,562개 이상이 될 수도 있다.

동일한 투표에는 동일한 주체에 의한, 동일한 양식의 투표용지가 사용되어야 함은 선거의 기본 중의 기본이다. 현실적으로 사전투표인원을 예측할 수 없는 상황에서 현장에서 발급해야 하는 업무 특성을 인정한다 하더라도, 그렇다면 선관위는 공직선거법 제158조 제3항에 명시된 것처럼 사전투표관리관으로 하여금 "투표용지 발급기로 선거권이 있는 해당 선거의 투표용지를 인쇄하여 '사전투표관리관' 칸에 자신의 도장을 찍은 후 일련번호를 떼지 아니하고 회송용 봉투와 함께 선거인에게 교부"해야 한다.

이렇게 하면 사전투표용지가 남발되더라도 사전투표관리관의 도장이 실제로 찍힌 것만 확인하면 되므로 부작용을 최소화할 수 있다.

그러나 중앙선관위는 사전투표관리관의 도장 대신 한글 이름이 들어간 멋대로의 도장을 만들고, 심지어 이것을 찍지 않고 이미지로 투표용지에 출력하도록 하였다. 마음만 먹으면 얼마든지 투표용지를 대량으로 찍어내도 유효한 투표용지로 인정되는 길을 터놓은 것이 선관위였다. 선관위는 상위법에 명시한 대로 해야 한다는 지적에도 아랑곳하지 않고, 멋대로 하위 규칙을 고쳐서 투표관리 기능을 사실상 없애버렸다. 그 결과가 이번 대선의 사전투표의 의혹이다. 중앙선관위는 이에 대한 확실한 책임을 져야 한다. 묵인된 부실은 부실이 아니라 고의

이다.

　우리는 3월 9일 개표결과를 지켜볼 것이다. 그 과정에서 특히 사전투표에서 그간의 국민 여론과 동떨어진 결과가 나오고, 이것이 본 투표의 결과를 뒤집는 일이 벌어진다면, 선관위의 집요하게 반복된 '관리부실'은 '부정선거'의 의혹으로 넘어갈 수 있음을 경고한다. 민주주의의 온전한 실현을 위해서도, 선관위의 '관리부실' 선거 의혹을 규명하기 위해서도 이제는 모든 유권자들이 투표장으로 나서야 한다.

2022년 3월 6일

공직선거, 법에 정한 대로 관리하라!

●●●

공직선거, 제도 및 관리의 문제점

3.9 대선이 끝났다. 자유 대한민국의 회복을 주창한 야권후보가 승리했다. 이 승리는 '위대한 국민'이 유사전체주의 이익카르텔로 국민약탈을 자행하던 불의하고 무능한 정권을 심판한 것을 의미한다. 주권자 자유 국민의 정권교체의 열망으로 탄생한 윤석열 정부는 상식과 공정에 입각한 대한민국의 부활과 번영을 이끄는 시대적 사명을 다해야 할 것이다.

자유민주주의의 주권자 국민은 헌법과 법률에 의해 선거 과정의 합법성과 공정성, 투·개표의 무결성, 선거쟁송에 대한 사법과정의 엄정성을 보장받아야 한다. 이러한 최소한의 국민주권 원칙의 훼손으로 대한민국은 '국가 위기'의 상태에 처해 있다. 현재 제기된 한국 사회의 선거부정 의혹 제기는 공직선거법과 중앙선거관리위원회 관리규칙에 대한 재량적 운용의 차원을 넘어선다. 3.9 대선의 투·개표 과정에서도 4.15

총선 과정을 거치면서 제기된 '불법·부정·관리부실'은 그대로 재현된 상황이다. 전자개표제, 사전투표제가 도입된 이후 한국의 선거제도와 선거관리는 관리편의주의가 무결성의 원칙을 무참히 짓밟고 부정과 편법의 통로로 전락해, 주권행사의 본원성과 선거민주주의에 대한 신뢰가 허물어졌을 뿐 아니라 민주공화국의 일체성마저 무너져 내렸다.

개표의 신속성을 위해 도입한 전자개표제는 수 개표 제도의 정확성 원칙을 근본적으로 훼손할 여지를 낳고 있다. '투표 편이성 제고를 통한 투표율(참정권) 제고'라는 명분 하에 도입·시행된 사전투표제는 전자개표제도와 연계되어 국민적 감시의 눈을 피한 대량 조작의 통로로 활용되어 '디지털 선거부정'에 노출된 채로 운영되었다. 한국식 사전투표제가 과연 대한민국의 정치체제에 도입할 수 있는 적정한 제도인지 아닌지, 이 제도를 시행하기 위한 최소한의 필수 선행조건이 무엇인지도 고려하지 않은 채 무작정 도입하고 운영되었다.

첫째, 사전투표제를 시행하고 있는 캐나다, 호주 등의 국가는 연방제 국가이어서 주정부가 선거관리를 시행하고 있어 사전투표제를 각 주의 책임 하에 관리감독 하고 있다. 연방제가 아닌 중앙집중형 국가인 스웨덴과 일본 등도 사전투표제를 실시하고 있기는 하나, 국민의 편리한 의사표시로 수시로 내각이 바뀌는 의원내각제의 특성을 반영한 것으로 보인다. 대통령제를 채택하고 있는 중앙집중형 국가이고, 분단 상태에 있어 이념적, 정파적 경쟁이 치열한 대한민국에서 사전투표제를 실시하는 것이 적절한지 근본적으로 재고해야 한다.

중앙에서 모든 것을 통제하며 전자개표 시스템을 통해 관리하는 체제가 사전투표제도와 같은 남용되기 쉬운 제도와 결합될 때 발생하는 위험성을 직시해야 한다. 아울러 4.15 총선, 3.9 대선에서 보듯이 사전투표의 비율이 당일투표에 근접함으로써 투표단 자체가 양분되는 결과를 낳았다. 이로 인해 '표의 등가성'에 대한 정파적, 정치적 논란이 야기되었고 투표정향에 대한 통계학적 불가사의까지 나타났다. 국민참정권의 편이성를 제고하기 위해 도입된 사전투표제가 주권자 국민의 '적대적 분열'을 첨예화시켰고 선거민주주의에 대한 신뢰와 공화주의적 일체성을 파괴하고 있는 것이 현실이다.

둘째, 외국사례를 볼 때, 사전투표제를 도입한 국가는 예외 없이 '사전선거인 등록'을 필수적 절차로 운영하고 있다. 한국만이 선거인이 사전 등록 없이도 언제, 어디서나, 불쑥 나타나서 간단한 신분확인만 하면 투표할 수 있게 하고 있다. 그것도 디지털화된 통합선거인 명부의 전자적 명령에 의해 즉석에서 프린트된 용지에 투표관리관의 '사인(私印)' 확인도 없이 기표하게 된다. 이것은 특히 관외사전투표의 경우에는 무결한 선거관리가 지극히 어렵고 조직적 부정까지 가능한 체계로 실행되고 있음을 의미한다. 관외사전투표의 우편전달체제는 중앙선거관리위원회가 위탁한 '택배업체'에 의해 수행되어 투표지 전달의 연속성마저 깨질 위험성이 상존한다.

셋째, 현행, 전자개표는 투표분류기와 계수기를 겸하고 있어 개표의 편이성을 제고하는 것으로 보이나 전자개표 과정은 전자적 조작의 위험성이 내포되어 있다. 아울러 이 제도는 '평범한 유권자 국민'의 직관(直觀)적 감시와 엄격한 계수(計數)를 사실상 생략하게 하는 문제점을 안고 있다. 수(手) 개표와 전자개표의 혼용은 개표장에서 민주공화국의 다양한 주권자가 모여 선의와 신뢰의 감시가 아니라 선거관리자와 참관인, 참관인과 참관인 간의 적대적 불신의 전투적 감시를 일상화시킨다.

현행의 사전투표-우편송달-전자개표는 선거의 편리성 제공과 참정권 제고라는 명분으로 도입되었지만 실제로는 '악마적 세력'의 공작에 악용되어 대한민국을 야만의 독재국가로 전락시킬 개연성이 존재한다. 우리의 사전투표제는 "천사의 명분으로 탄생했으나, '악마의 디테일'이 작동하는 흉칙한 제도"로 전락할 수도 있는 것이다. 이러한 맥락에서 현행 사전투표제와 전자개표제는 폐지를 포함한 근본적 개혁이 최선이다. 그러나 일반 국민들이 이 제도의 시행으로 투표 편이성을 경험한 상태이고, 아울러 정치, 언론, 사법, 학술 등 제도권의 맹신적 방어와 공론화의 의도적 회피가 현실이다. 근본적 개혁이든 부분적 보완이든 쉽지 않을 것이다.

3.9 대선에서 야당 후보가 신승한 것은 사전-우편-전자선거로 얽힌 악마의 디테일이 연쇄-연결되는 지점에 대한 자발적으로 결집한 다양하고 광범위한 공명선거감시단의 체계적인 감시가 이루어진 결과이다. 이 감시는 통상적인 의미의 참관·감시를 넘어선 주권을 지키고 선거 무결성을 이룩하기 위한 시민적 투쟁이었다. 3.9 대선에 이어 대한민국은 6.1 지방선거 및 교육감 선거를 맞이한다. 그러나 이 선거 역시 악마적 음모와 공작에 취약한 공직선거법이 존재하고, 선거부정과 치명적 관리부실을 저지르고도 책임지지 않고 대법원의 선거쟁송 지연에 비호까지 받고 있는 중앙선거관리위원회가 주관하게 되어 있다. 여전히 일련의 투·개표 과정은 또다시 공명선거 참관과 감시를 위한 위대한 시민의 운집과 감시투쟁이 불가피할 것이다. 이 과정에서 시민과 선관위의 긴장과 충돌까지 예상된다.

공직선거, 법에 정한 대로 관리하라!

〈사회정의를 바라는 전국교수모임(정교모)〉은 4.15 총선, 3.9 대선에서 중앙선거관리위원회가 공직선거법의 규정을 편의적으로 해석하고 적용함으로써 '선거의 무결성'을 스스로 훼손했고 한국 선거사에서 유례없는 불법·부정의 의혹과 관리부실 참사를 자초했다고 판단한다. 정교모는 현대 민주주의 문명국가에서 결코 일어날 수 없는 광범위한 선거쟁송이 야기되었고 이에 대한 판결이 무한정 지연된 상황은 헌법기관인 중앙선거관리위원회와 대법원에 책임이 있음을 확인한다.

정교모는, 4.15 총선, 3.9 대선을 거치면서 제기된 '부정선거 의혹'은 중앙선거관리위원회가 공직선거법의 규정을 문언(文言) 그대로 적용하지 않고 행정 편의주의에 의해 관리한 결과임을 확신한다. 다가올 6.1 선거는 최소한 아래에 적시할 사항과 같이 공직선거법에 정한대로 엄정하게 관리되어야 함을 주장한다.

첫째, 사전투표용지에 인쇄하는 일련번호는 공직선거법 제151조 ⑥에 명기한 바와 같이 '바코드(막대모양 기호)'를 사용해야 한다. 그러나 중앙선거관리위원회는 법에 명기된 바코드가 아니라 QR코드를 사용해 왔다. 이에 대하여 정당과 시민단체가 지속적으로 의의제기를 했음에도 불구하고 중앙선거관리위원회는 QR코드를 '2차원 바코드'라고 강변하며 계속 사용해왔다. 바코드는 누구나 알아볼 수 있는 숫자로 병기된다. 그러나 QR코드는 리더기로는 일반인이 직관적으로 식별할 수 없는 비밀스런 레이어(layer)를 입히는 기법(스테가노그라피, steganography)을 사용할 수 있다.

국민의 주권 행사를 관리하는 중앙선거관리위원회가 디지털 수단의 편이성을 갖는 동시에 상상 이상의 위험성을 동시에 가지는 QR코드를 자의적으로 정의하고 사용하는 것은 어떤 측면에서도 정당화될 수 없다. 특히 QR코드에는 유권자 식별번호가 내장되어 있어 헌법상 비밀투표의 원칙이 훼손되는 위험성을 내포한다. 따라서 6.1 선거에서는 반드시 QR코드가 아니라 바코드가 사용되어야 한다.

둘째, 사전투표관리관은 공직선거법 제158조(사전투표) ③에 규정된 바와 같이 "투표용지 발급기로 선거권이 있는 해당 선거의 투표용지를 인쇄하여 '사전투표관리관' 칸에 자신의 도장을 찍은 후 일련번호를 떼지 아니하고 회송용 봉투와 함께 선거인에게 교부"하여야 한다. 이와 같은 공직선거법 명문 규정에도 불구하고 지금까지 중앙선거관리위원회는 컴퓨터에 전자 도장을 입력하여 출력한 사전투표용지를 선거인에게 교부해왔다.

이 규정은 사전투표용지의 진위성에 대한 투표관리관의 공적인 확인을 의무화한 조항이다. 당일 투표의 경우 모든 선거인들은 투표관리관의 '개인 도장(私印)'이 찍힌 투표지를 교부받아 기표한 후 기표된 투표지를 직접 투표함에 넣음으로써 투표가 완료된다. 당일투표이든 사전투표이든 투표관리관의 '개인 도장'이 날인된 '진짜투표지'를 통해 국민의 주권이 신성하고 유효하게 행사되어야 한다. 투표관리관의 도장이 사전에 입력되어 출력되는 것은 가짜투표지를 대량으로 출력하여 투표함에 투입시킬 수 있는 위험성을 안고 있다.

6.1 선거는 법이 정한대로 투표관리관이 "사전투표용지를 출력한 후 투표관리관의 '자기 도장'을 날인하여 선거인에게 투표용지를 교부"

하여야 한다. '자기 도장 날인'을 프린터 출력으로 대신하는 것은 사실상 불법이며 대규모 부정선거로 이어질 수 있다.

셋째, 공직선거법 제168조(투표함 등의 봉쇄·봉인)의 ①에 "투표관리관은 투표소를 닫는 시각이 된 때에는 투표소의 입구를 닫아야 하며, 투표소 안에 있는 선거인의 투표가 끝나면 투표참관인의 참관 하에 투표함의 투입구와 그 자물쇠를 봉쇄·봉인하여야 한다"고 규정하고 있다. 봉인지는 원래 어의(語義)대로 개봉 시 찢어지는 종이로 제작해야 한다. 현재 중앙선거관리위원회가 사용 중인 '특수봉인지'는 탈부착에 아무런 흔적이 남지 않는 비닐테이프형이다.

봉인지는 명실상부하게 '잔류파쇄형' 종이를 사용하여야 하며, 봉인지에 일련번호를 명기하고, 봉인/파인의 주체, 일시, 사유를 적은 관리대장을 운용하여야 할 것이다. 주권자 국민의 신성한 투표지를 담은 투표함이 누구나, 아무 때나, 합당한 사유와 흔적도 남기지 않고 봉인/파인 되는 것은 단순한 관리부실을 넘어 심각한 선거부정을 초래할 수 있다.

정교모는 다가올 6.1 선거가 중앙선거관리위원회의 엄정한 선거관리에 의해 치러져 주권자 국민의 본원적 권리가 온전하게 보장되기를 희망한다. 중앙선거관리위원회는 국민의 주권적 권리가 완벽하게 실현되도록 법을 준수하며 헌법기관으로서의 엄중한 책무를 다해야 할 것이다. 6.1 선거의 관리는 공직선거법에 정한대로 실시해야 한다!

2022년 3월 25일

'검수완박'은 사법정의살해사건이다

  국가가 존재해야 할 최소한의 기능, 본질적인 사명 두 가지는 국민 개개인을 범죄로부터 보호하는 것과 외적의 침입으로부터 막아주는 것이다. 지난 5년간 대한민국의 안보를 허물었던 이 정권과 민주당이 퇴장 한 달여를 앞둔 문재인 대통령의 손을 빌어 국가의 범죄적발과 처벌의 기능을 무력화시키는 입법을 강행하려 하고 있다. 국가범죄수사 역량을 축소하는 것은 국가 존립의 목적을 스스로 부정하는 행위이다.

  대다수 국민은 범죄를 저지른 피의자로서의 인권 대접을 못 받을까봐 걱정하는 것이 아니라, 범죄 피해를 당하고서도 그 억울함이 풀어지지 않고, 범죄자들이 기승을 부리는 세상이 되는 것을 염려한다. 그런 점에서 진정한 검찰개혁이라면 국가의 범죄예방과 적발, 처벌 능력을 향상시키는데 주안점을 두는 것이 마땅하다. 검찰의 중립적이지 않고 불공정한 수사로 억울하게 기소된다 해도 법원의 판단이 남아 있다. 그게 삼권분립이 있는 이유이다. 그럼에도 처음부터 검찰 수사를 받지 않겠다고 뻗대다가 법까지 뜯어고치는 민주당은 국가의 공당으로서 자격이 없다.

국가의 사정기관들 중에서 수사 전문성과 역량이 가장 뛰어난 검찰로부터 그나마 남아 있는 6대 중요범죄에 대한 수사권마저 완전히 박탈하겠다는 것은 어떤 궤변을 늘어놓더라도 검찰개악이지, 검찰개혁이 아니다. 민주당과 문재인 정권은 외치에 이어 내치에서도 반역자의 길을 가고 있는 것이다.

자기 이익을 위해서라면 일말의 양심의 가책도 없이 어떤 행위도 서슴없이 저지른다는 점에서 이른바 '검수완박'의 입법폭주 시도는 점점 그 실체가 드러나는 가평계곡 살인사건의 용의자들의 행태와 너무나 닮았다. 국민들은 검찰로부터 수사권을 박탈하고자 하는 저의가 혹시라도 모를 곧 물러날 대통령과 관련된 수사, 그리고 집권여당 대통령 후보로 나섰던 이재명 전 경기지사에 대한 수사를 막기 위한 필사적인 발버둥임을 잘 알고 있다.

어떤 범죄건 간에 자신들의 권력형 범죄는 절대 건드리지 말라는 성역을 만들고자 하는 저들이 맹목적인 정치 진영논리를 악용하여 대중을 볼모로 잡고 선동하는 것 역시 수배범 이은해가 피해자에게 가스라이팅을 했던 행동과 너무나 유사하다. 보험금 편취를 목적으로 사람을 심리적으로 조종하다 결국 죽음으로 몰고 갔던 자들처럼, 범죄로 인한 수사 개시에 대비한 안전 보험을 들어놓겠다며 입법폭주를 불사하는 저들의 행태와 조금도 다를 바 없다.

오히려 검찰 수사를 받고 현재 피고인으로서 재판을 받고 있는 황운하, 최강욱 의원 등이 검수완박에 앞장 서 있는 현실은 저들의 반사회성이 가평계곡살인범 일당의 그것보다 강하고 뻔뻔함을 말해준다.

가평과 여의도, 발생 장소만 다를 뿐 성정과 행태가 쌍둥이처럼 닮은 이 사법정의살해 사건의 주범들 속에는 현직 국회의장과 대통령까지 들어 있다. 여당에서 제명당한 양향자 의원을 무소속이라는 이유로 야당 몫으로 사·보임하도록 하여 국회안건조정위원회를 무력화할 수 있는 밑자락을 깔아 준 박병석 국회의장의 모습에서 우리는 지난 국회에서 공수처·연동형비례제의 불법, 변칙 과정에서 사·보임을 주도했던 문희상 씨의 추한 모습을 본다. 대한민국 국회법이 다시 한번 조롱당하고 있다.

　행정부 수반인 문재인 대통령은 퇴임 직전에 이 법안이 국회에서 통과되어 올라오면 바로 공포하겠노라 사인을 보내고 있다. 자신이 첫 번째 수혜자가 될지도 모를 셀프방탄법에 거부권을 행사할 리 없으리라는 것은 지난 5년간 그가 보여준 행적으로 충분히 알 수 있기 때문에 큰 기대를 하지 않는다. 그럼에도 불구하고, 우리는 문재인 대통령이 져야 할 또 다른 법적·정치적 책임에 대한 변명을 차단하기 위하여 거부권 행사를 미리 촉구해 둔다.

　지금의 '검수완박'은 단순히 어느 법제를 바꾸는 문제로 끝나지 않는다. 범죄를 위한 대로를 닦아 놓기 위한 '검수완박'은 대한민국에 두고 두고 큰 재앙을 남길 것이다. 한 국가가 부강하고, 국민이 평안하게 살려면 제도가 좋아야 하지만, 제도보다 중요한 것은 그 국민의 습속이 건전해야 한다. '검수완박'은 돈과 권력이 있는 자들이 필요하면 마음 놓고 범죄를 저질러도 된다는 신호를 사회에 주게 되고, 이것은 곧 대한민국의 습속이 속속들이 타락하게 된다는 걸 뜻한다.

　특정인들과 특정 집단의 권력형 범죄와 부패를 법치주의가 미치지 못하는 곳에 남겨둘 의도로 추진되는 '검수완박'은 국민에게 복종을 요구할 정당성이 없다. 만일 범죄 피해자들이 국가의 범죄수사와 처벌 능력에 회의를 품고 분노하여 자력구제에 나섬으로 사회적 혼란과 문제가 야기되는 일이라도 생기면, 그 책임은 전적으로 지금 이 사태를 주도한 윤호중 비상대책위원장을 비롯한 민주당 의원들, 야당을 가장한 양향자 의원, 박병석 국회의장, 문재인 대통령에게 있음을 엄중히 경고한다.

우리는 또한 검찰이 말로만 아닌 행동으로 존재감을 보이길 촉구한다. 없는 사실을 만들고, 없던 죄명을 만들면 정치보복이지만, 유예되었던 정의를 되살리는 것은 정치보복이 아니다. 김오수 검찰총장을 비롯한 친정권 간부급 검사들이 대한민국 공복으로서의 최소한의 윤리와 검사로서의 기개를 갖고 있다면 당장 권력형 범죄와 부패 수사에 나서도록 일선 검사들을 독려해야 한다. 정권의 충견이라는 오명에서 벗어날 기회를 놓치지 않기 바란다.

이 사태를 주도한 자들과 부화뇌동하는 자들은 왕조시대 같으면 척살되어야 할 난신적자(亂臣賊子)들이다. 사법정의살해사건의 실행과 성공 여부를 떠나 이들의 입법 만행에 대한 단죄는 반드시 이뤄져야 한다.

2022년 4월 13일

정호영 보건복지부 장관 후보자는 자진사퇴하라

●●●

　우리 국민은 적어도 문재인 정권보다 높은 수준의 자기절제와 투명성을 갖추고, 국민이 믿고 따를 수 있는 사람들로 정부를 구성해 달라는 염원으로 3.9 대선에서 윤석열 후보를 선택함으로써 문재인 정권의 '내로남불'을 심판하였다. 따라서 전임 정권보다 한 차원 높은 도덕성을 갖고, 품격있는 나라를 만드는 것은 새 정권뿐만 아니라 상식적인 국민의 공동과제이다.

　정호영 후보자의 소명이 사실이라 하더라도 그 불법성 여부와 별개로 그러한 사실이 현실에서 일어날 수 있다는 점에 관하여 많은 국민이 쉽게 납득하지 못하고, 이것이 새로 출범하는 윤석열 정권에 대한 중도층의 지지는 물론 비판적 지지층의 지지 철회를 가져올 수 있고 문재인 정권의 위선적 자기변호에 힘을 보태주는 결과가 되면 정권교체를 이룬 국민의 뜻에 정면으로 반하는 것이다.

　이에 우리 교수들은 개인의 억울함이 있다 하더라도 대의를 보고 한발 물러서서 신정권의 순조로운 출발에 같이 힘을 보탤 것을 정호영 후보자에게 부탁하며, 용기 있고 명예로운 자진사퇴를 요청한다.

2022년 4월 16일

성명서

이런 정당, 이런 국회가 과연 필요한가

●●●

지난 2021. 5 청주시 오창읍에서 여중생 두 명이 자살하였다. 의붓 아버지로부터 성폭행을 당한 딸과 그의 친구가 경찰에 고소하고 경찰이 사건을 수사하는 과정에서 일어난 비극이었다. 검찰이 '수사미비와 자료보완'을 이유로 영장을 반려하는 등으로 양 기관 사이에서 핑퐁이 되는 사이 가해자와 피해자들은 분리되지 못했고, 피해자들은 극단적 선택을 했다. 2020년부터 시행된 검경수사권조정이 불러온 숱한 사례들 중의 일부이다.

2021년 상반기 전국 검찰청에서 보완수사 요구를 했지만, 한 달 이내에 이뤄진 것은 26%에 불과하고 3개월 이상 소요된 것이 43.5%, 심지어 아예 6개월이 지나도록 미이행된 사건이 13%인 9,429건이라고 한다. 고소·고발을 해도 수사기관에서 진술 기회는 감감무소식이고, 경찰의 수사부서가 근무 기피 일 순위가 된 채 사건 돌리기, 고소장 쪼개기, 인사발령시까지 미적대기 등의 요령과 편법이 만연하는 사이 이미 대한민국은 범죄자의 낙원이 되고 있다.

헌법상 보장되어 있는 준사법기관인 검사에 의한 수사의 통제와 효율성 장치를 충분한 대안없이 무력화시킨 피해를 국민이 고스란히 떠안고 있는 것이다. 이제 대한민국에서는 아예 대놓고 법의 이름으로 오창 여중생 사건과 같이 범죄피해자들을 양산하려고 한다. 이점에서 오창 여중생들의 비극은 '시스템에 의한 국가 살인'의 서곡이다. 그 자신이 범죄혐의를 받고 재판 중인 국회의원 황운하는 검수완박을 주도하면서 중대 6개 범죄에 대한 수사는 증발해도 괜찮다고 국민을 우롱하였다. 이런 자들이 주도한 독버섯이 법률로 자라나게 할 수는 없다.

그런데 이런 반역적 행태에 국민의 힘이 가세하였다. 검수완박을 위해 희대의 국회법 농단을 일삼은 민주당의 작태에 의원직을 걸고 투쟁해야 할 야당이 박병석의 중재안이라는 것을 민주당보다 더 한발 앞서 무조건 수용하였다. 편법 사·보임으로 국회의 입법 숙려기간을 보장하는 안건조정위원회를 무력화시키려 획책하였다가 무소속 양향자 의원이 여기에 조력하지 않기로 하자 자당 의원을 위장탈당시켜 바로 야당 신분 행세를 하도록 했던 민주당을 매섭게 꾸짖어야 할 국민의 힘이 여의도 권력 성역화에서 한통속이 되고 말았다.

국민의힘에게 야합의 명분을 준 박병석 국회의장이 누구인가? 그가 만든 중재법안이란 과연 무엇인가? 박병석은 20대 국회에서 국회부의장으로 야당의 필리버스터 강행 저지를 위한 표결에 민주당 의원으로 표를 던졌던 인물이다. 검수완박 사태에서는 안건조정위원회 무력화의 밑자락을 깔아줘서 여당의 공갈·협박의 환경을 조성한 자이다. 그가 만든 중재안이란 여당의 검수완박을 그대로 베껴다 시한만 몇 개월, 1년여 뒤로 미룬 더한 악법안이다. 박병석 국회의장은 의회민주주의자이기는커녕 야비한 정치꾼의 전형이다.

　이런 중재안을 무조건 받아들게 한 국민의 힘 권성동 원내대표는 누구인가? 그 스스로 검찰 수사를 받았기에 검찰의 직접 수사가 없어져야 한다는 개인적 감정을 갖고 있던 자이다. 공과 사를 구분 못 하는 정치인이 머지않아 여당 원내 사령탑이 된다. 선거사범, 공직자에 대한 범죄를 검찰로부터 박탈하여 경찰에 넘겨주도록 함으로써 여야 가릴 것 없이 검수완박을 정치꾼들의 방패막이로 공유하겠다는 속셈을 노골적으로 드러냈다. 남겨두었다는 검찰의 보완수사는 경찰이 응해도 그만, 무시해도 그만인 허울뿐임을 국민에게 밝히지 않고 있다. 의원총회를 통해 일년 전 시행되었던 검경수사권 조정보다 더 큰 피해를 국민에게 안길 박병석의 기망적 중재안에 대하여 조건 하나 걸지 못했던 국민의 힘에는 '국민'도, '힘'도 없는 것은 물론 가슴도 머리도 없다. 민주당 일당독재에 가세한 국민의 힘은 맛을 잃은 소금, 같은 기득권을 누리고자 하는 패거리 이익집단임을 고백한 셈이다. 이제 여의도는 여야 공히 낡은 정치체제 속에서 자기들끼리 나눠먹는데 하나가 된 회생 불가능한 집단들이 국민의 의사를 참칭하여 모인 소굴이 되었다. 헌법기관임을 스스로 포기한 자들에게 입법부와 국회, 의회라는 이름을 붙여줄 수 없다. 나라 걱정하는 국민은 더 이상 여의도의 인질이 아니다.

　우리는 문재인 대통령에게 요구한다. 검수완박 법안이 통과되어 법률안이 넘어오면 거부권을 행사해야 한다. 그 일차적 수혜자가 본인이 되겠지만, 퇴임하는 마지막 순간, 단 한번만이라도 대한민국의 대통령으로서 전체 국민의 이익을 생각하여 결단해 주기 바란다. 국회의장 중재안에 대한 여야 합의의 산물이라는 정치적 속임수는 더 이상 명분이 될 수 없다. 국민에게 똥을 먹이려다, 가래침으로 바꿨다고 해서 국민이 먹을 수는 없다.

우리는 윤석열 당선인이 취임 전이지만 검수완박 법안에 대하여 반대하는 입장을 분명하게 밝히고, 만일 검수완박 법률을 공포되면 취임 즉시 이 법안을 폐기하는 안을 헌법 제72조에 따라 국민투표에 부칠 것을 요구한다. 헌법 제72조는 "대통령은 필요하다고 인정할 때에는 외교·국방·통일 기타 국가안위에 관한 중요정책을 국민투표에 붙일 수 있다"고 하고 있다. 일반 국민은 범죄피해에 속수무책으로 방치하고, 정치인은 범죄수사로부터 성역으로 남겨두는 법률은 그 자체로 국가안위에 관련되어 있다.

문재인 정권 초기의 탈원전이 국가안보와 직결된 에너지 정책을 파탄냈다면, 정권 말기의 검수완박은 국민의 평온한 삶을 절단 내고, 국가 본연의 일차적 기능에 대한 자해행위에 다름 아니다. 윤석열 차기 대통령은 당연히 문재인 정권 하에서 통과된 검수완박 법안은 국민투표에 부치고, 이후 법률안에 대하여는 거부권을 행사해야 한다.

대한민국 내치의 기본질서를 파괴하는 행위가 여야 담합으로 법률이 되고, 그 법률이 시행되도록 해서는 안 된다. 정당 같지 않은 정당들이 모인 입법부는 더 이상 입법부, 국회가 아니다. 만약 차기 대통령조차 헌법수호와 국민 기본권 보호 책무를 저버리고 낡은 여의도 체제에 굴종한다면 남은 것은 국민 저항이고, 그 저항은 백 번, 천 번 옳다.

2022년 4월 24일

중앙선관위의 위험천만한 자가당착을 경고한다

●●●

선거관리위원회(선관위)가 검수완박 법안에 대한 국민투표가 불가능하다는 입장을 내놨다. 선관위는 이 입장이 중앙선관위 위원 전원회의를 거쳐 정리된 입장인지, 아니면 선관위 내부의 특정인의 사견인지 밝혀야 한다. 선관위 전원회의를 통해서 어떻게 입장이 정리될지는 모르겠으나, 헌법불합치로 인한 국민투표 불가 주장은 아래에서 보듯이 타당하지도 않고, 선관위가 나설 일도 아니다.

첫째, 선관위는 사무집행 기구이지, 헌법 해석 기관이 아니다.

선관위는 헌법 제114조에 따라 "선거와 국민투표의 공정한 관리"를 하는 기관에 불과하다. 실제로 2019년 7월 2일 중앙선거관리위원회는 공직선거법상의 강행규정을 위반한 국회의 지역구확정의 유·무효와 관련 법률의 효력에 관하여, "국회의원지역구는 선거일 전 1년까지 확정하여야 한다"는 규정은 "헌법재판소가 판단할 사안이지, 선관위가 판단할 사안이 아니다"라고 스스로 밝힌 바 있다. 국민투표법 제92조는 국민투표의 효력에 관하여 이의가 있으면 대법원에 제소할 수 있도록 하고 있고, 대법원은 이에 따라 전부 무효 또는 일부 무효를 판단하게 된다. 선관위가 미리 나서서 국민투표가 불가능하다고 하는 것은 절차적, 실체적 흠결을 최종적으로 따지는 사법부의 권한을 가로채는 월권 행위이다. 이는 결코 용납될 수 없다.

둘째, 선관위에게는 국민투표를 관리할 책임이 있을 뿐 거부할 권한은 없다.

헌법 제115조는 선관위에 "선거인명부의 작성 등 선거사무와 국민투표사무에 관하여 관계 행정기관에 필요한 지시를 할 수 있다"고 규정하고 있다. 이는 헌법상 선관위의 역할과 책무에 관한 규정이다. 헌법에서 부여받고 있는 책무를 하위 법률인 국민투표법의 한 조항이 헌법불합치 결정을 받았다는 이유로 "국민투표가 불가능하다"고 단언하는 것은 '무분별(無分別)의 오만함'을 드러낸 것이다. 헌법 72조에 규정된 국민투표 조항이 하위법의 부분적 흠결로 실행이 차단되는 것은 '헌법마비'를 의미한다. 이는 선거관리위원회가 헌법기관임을 스스로 포기하는 행위이다. 헌법기관이 헌법의 실행을 사보타지하는 것은 입헌민주국가의 수치이자 중대한 헌법 범죄다. 국민투표법 재외국민 투표권 조항의 헌법불합치 결정 상태가 장기간 방치된 것은 국회의 직무유기이지만 선거관리위원회도 그 방조책임을 피할 수 없다.

셋째, 선관위가 헌법상의 대통령의 권한을 넘어설 수는 없다.

선관위의 국민투표 사무 거부 행위는 헌법상 명문화되어 있는 대통령의 국민투표부의권을 하위법률의 적용 여부를 다른 기관이 임의로 해석하여 침해하는 것으로 헌법에 정면으로 위반된다. 시행 수단인 법률이 마련되어 있는 상태에서 헌법불합치 결정을 받아 그 효력에 문제가 있다하더라도 선관위가 나서서 대통령이 부의한 국민투표를 가로 막아 서는 안 된다. 헌재의 부분적 헌법불합치 결정이 선관위에 대통령의 고 유권한을 제한하고 나설 근거를 주는 것은 아니다. 대한민국 주권자 국 민은 대통령이 '헌법수호의 최고책임자'라고 하는 것을 상식으로 알고 있고, 따라서 대통령의 책무를 엄중하게 신뢰한다. 주권자 국민은 헌법 제66조 ②"대통령은 국가의 독립·영토의 보전·국가의 계속성과 헌법을 수호할 책무를 진다" 조항, 제69조 "나는 헌법을 준수하고 국가를 보위 하며 조국의 평화적 통일과 국민의 자유와 복리의 증진 및 민족문화의 창달에 노력하여 대통령으로서의 직책을 성실히 수행할 것을 국민 앞에 엄숙히 선서합니다"라는 취임선서 조항에서 대통령이 헌법의 최고수호 자임을 인식하고 대통령에게 헌법수호의 엄중한 직무수행을 요구한다.

넷째, 중앙선관위의 망언은 헌법불합치 결정을 내린 헌재의 정신과 도 배치된다.

헌재의 결정은 재외선거인의 투표권을 보장하기 위한 것이다. 재외선 거인은 국내에 주민등록도 없고, 거소도 없는 외국거주자이다. 이들에게 도 투표권을 보장하여야 한다는 것이 헌법이라면, 하물며 대한민국 내에 서 세금을 내고, 그 국내법에 의하여 직접 영향을 받는 5천만의 투표권 은 더 보장되어야 하지 않겠는가. 재외선거인의 투표권이 보장되지 않으 니, 대한민국 국민의 투표권도 없다는 해괴한 결론은 누굴 위한 것인가. 이는 주권자인 국민에 대한 모독이자 기본권에 대한 중대한 침해이다. 선거관리위원회가 헌법 위에, 그리고 국민 위에 존재하는 기관인가.

다섯째, 8년 전의 헌재 결정이 지금에도 타당하다는 보장이 없다.

재외선거인에게 과연 국민투표권을 주어야 하는지에 관하여는 이미

세 명의 헌법재판관이 반대의견을 통해 밝힌 바 있다. 그 핵심은 외국에서 기반을 잡고 살고 있는 사람들과 대한민국 영토 안에서 사는 국민의 이해관계는 같을 수 없고, 정책에 대한 진지성·밀접성에도 차이가 있어 투표권을 주지 않더라도 위헌이 아니라는 것이다. 특별히 검수완박 같이 국내 형사사법절차에 관련된 것을 재외선거인이 참여해야 하는지 근본적인 질문을 던지지 않을 수 없다. 간통죄 처벌이 합헌이었다가 종국에 위헌이 되었듯이 보듯이 헌재의 결정은 늘 변화한다. 2014년 내렸던 헌재 결정을 근거로 선관위가 국민투표 사무를 거부하는 것은 옳지 않다.

여섯째, 선관위가 들고 있는 헌재 결정은 그 자체로 모순임을 잊어서는 안 된다.

헌재는 위 결정에서 국회의원 재·보궐 선거에서 재외선거인에게 투표권을 주지 않는 것은 합헌이라고 하였다. 이유는 재·보궐 선거는 언제 있을지 몰라 선거인명부 작성 등 사무가 물리적으로 불가능하다는 것이다. 이 점은 국민투표의 경우도 마찬가지다. 국민투표도 재·보궐 선거처럼 그 실시 여부가 예측 불가능하다. 여기에 국민투표법 제49조는 대통령이 투표일 전 18일까지만 공고하면 되도록 되어 있다. 선거 사무의 특성을 감안하면 재외선거인 명부를 18일 이내에 확정하고 선거를 하도록 하는 것은 물리적으로 불가능하다. 지금 공직선거법만 하더라도 재외선거인의 선거인명부는 선거일 30일 전에 확정하도록 되어 있다. 그런데 위 헌재 결정에서 제49조에 대하여는 위헌 결정을 내린 바 없다. 그렇다면 위 헌재 결정은 실현 불가능한 입법 개정을 요구한 것으로서 사실상 무효이다. 선관위가 이를 따르겠다는 것은 "국민투표법이 기약 없이 마비되어 헌법 규범이 실행불능이 되어도 좋다"는

'황당한 발상이자, 무책임의 극치'를 의미한다.

일곱째, 선관위의 무책임한 언동은 국가기관 행위의 본질인 합헌추정적 의사에 반한다.

선관위건, 국회건 간에 헌법불합치 이후에도 이를 보완하지 않은 것은 다른 유사한 법령이나 관행 등으로 합헌적 국가사무가 가능할 것이라고 암묵적으로나마 믿고 있었을 것이라는 합헌추정적 의사가 있었음을 전제로 한다. 만일 그렇지 않고, 국민투표의 합헌적 작동이 불가능하다는 점을 알면서도 이를 방치해왔고, 지금에 와서 새삼 헌법불합치를 근거로 국민투표가 불가능하다고 주장하는 것은 헌정을 중단하는 반역행위를 했다는 자백에 다름 아니다. 헌법 개정을 위한 절차가 언제라도 작동될 수 있을 때 그 헌정질서는 정상이라 할 수 있다. 선관위 주장대로라면 국회는 해산되어야 하고, 선관위는 없어져야 한다. 그리고 국민은 그 무엇에도 구애받지 않고 정치적 운명을 결정할 수 있어야 한다. 선관위는 정녕 이런 상태를 원하는가.

소쿠리 선거를 관리부실로 어물쩍 넘어가려는 중앙선관위의 무능과 오만이 도를 넘어 자기존립을 스스로 해하는 자가당착에 빠지고 있다. 선관위는 국민투표 시행 과정에서 조용히 본분에 맞게 심판과 관리자의 역할을 충실히 하길 바란다. 문제가 있다면 그건 관련 법령에 따라 사법기관이 할 일이지, 선관위가 미리 나서서 설칠 일이 아니다. 선관위를 바라보는 국민의 의구심과 분노를 가볍게 여기지 말라.

2022년 4월 29일

민주당의 국무회의 연기요청, 있을 수 없는 국기문란범죄이다

●●●

민주당이 검수완박 관련 법률들을 속속 강행 통과시키고 있다. 검찰청법에 이어 형사소송법까지 입법폭주로 통과시킨 뒤 문재인 대통령에게 보내 공포를 요구할 계획으로 있다. 민주당은 국무회의 의결 시간 조율을 위해 청와대에 5. 3 오전으로 잡혀있는 정기 국무회의 일정을 연기해 달라고 했다고 공식적으로 언급했다.

이는 명백한 위헌이다. 국무회의는 헌법상의 별도기구로 국무회의에 자문을 할 수 있는 기구는 국가원로자문회의, 국가안전보장회의, 민주평화통일자문회의, 국민경제자문회의 네 가지로 못박고 있다. 이 기구들도 국무회의에서 요청할 경우 거기에 응해 자문만 할 뿐 먼저 나서서 적극 간여할 수 없다.

국무회의에서 대통령은 의장일 뿐 법안 심사에서는 문자 그대로 각국무위원들이 회의체로서 심의하여 결정하여야 한다. 민주당이 검수완박 관련 법률들의 국무회의 심의·통과를 기정사실화하고 여기에 맞춰일정까지 연기하였다는 것은 삼권분립을 정면으로 해하는 것이다. 국무회의는 당정협의회의 대상이 아니다. 정당은 헌법상 인정되는 정치 결사체의 하나로 일정한 요건에 따라 국가의 보조를 받는다는 점에서만 여느 정치결사단체와 다를 뿐이다. 그 정당에 속한 의원들이 국회의원으로서 개별적인 헌법기관을 구성하여 입법부가 되는 것이다.

지금 민주당과 문재인 대통령이 보여 주는 행태는 문재인 정권 5년이 어떻게 사당화, 권력 사유 하에 움직여 왔는가를 단적으로 보여준다. 이번 국무회의 일정 연기요청 건으로 민주당은 헌법을 짓밟고, 삼권 위에 서 있는 정치집단임을 만천하에 자백하였다.

국무회의 통모행위는 민형배 의원의 위장탈당과는 비교가 안 되는 위헌적 범죄행위이다. 회사에서도 어느 주주가 자기가 올리는 안건 통과를 위해 미리 잡아 놓은 정기주총 날짜를 연기해달라고 경영진에 요구할 수는 없는데, 하물며 독자적인 헌법기관인 국무회의를 대놓고 하수인으로 쓰겠다는 민주당은 더 이상 대한민국 헌법이 인정하는 민주정당이 아니다. 이 행위만으로도 민주당은 헌법질서에 위반하는 정당으로 해산되어야 하고, 윤호중 비상대책위원장을 비롯하여 청와대에 국무회의 일정 연기를 요청한 자들은 탄핵되어야 한다.

문재인 대통령이 아니라 문재인 국무회의 의장이 이에 내응한다면 역시 탄핵되어야 한다. 물러나는 대통령이라고 해서 탄핵소추의 대상이 되지 말라는 법이 없다.

국민의 힘은 이 헌정문란 행위를 '꼼수' 정도로 비판하며 어물쩍 넘어가서는 안 된다. 당장 국민의힘 의원들만으로도 가능한 민주당 관련 의원들에 대한 탄핵소추발의부터 해야 한다. 관련자들을 특정하지 못하면 일사불란하게 검수완박에 찬동한 전원을 상대로 탄핵소추해야 한다. 스스로 헌법기관임을 부정하는 데서 그치지 않고, 다른 헌법기관을 겁박하고 통모하는 행위까지 서슴지 않는 반민주주의자들은 대한민국 국회의원이 아니다.

2022년 5월 2일

"자유를 사랑하는 서울시민은 전략적 집중 투표로 전교조 편향 교육감 시대를 끝내야 한다"

●●●

2019년 10월 서울 인헌고 김화랑·최인호 학생은 체육대회에서 반일 구호를 외치게 하고, 수업 중 문재인 정권과 조국을 수시로 옹호하는 전교조 교사의 행위를 세상에 알렸다. 사건 당사자들은 이후 어떻게 되었을까? 학교는 두 학생들을 징계하였고, 교육청은 특별장학 실시 후 해당 교사와 학교에 문제가 없다며 무혐의 처분하였다. 두 학생은 학교에서 형언할 수 없는 고통을 당했고, 대학 진학에 어려움을 겪었으며, 그 투쟁은 현재 진행형이다. 이것이 소위 진보교육감 치하의 교육현장이다. 지금도 교실에서 대한민국 건국과 중흥의 지도자들은 물론 갓 취임한 대통령에 대한 노골적 폄훼가 빈번하게 자행되고 있다.

3.9 대선에서 대한민국을 체제파괴 세력으로부터 천신만고 끝에 되찾은 자유 시민사회는 6.1 서울 교육감 선거를 앞두고 깊은 좌절감을 겪고 있다. 지난 8년간 대한민국의 역사와 정통성을 훼절해온 전교조 교육이 또다시 연장되기 일보 직전이기 때문이다. 두 번의 선거에서 전교조 편향 교육감 후보가 연속 당선된 어이없는 사태는 이번에도 단

일화에 실패한 중도보수 후보들에 의하여 재연되고 있다.

현 교육감은 어떤 인물인가? 그는 혁신학교, 자사고 폐지, 학생 인권 조례, LGBTQ 등 좌파 이념에 충실한 정책으로 수도 서울의 교육을 망가뜨렸다. 법적으로는 전교조 해직교사 불법채용 혐의로 공수처 사건 1호를 기록, 공수처의 수사 및 기소 요구로 현재 재판이 진행 중이다. 언제든 실형선고를 받을 수 있는 인사이다. 한 조각의 양심이라도 남아 있다면 결코 다시 나와서는 안 되는 사람이다. 자유 시민사회는 이런 인물이 3선을 노릴 수 있는 무대를 중도보수를 자처하는 후보들이 만들어준 데 대해 참을 수 없는 모욕감을 느낀다. 4년 전 46% 득표율로 당선된 그는 현재 대다수 여론조사에서 지지율이 20%대임에도 낙승을 기대하고 있다. 중도보수 후보들이 난립하여 10%대 여론 지지율로 다투고 있기 때문이다.

이들은 누구인가? 한 명은 예비후보 사퇴 언명을 번복하며 출마했고, 한 명은 시대에 따라 진보/보수를 표방해오던 인사이며, 거친 언사로 비판을 자초한 후보도 있다. 자유시민 사회는 그들이 지난 선거를 거울삼아 이번에는 반드시 단일화하겠다는 약속을 발표했을 때 잠시 안도했었다. 그러나 결국 투표지에 이름을 모두 올리는 것을 보면서 전교조 교육이 계속될 것이라는 악몽에 시달리고 있다.

지난 20여 년을 돌아보면 우리 사회 위기의 뿌리는 교육현장에서 이 땅의 역사를 왜곡하고 대한민국의 정통성을 훼손해 온 전교조 세력이다. 우리는 자유 시민사회가 아무리 행정/입법 권력을 되찾는다 해도 전교조가 교육현장을 계속 오염시키는 한 정치권력은 언제든 체제 위해 세력에게 넘어갈 수 있음을 보았다. 올바른 교육감을 세워야 자녀 세대를 자유 민주 시민으로 키울 수 있음은 물론 주사파주도 정권의 폭주로 뿌리째 흔들린 대한민국을 회복할 수 있을 것이다.

이제 중도보수 후보 단일화 실패로 전교조 편향 교육감의 3선을 눈앞에 둔 참담한 상황을 정리하는 과제는 온전히 자유시민의 몫으로 남겨졌다. 우리는 자유를 사랑하는 서울시민들이 중도보수 후보 중 여론 지지율 우위 후보 1인에게 표를 집중시켜 그들이 못한 단일화를 투표 현장에서 이루어 줄 것을 호소한다. 전교조 편향 교육감 시대는 이제 끝내야 한다.

2022년 5월 23일

경찰 권력에 대한 통제와 경찰대학의 폐교,
더 이상 미뤄서는 안 된다

●●●

행정안전부가 추진하는 경찰국 신설과 관련하여 경찰청의 자중 지시에도 불구하고 일부 총경급 인사들이 '전국 경찰서장 회의'를 강행한 데 이어, 주동자들에 대한 인사 조치에 조직적으로 항명하는 움직임에 대하여 우려를 표하지 않을 수 없다.

경찰은 정보와 수사는 물론 평상시 국가가 동원하는 유일한 합법적 무장조직으로서 여느 국가기관과는 그 성격이 다르다. 더구나 최근 검경수사권 조정과 검수완박을 통해 국민의 삶에 직접 영향을 미치는 수사권에 있어서도 독자성을 갖게 된 경찰로서는 독립이 아니라 자진해서 스스로 통제하는 방안을 찾아야 한다.

경찰국 설치의 당위성 여부를 떠나 지금 일선 경찰이 보여주고 있는 행태는 견제의 수단이 사실상 없어진 상태에서 정보와 수사, 물리력을 가진 거대 조직이 커질 대로 커진 힘을 과시하는 것에 다름 아니다.

레닌이 러시아 혁명을 선동하면서 '국가는 몽둥이'이라고 했을 때, 그 몽둥이는 차르 치하의 경찰을 뜻했다. 그랬던 러시아도, 중국도 혁명 후에는 이 몽둥이를 일당독재 권력의 유지 수단으로 활용했다. 레닌의 뒤를 이은 스탈린, 그리고 히틀러와 무솔리니의 도구 역시 경찰이었다.

선거라는 정권 견제 제도가 자리 잡은 대한민국 체제하에서는 윤석열 정부에서 추진하는 행정안전부 내의 경찰국이 경찰을 도구화할 우려보다는 거대 공권력이 아무런 통제를 받지 않고 국민 위에 절대 공안기관으로 군림할 위험이 더 크다고 보아야 한다.

이러한 현상은 전국경찰서장 회의를 강행한 주동자들뿐만 아니라 심지어 현 경찰청 수뇌부의 면면을 봐도 현실적으로 이미 우려의 대상이 되고 있다. 대한민국 경찰의 상층부는 경찰대학이라는 특수한 학교 출신으로 이루어져 있다.

졸업하면 바로 경위로 임관하도록 되어 있는 경찰대는 신군부 하에서 1979. 12. 28 "국가 치안 부문에 종사하는 경찰 간부가 될 사람에게 학술을 연마하고 심신을 단련"한다는 명분으로 제정된 경찰대학설치법에 그 근거를 두고 있다. 이 법은 나흘 뒤인 1980. 1. 1 시행되었다.

장교를 양성하는 사관학교와 달리 경찰대학의 학사운영 등은 특별히 일반 학교와 별도로 운영할 특수성도 없고, 고교 졸업 후 "어느 특정한 대학에 입학하였다"는 이유만으로 경찰의 간부로 임용될 합리적 이유도 없다. 유럽 국가들과 일본 등에서는 행정 및 사법 간부들의 전보 제도를 통해 엘리트 경찰 간부를 충원하고, 미국의 경우 경찰 시험 합격 후, 그리고 진급 시마다 폴리스 아카데미 교육·훈련 과정을 거쳐서 경찰 간부의 역량을 검증하고 다양한 인재로 조직을 건강하게 만들고 있다. 경찰대학의 특권화는 국민이 요구하는 공정과 상식의 원리에도 맞지 않는다. 그간 경찰대학의 존폐 문제에 대하여는 사회적 논의가 없었으나, 이제는 본격적으로 국가 공권력 수행 인력 양성의 정상화라는 측면에서 제대로 짚고 넘어가야 한다.

금번 '총경들 시위'는 '검수완박'의 위헌적 법률에 고무된 정치경찰의 반국가 행위에 가깝다. 그 배경에는 특정 학교를 통한 선·후배, 동문이라는 인간적 정서와 특권 의식도 한몫했다고 보아야 하지만, 보다 근본적으로는 민중의 지팡이로서의 사명감보다는 기득권 정치 카르텔의 일원으로서 개인의 정치적 야심을 충족시키고자 하는 자들의 매개체로서 경찰대학이 존재하고 있음을 부인할 수 없다.

경찰 간부 입직 경로의 다양성과 균형, 내부에서의 상호 견제를 위해서도 경찰대는 폐교가 답이다. 설령 존치할 경우에도 경위로 임관하는 제도는 폐지하고, 경찰 간부에 대한 문호는 활짝 열어 놓아야 한다. 무소불위의 공안기관화 되어가는 경찰 권력에 대한 통제의 방안, 경찰대학 출신을 중심으로 한 정치 카르텔과 특권층 폐지는 더 이상 미룰 수 없는 과제이다.

2022. 7. 25

더불어민주당은 "TBS 지원폐지 서울시 의회 조례안" 철회 성명에 대해 서울 시민에게 사과할 것을 촉구한다

●●●

7월 26일 정필모 의원 등 77명의 더불어민주당 의원들은 국회 소통 관에서 기자회견을 열고 "정치권력에 의해 일방적으로 추진되고 있는 'TBS 죽이기'를 심각히 우려 한다", "지방선거에서 이기자마자 자신들 이 싫어하는 프로그램을 내보내는 방송국을 통째로 없애겠다는 의도 를 아무 거리낌 없이 드러내고 있다"는 등의 주장을 담은 성명을 발표 하였다.

지난 수년간 더불어민주당이 TBS의 편파, 왜곡보도에 편승하여 정 치적 혜택을 누려온 것은 온 국민이 알고 있는 사실이다. TBS 프로그 램 '김어준의 뉴스공장'은 2016년부터 77건의 법정 제재를 받았고 그 중에는 방송사 재허가, 재승인 심사에 치명적인 경고 2건, 주의 3건이 포함되어 있다. '뉴스공장'에서는 작년 4월 서울시장 보궐선거에서 16 년 전 오세훈 시장후보의 '페라가모' 구두, '생태탕'을 기억한다는 제보 자가 등장했고, 이번 대통령 선거에서도 30년 전 이른바 '줄리'와 이재명 의원 모친을 만났다는 황당한 제보자를 등장시켜 왜곡 보도를 일삼았다. 또 윤석열 후보 장모는 철저히 조롱하면서도 이재명 후보 부부의 온갖 불·편법 비리는 철저하게 감싸는 등 극도의 파당성으로 인해 정의당에서조차 비난을 받았다.

그러나 노골적 편파방송으로 국민이 눈살을 찌푸려도 더불어민주당은 어떠한 조치도 취하지 않았다. 명백한 사실왜곡을 바로 잡기는커녕 아침에 '뉴스공장'이 이슈를 던지면 당 대변인들이 오전에 논평을 내고 오후에 당 지도부가 이를 거론하는 사례가 얼마나 많았는지, 성명서에 이름을 올린 77명의 의원들은 방송자료를 찾아보기 바란다. 또 TBS가 문재인 정권의 무리한 '탈원전', '소주성', 굴종적 대북정책, 정치 방역 등에 대해 비판은 몇 번이나 했는지 세어보아야 할 것이다. 방송사업면허를 재심사받아야 하는 TBS에는 법정제재가 방송사의 명운이 걸린 사안이지만 더불어민주당은 TBS를 '진영의 나팔수'로 소비해 왔다는 비판이 끊이지 않았다. 지금도 '뉴스공장'은 매일 윤석열 대통령의 정책과 인격에 대한 비판과 비난으로부터 시작해 김건희 여사 조롱으로 끝난다고 해도 과언이 아니다.

이를 바로잡기 위해 제11대 서울시의회 국민의힘 소속 시의원 전원은 "TBS 설립 및 운영에 관한 조례 폐지 조례안"을 발의하였다. 이는 방송의 기본을 지키지 않은 TBS에 대한 서울 시민의 분노의 표출이며, 시의회의 당연한 조치이다. 그럼에도 더불어민주당이 그간의 방송 야합에 대한 자성은커녕 서울 시민을 대표하는 절대다수의 서울시 의원들이 제출한 조례안에 대해 철회를 요구하는 것은 헌법과 법률이 규정한 지방자치의 자율성에 정면으로 역행하는 중대한 처사이다.

정교모는 더불어민주당이 당차원에서 이번 77명의 소속 의원들이 지방자치제 정신을 송두리째 무시한 행위에 대해 서울 시민에게 정중하게 사과할 것을 강력하게 촉구한다.

2022년 7월 27일

야당의 "공영방송 운영위원회" 도입안, 우리 언론 환경과 맞지 않는 제도로 병폐만 양산하는 개악이다

●●●

최근 더불어민주당이 '공영방송지배구조 개선법 개정안'을 밀어붙이고 있다. 국회 과방위원장 정청래 의원과 당대표 선거에 나선 이재명 의원도 같은 주장을 내세우고 있다. 이 법안은 공영방송(KBS, MBC, EBS) 이사회를 '운영위원회'로 바꾸고, 운영위원은 25명으로 현 이사회 9명보다 대폭 증원한다는 것이 골자이다. '정치후견주의'로 임명한 이사들이 사장을 추천하는 방식에서 정치권, 공영방송 종사자, 직능 단체, 학계 등 다양한 참여자들이 추천하면 정치권의 영향력을 줄일 수 있다는 것이 더불어민주당의 주장이다.

그러나 독일이 원조인 공영방송사 '운영위원회' 제도는 우리와 시발점부터 다르다. 첫째, 독일은 10세기부터 유래한 게르만 고유의 자치제도 이해당사자 참여 확대를 위해 대규모 운영위원회(최대 60명)를 가동하고 있으며, 이에 참여하는 독일의 시민 사회단체들은 높은 독립성과 도덕성을 갖고 있다. 2017년 문재인 정권 출범 직후 언노련 등 친정부 단체들이 자행한 공영방송 이사회 파괴 등 홍위병 행태와는 비교를 불허한다.

둘째, 독일의 정치체제는 연방제와 의원내각제이다. 연방의회에서 기민당, 사민당, 녹색당 등 정당들은 연정과 합의를 통해 정권을 유지하는 반면 우리는 대통령이 책임지고 국정을 이끈다. 정치 제도와 환경, 문화가 전혀 다른 나라로부터 공영방송 지배구조만 단순 도입하면 반드시 문제가 발생한다. 정치권이 공영방송사에 대한 영향력 확보에 필사적일 때 시민사회 단체들은 물론 직능, 학술 단체까지 정치에 오염될 소지가 크다. 또한 운영위원회 참여를 위한 유관단체들의 끊임없는 로비로 인해 공영방송사들뿐만 아니라 주변 단체들까지 지금보다 더 정치에 휘둘리게 될 가능성도 우려된다.

국민은 무엇보다 더불어민주당이 새삼스럽게 지금에 와서 그런 주장을 하는지 의아하게 생각한다. 애당초 공영 방송지배 구조 개혁은 2017년 문재인 대통령의 후보시절 핵심 공약이 아니었던가? 집권기간 내내 아무것도 하지 않고 있다가 막상 정권을 잃자마자 독일식 '운영위원회' 제도로 지배구조를 개선하자고 한다. 더불어민주당이 제안한 운영위원회 구성안을 보면 약 70%가 자당 지지성향 위원들로 채워질 것으로 보인다. 참으로 속이 뻔히 들여다보이는 후안무치의 정치행태라고 할 수 밖에 없다.

더불어민주당은 자신들의 외면으로 추진 명분을 잃은 '공영방송 지배구조 개선'을 말하기에 앞서 아직도 공영방송 문패를 달고 지독한 편파방송을 일삼는 MBC, KBS의 개혁에 협력해야 할 것이다.

2022년 8월 18일

공익 고발문

김명수 대법원장에 대한 손해배상 청구 [1]

청구취지

피고는 원고들에게 각 금 1,200,000원 및 이에 대하여 이 사건 소장 부본 송달일부터 다 갚는 날까지 연 12%의 비율에 의한 금원을 각 지급하라는 판결을 구함.

청구원인

1. 당사자의 지위

가. 원고들은 대한민국의 국민으로서 헌법 제27조 제1항에 따른 법관에 의한 재판 받을 권리, 동조 제3항 소정의 신속하고도 공개적인 재판을 받을 권리, 그리고 재판에 앞서 체포와 구속 등의 사유가 있는 경

---

1) 본 소는 정교모 회원 고용 외 57인이 김명수 대법원장에 대해 손해배상을 청구한 것임.

우 법관이 발부한 영장의 제시와 확인을 요구할 수 있는 권리(헌법 제12조 제1항, 제3항), 구속되었을 경우 그 적부에 대한 심사 청구권(헌법 제12조 제6항)을 갖고 있고, 한편으로 법원을 통한 위헌법률심판제청 요구권(헌법 제107조 제1항) 및 대법원에 대한 위헌법령심사청구권(헌법 제107조 제2항)을 인정받고 있으며, 무엇보다 비록 명문 규정은 없으나 헌법의 정신상 당연히 민주공화국 대한민국의 국민으로서 삼권분립이 정상적으로 작동하리라는 기대권을 갖고 있는 바, 이러한 권리는 통상적으로 추상적 권리 선언에 그치는 헌법상의 여타 기본권 등과 달리 그 권리의 실현을 위해 추가적인 입법 조치를 요하지 않는, 그 자체로서 헌법에 의해 현재 원고들이 누리고 있는 완결된 구체적, 직접적 권리입니다.

나. 피고는 대법원장으로 재직 중인 자인 바, 하급심에 대하여 기속력을 갖고 있는(법원조직법 제8조) 최고법원(동법 제11조)의 수장으로서, 대법관에 대한 제청권을 갖고 있고(동법 제41조 제2항), 일반 법관에 대하여는 임명권을 갖고 있으며(동조 제3항), 법관인사위원회의 위원에 대한 임명 및 위촉권을 갖고 있고(동법 제25조의 2), 판사의 임명 및 연임에 대한 동의 의결권 등을 갖는 대법관회의의 의장으로서 표결권을 갖고, 가부동수일 경우에는 결정권까지 가지며(동법 제17조, 제16조), 사법행정사무의 총괄자로서(동법 제9조), 대법원의 일반사무는 물론 각급 법원과 그 소속 기관의 사법행정 사무에 관하여 직원을 지휘·감독(동법 제13조 제2항)하는 등 법관의 인사 및 법원 운영에 있어 사실상 전권을 갖고 있는 자입니다. 또한 헌법기관 구성에도 간여하여 헌법재판소의 헌법재판관 9인 중 3인, 중앙선거관리위원회의 9인의 위원 중 3인을 각 지명하

는 권한을 갖고 있습니다(헌법 제111조 제3항, 114조 제2항).

2. 피고의 불법행위

가. 사실관계

(1) 1차 불법행-직권남용, 정치적 중립의무 위반 등

피고는 2020. 5. 22 부산고등법원 판사인 소외 임성근이 건강 악화 등 심신상의 이유로 법원행정처에 사직서를 기제출하고, 피고를 만나 사직 의사를 밝힌 자리에서 소외인에 대한 탄핵이 거론되고 있어 그러한 상황에서 자신이 소외인의 사직서를 수리하게 되면 비난이 (자신에게) 돌아올 수 있고, 특히 법률적인 문제를 떠나 정치적인 상황을 살펴야 한다는 이유로 소외인의 사표를 반려하였습니다. 이러한 피고의 행위는 아래 나. 항에서 보듯이 소외인의 정당한 사직원을 반려할 수 있는 아무런 사유가 없는 상태에서 대법원장이라는 권한을 남용하여 불법적으로 소외인의 사직의 권리를 방해하고, 정치적 중립을 지키고 사법권의 독립을 지켜야 할 대법원장이 스스로 법관 탄핵을 방조하거나 내통한 것입니다. 이하는 피고가 소외인의 사직을 받아들일 수 없다면서 한 말입니다.

"이제 사표 수리 제출 그러한 법률적인 그런 것은 차치하고. 나로서는 여러 영향이랄까 뭐 그걸 생각해야 하잖아. 그 중에는 정치적인 상황도 살펴야 되고. 지난번에도 얘기했지만 나는 지금 사표 내는 것은 좋아. 좋은데 내가 그것에 관해서는 많이 고민도 해야 하고 여러 가지 상황도 지켜봐야 되는데…지금 상황을 잘 보고 더 툭 까놓고 얘기하면 지금 뭐 탄핵하자고 저렇게 설치고 있는데 내가 사표 수리했다 하면 국회에서 무슨 얘기를 듣겠냐 말이야. 게다가 임 부장 경우는 임기도 사실 얼마 안 남았고 1심에서도 무죄를 받았잖아…탄핵이라는 제도 있지. 나도 현실성이 있다고 생각하거나 탄핵이 되어야 한다는 그런 생각을 갖고 있지 않은데. 그래도 정치적인 그런 것은 또 상황은 다른 문제니까. 탄핵이라는 얘기를 꺼내지도 못하게, 오늘 그냥 확 수리해버리면 탄핵 얘기를 못 하잖아. 그런 비난을 받는 것은 굉장히 적절하지 않아."[2]

(2) 2차 불법행위 (1차 거짓말)-대(對) 국회 거짓말 및 명예훼손

2021. 2. 3 국내 언론에 피고가 2020. 4 소외인이 건강 악화를 이유로 직접 사표를 낸 자리에서 "내가 사표를 받으면 탄핵이 안 되지 않느냐"며 반려했던 것으로 알려졌다는 기사가 나가자[3], 피고는 같은 날 국민의 힘 김도읍 국회의원에 서면질의 답변서를 보내 "임 부장판사의 건강 문제와 신상에 관한 얘기가 오간 것은 사실이나, 임 부장판사가 대법원장에게 정식으로 사표를 제출한 것은 아니다…탄핵 문제로 사표를 수리할 수 없다는 취지로 말한 사실이 없다"고 주장하였습니다.[4] 그러나 이는 위 (1)에서 보는 바와 같이 전혀 사실과 다른 피고의 거짓 해명이었음이 곧 밝혀졌습니다.

(3) 3차 불법행위 (2차 거짓말)-원고들을 포함한 대(對) 국민 거짓말

---

2) 매일경제 2021. 2. 4 자 〈https://mk.co.kr/news/society/view/2021/02/116852/〉 최종방문 2021. 2. 7

3) 조선일보 2021. 2. 3 자 〈 https://www.chosun.com/national/court_law/2021/02/03/ WQPBO22V6BGPVKHKNYEPXYHECA/〉 최종방문 2021. 2. 7

4) 서울경제 2021. 2. 4 자 〈 https://www.sedaily.com/NewsVIew/22IEGL6A9L〉 2021. 2. 7 최종방문

피고는 소외인의 녹취록 및 녹음 파일 공개로 인해 자신의 거짓말이 드러나자 2021. 2. 4. 언론에 배포한 입장문을 통해 "언론에 공개된 녹음 자료를 토대로 기억을 되짚어 보니, 2020년 5월경에 있었던 임성근 부장판사와의 면담 과정에서 '정기인사 시점이 아닌 중도에 사직하는 것은 원칙적으로 적절하지 않다'는 판단 하에 녹음 자료에서와 같은 내용을 말한 것으로 기억하고 있다…약 9개월 전의 불분명한 기억에 의존했던 기존 답변에서 이와 다르게 답변한 것에 대하여 송구하다"고 하면서[5], 마치 제1차 거짓말은 자신이 기억을 하지 못한 탓에 결과적으로 부정확한 답변을 한 것이라는 취지로 변명하였으나, 이 또한 여러 가지 객관적 상황에 비춰보면 통상의 경험칙에 비춰 믿을 수 없는 거짓말로서, 피고의 2차 해명(?)이 또 한번의 원고를 포함하여 국민을 우롱하는 거짓말임은 민사소송법 제367조에 따라 피고 김명수에 대한 본인 신문 신청을 하여 밝히도록 하겠습니다(우선 본 소장의 진술로 피고에 대한 본인 신문 신청을 하는 바입니다).

(4) 부작위에 의한 불법행위-사퇴 거부

피고의 위 세 가지 불법행위는 아래에서 보듯이 헌법은 물론 형법상의 범죄를 구성하고, 피고의 대법원장으로서의 지위와 그 권한에 비춰 볼 때 그 직위에 있는 것이 헌법 질서에 부합하지 아니하고, 원고들과 같은 국민이 누리는 헌법상의 재판 받을 권리 등 구체적 권리를 침해하고 부당한 영향을 끼치거나 끼칠 것이 객관적으로 예상되어 심히 국민의 대 사법 기능에 대한 신뢰가 무너지고 있음에도 불구하고, 그 직위에서 물러나지 아니함으로써 부작위에 의한 불법상태를 지속적으로

---

5) 서울경제 2021. 2. 4. 자 〈 https://www.sedaily.com/NewsVIew/22IEGL6A9L〉 2021. 2. 7. 최종방문

초래하고 있습니다.

나. 피고 소행의 불법성

(1) 형사범죄 구성요건 해당-직권남용 및 명예훼손

형법 제123조는 "공무원이 직권을 남용하여 사람으로 하여금 의무 없는 일을 하게 하거나 사람의 권리행사를 방해한 때에는 5년 이하의 징역, 10년 이하의 자격정지 또는 1천만원 이하의 벌금에 처한다"고 하고 있는 바, 이미 법원행정처에 사표를 제출하고 난 뒤 대법원장인 피고를 독대하여 사직의사를 분명하게 밝히는 소외인을 상대로 피고 가 여하한 사표불수리 사유가 없음에도 불구하고 이를 반려한 행위는 사표수리권자로서의 그 권한을 남용하여 소외인의 사직의 권리행사를 방해한 것으로서 마땅히 직권남용권리행사방해죄에 의율되어 처단되 어야 합니다. 뿐만 아니라 자신의 위와 같은 행위를 덮기 위하여 국회 의원실에 서면 답변을 통해 소외인과의 독대 자리에서 탄핵 운운이 없 었다면서 소외인을 거짓말하는 사람으로 인식되도록 하였고, 이러한 서면 답변은 대법원의 공식 입장으로서 공중에 공개될 것임은 넉넉히 알 수 있었고 실제로 자신의 변명이 언론을 통해 공표되길 기대하였 다고 봄이 상당하므로, 피고의 두 번째 불법행위("1차 거짓말")는 '공연히 허위의 사실을 적시하여 사람의 명예를 훼손' 것에 해당하여 명예훼손 죄로 처벌되어야 하는 범죄입니다.

(2) 헌법상의 명문 규정 위반-정치적 중립성 위반 등

피고의 행위는 헌법 제103조 및 제7조를 위반한 것입니다. 헌법 제 103조는 '법관은 헌법과 법률에 의하여 그 양심에 따라 독립하여 심판

한다'라고 하고 있는 바, 여기에서의 독립은 특히 정파적 이해관계, 사회적 제 세력으로부터의 독립을 의미하는 것입니다. 피고는 그 자신이 대법관으로서 법관일 뿐만 아니라, 대법원장으로서 대법관 임명 제청권, 일반 법관들에 대한 임명권, 연임 가부 동의권, 법관 인사권을 갖고 있는 자이므로 누구보다 헌법 제103조를 준수하여야 할 책무를 지니고 있으나, 소외인을 상대로 한 대화 중 "…법률적인 그런 것은 차치하고. 나로서는 여러 영향이랄까 뭐 그걸 생각해야 하잖아. 그 중에는 정치적인 상황도 살펴야 되고…"라는 말이 대변하듯이 스스로 법관의 양심에 정치를 끌여들였을 뿐 아니라, 특정 정파와 세력의 정치적 일정을 염두에 둠으로써 독립성과 중립성을 지키지 않는 자임을 공언함으로써 헌법 제103조를 정면으로 위반하였습니다.

이렇게 피고는 법관이라는 특수한 직위에 따른 헌법적 기대를 저버렸을 뿐만 아니라, 공무원에게 전반적으로 요구되는 최소한의 기준 또한 위반하였습니다. 우리 헌법 제7조는 '공무원은 국민전체에 대한 봉사자이며, 국민에 대하여 책임을 진다(제1항)', '공무원의 신분과 정치적 중립성은 법률이 정하는 바에 의하여 보장된다(제2항)'고 하고 있습니다. 2020. 5 당시 국회에서 정식으로 공론화되지도 않고 사회적 관심도 그리 많지 않던 상황에서 집권 세력 내부에서 소외인에 대한 탄핵이 거론되고 있다는 이유만으로 이를 염두에 두고 자신에 대한 비난을 우려하여 소외인의 사표를 반려한 소행은 국민 전체에 대한 봉사자가 아니라 특정 정치 세력에 빌붙은 사법하청업자로서, 법으로 보장된 정치적 중립성의 장벽을 스스로 거두어 들이고, 특정 정파의 하수인으로 원고들과 같은 대다수 국민을 헌법상의 국민에서 제외시켰다는 비난을 면키 어렵습니다.

(3) 헌법수호의 책무 방기 및 삼권분립의 파괴

(가) 헌법수호자로의 책무 방기

헌법의 수호자는 제1차적으로는 공무원으로서, 즉 공권력의 담당자인 공무원에게는 당연히 헌법 수호의 책임이 있습니다. 비록 우리 헌법 상의 명문 규정은 없으나, 실정 헌법을 통해 이를 명문으로 규정한 사례들이 드물지 않습니다. 과거 프로이센 헌법 제78조가 그러하였고, 현행 미국 헌법 제6조 3, 일본 헌법 제99조 등이 공무원에게 헌법 수호의 책무가 있음을 명시하고 있는 바[6], 사법부의 수장인 피고에게 이러한 책무가 요구됨은 더 말할 나위가 없으나, 피고는 특정 정파의 정치적 움직임을 고려하여 처신함으로써 헌법과 국민의 신임을 배반하였습니다.

(나) 삼권분립의 파괴를 통한 원고들(국민)의 정치적 자유 직접 침해

피고는 일찍이 법원 내부에서 '우리법 연구회'의 회장을 지낼 정도로 많은 공부를 한 바 있고, 더구나 위 연구회는 지금은 '국제인권법연구회'로 변신한 것으로 알려져 있는 바, 법조인으로서는 물론 인권과 비교법제, 법의 역사와 그 정신에 대하여 누구보다도 잘 알고 있다고 할 것입니다. 따라서 본인이 행한 위와 같은 정치 편향적 태도와 의사결정, 그 의사결정이 초래한 결과 및 그 이후의 거듭된 거짓말과 몰염치한 자리보전 행위가 헌정질서에 어떤 의미를 갖고 있는지, 원고와 같은 국민들에게 직접적으로 어떠한 피해를 끼칠지 충분히 예견하고 있었다고 보아야 할 것입니다. 물론 피고가 무지하여 원고들과 같은 일

---

6) 김철수, 헌법학신론, 2013, 박영사, 61면

반 국민의 자유 보전을 위해서는 아래와 같은 헌법상의 삼권분립, 권력의 견제와 균형 원리가 올바로 작동해야 하고, 사법권에 대한 국민의 신뢰가 있어야 한다는 점을 몰랐다고 하여 그 불법행위 책임에서 벗어나는 것은 아닙니다.

대한민국 헌법의 정신과 그 체제는 서구, 그 중에서도 미국의 헌법에서 절대적으로 영향을 받았는 바[7], 미국 건국 헌법의 아버지들 중의 한 명인 제임스 매디슨(미국의 제4대 대통령)이 삼권분립의 가치와 의의에 대하여 피력한 아래의 글은 자유 민주 공화정인 우리 대한민국 하에서 대법원장이 가져야 할 덕목과 자세, 책무가 무엇인지, 그리고 원고들과 같은 국민이 사법부와 사법부의 수장인 대법원장에게 어떤 기대를 갖고 있는지를 잘 보여줍니다.

▶ 자유의 보존을 위해 우리 모두가 어느 정도 필수적이라고 인정하는 바, 정부의 각기 다른 권한들을 분리하여 별개로 행사하기 위한 적절한 기초를 놓기 위해서는 각 권력마다 그 자신의 의지를 가져야만 하고, 이에 따라 각 권력의 구성원이 다른 부문의 구성원의 임명에 되도록 영향력을 끼칠 수 없도록 조직되어야 한다는 점은 자명하다. 이런 원칙이 엄격하게 준수되기 위해서는 입법, 사법 및 행정부의 최고 수반은 서로 완전하게 단절된 통로를 통하되, 권위의 공통 원천인 국민들에 의하여 임명될 것을 요한다. 각 권력이 한 부문에 점차로 집중되는 것을 방지하는 가장 확실한 안전장치는 각 부문의 최고 수반들에게 다른 부문으로부터의 권리 침해가 있을 때 이를 저지할 수 있는 필요한 헌법적 수단과 개인적 동기를 부여하는 것이다.

---

7) 서희경, 대한민국 헌법의 탄생, 2012, 창비. 194면, 각주3번 참조.

인간들을 다스리는 인간들의 정부를 구성함에 있어서의 최대 어려움은 바로 이것이다. 먼저 정부가 피치자들을 통제할 수 있도록 해야 하고, 다음으론 정부가 스스로를 통제하게 해야 한다. 공화정체 하의 정부에서 입법부가 우월해 지는 것은 필연적이다. 이에 따른 폐해를 시정하는 대책은 입법부를 쪼개어 선출 방식과 행동 원칙을 달리하도록 함으로써, 그들 사이의 공통적 기능 및 사회에 대한 공동의 의존성이 허용하는 한 상호 간의 연결고리를 가능한 없애는 것이다."[8]

위 글은 제임스 매디슨 개인의 정치적 견해가 아니라, 인류가 정치체제를 갖고 자유와 자주, 민권과 공화의 원리에 따라 살기로 한 사회에서는 당연히 받아들여지는 사회 구성의 토대라 할 것입니다. 그 중에서도 특히 견제와 균형을 가능케 하는 삼권분립은 비단 미국 건국 헌법의 정신만에 그치는 것이 아니라 인간과 시민의 자유를 염두에 둔 정치체제라면 보편적으로 언제, 어느 상황에서나 인정되는 것입니다.

---

8) James Madison(1788. 2. 6), Federalist No.51.

In order to lay a due foundation for that separate and distinct exercise of the different powers of government, which to a certain extent is admitted on all hands to be essential to the preservation of liberty, it is evident that each department should have a will of its own; and consequently should be so constituted that the members of each should have as little agency as possible in the appointment of the members of the others. Were this principle rigorously adhered to, it would require that all the appointments for the supreme executive, legislative, and judiciary magistracies should be drawn from the same fountain of authority, the people, through channels having no communication whatever with one another. The great security against a gradual concentration of the several powers in the same department, consists in giving to those who administer each department the necessary constitutional means and personal motives to resist encroachments of the others.

In framing a government which is to be administered by men over men, the great difficulty lies in this: you must first enable the government to control the governed; and in the next place oblige it to control itself. In republican government, the legislative authority necessarily predominates. The remedy for this inconveniency is to divide the legislature into different branches; and to render them, by different modes of election and different principles of action, as little connected with each other as the nature of their common functions and their common dependence on the society will admit.

예컨대, 이 문제에 관하여 지적한 몽테스키외는 그의 〈법의 정신〉에서 다음과 같이 아주 명확하게 권력의 남용과 자유는 양립할 수 없으며, 개인의 정치적 자유는 그 구성과 운영에 있어 권력의 분산이 없이는 존재할 수 없다고 단언하고 있습니다.

▶ 민주정 및 귀족정체는 그 본성상 자유로운 국가는 아니다. 정치적 자유는 제한정체 속에서만 찾을 수 있으나, 그렇다고 이 정체 속에서도 늘 정치적 자유가 있는 것은 아니다. 거기에도 권력의 남용이 없는 경우라야만 존재하는 것이다. 하지만 항상 경험하는 바와 같이 권력을 부여 받은 모든 인간은 이를 남용하고, 자신의 권한을 극한에 이르기까지 행사하기 쉽다. 심지어 덕성(德性) 그 자체에도 한계를 지울 필요가 있다는 말도 전혀 이상하지 않다. 이 남용을 억제하기 위하여는 힘은 힘에 의하여 제어되어야만 한다는 사물의 본성에서 원리를 도출할 필요가 있다. 국가의 통치구조는 어느 누구에 대하여도 법이 강제하지 않는 일을 강제하거나, 법이 허용하는 것을 행하지 못하도록 금지하여서는 안 되도록 구성되어야 한다.[9]

▶ 백성의 정치적 자유는 각자가 자기는 안전하다고 생각하는 데서 오는 정신적 안정감이다. 이런 자유를 갖기 위해서는 한 시민이 다른

---

9) Democratic and aristocratic states are not in their own nature free. Political liberty is to be found only in moderate governments; and even in these it is not always found. It is there only when there is no abuse of power. But constant experience shows us that every man invested with power is apt to abuse it, and to carry his authority as far as it will go. Is it not strange, though true, to say that virtue itself has need of limits? To prevent this abuse, it is necessary from the very nature of things that power should be a check to power. A government may be so constituted, as no man shall be compelled to do things to which the law does not oblige him, nor forced to abstain from things which the law permits.
Montesquieu, 〈The Spirit of the Laws,1748)〉, trans. by. Thomas Nugent(1752) Book XI. *Of the Laws Which Establish Political Liberty, with Regard to the Constitution. 4. In What Liberty consists.*

시민을 두려워할 필요가 없도록 통치 체제를 구성하는 것이 필요하다.

입법권과 행정권이 동일인 내지 같은 집정관들의 무리 속에서 하나가 될 때, 자유란 있을 수 없다. 왜냐하면 동일한 군주나 원로원이 전제적인 입법을 하고, 그것을 전제적 방식으로 집행할 우려가 있기 때문이다. 사법권이 입법권 및 행정권과 분리되어 있지 않을 때에도 자유는 존재하지 않는다. 사법권이 입법권과 결합되어 있다면, 판사가 곧 입법자가 될 것이기에 백성의 생명과 자유는 자의적 통제에 노출될 것이다. 사법권이 행정권과 결부되어 있다면, 판사는 폭압을 자행할 수 있다. 귀족이 되었건 일반 시민이 되었건 간에, 법을 만들고(입법), 공공적 결정을 집행하고(행정), 개인 간의 소송을 심리(사법)하는 세 가지 권력 같은 인간, 같은 기구의 수중에 있다면 만사는 끝장날 것이다.[10]

이상을 볼 때 피고의 행위는 삼권분립 기둥 자체를 허물고자 한 용납할 수 없는 반헌법, 반민주적 행위로서 공화정의 적이라는 지탄을 받아 마땅합니다. 다른 사람도 아닌 대법원 수장인 피고와 같은 자가

---

10) The political liberty of the subject is a tranquillity of mind arising from the opinion each person has of his safety. In order to have this liberty, it is requisite the government be so constituted as one man need not be afraid of another. When the legislative and executive powers are united in the same person, or in the same body of magistrates, there can be no liberty; because apprehensions may arise, lest the same monarch or senate should enact tyrannical laws, to execute them in a tyrannical manner. Again, there is no liberty, if the judiciary power be not separated from the legislative and executive. Were it joined with the legislative, the life and liberty of the subject would be exposed to arbitrary control; for the judge would be then the legislator. Were it joined to the executive power, the judge might behave with violence and oppression. There would be an end of everything, were the same man or the same body, whether of the nobles or of the people, to exercise those three powers, that of enacting laws, that of executing the public resolutions, and of trying the causes of individuals.
Montesquieu, ⟨The Spirit of the Laws,1748)⟩, trans. by. Thomas Nugent(1752) Book XI. *Of the Laws Which Establish Political Liberty, with Regard to the Constitution. 6. Of the Constitution of England*

삼권분립, 견제와 균형이라는 헌법적 근간 원리를 앞장 서서 무너뜨리는 상황에서는 원고들과 같은 국민은 현재 및 장래 사법 제도가 정당하고 신뢰할 수 있는 방식으로 작동하여 헌법이 보장하는 권리를 지켜줄 것이라는 기대권이 침해당한 것에서 나아가, 한 집안의 세 기둥과도 같은 삼권분립이 흔들림으로 인하여 언제, 어떻게 자유를 박탈당할지 불안할 수밖에 없고, 이는 직접적으로 원고들에게 정신적 피해를 끼치고 있는 것입니다.

(4) 법관으로서 사실상 위증죄 해당

법관의 덕목 중 으뜸은 불편부당함과 정직입니다. 실체적 진실은 올바른 법 적용의 전제이고, 실체적 진실은 법관 자신의 불편부당한 엄정한 중립성과 재판 상대방은 물론 자신에 대하여도 엄격하게 요구되는 정직성입니다. 형사법적으로 처벌되는 위증은 법률에 의하여 선서할 것을 요합니다. 범죄의 구성요건으로서 선서를 요구하는 것은 자신의 거짓말에 책임을 져야 한다는 본인의 약속을 통해 거짓의 위험에 대한 주의를 환기시키고, 나아가 개인과 사회는 진실함에서만 온전한 실존적 존재가 된다는 점을 돌이켜 생각하게 하는데 있다고 할 것입니다.

그런데 법관은 늘 거짓과 변명 속에서 실체적 진실을 찾아내는 것을 그 직무로 하고 있어, 진실의 중요성과 거짓이 초래하는 영혼과 사회적 폐해에 대하여 잘 알고 있는 까닭에 새삼 보통 사람에 의하여 요구되는 선서가 없더라도, 그는 늘 거룩한 진실의 서약 앞에 서 있는 사람입니다. 그렇기에 법정에서 타인에게 선서를 시킬 수도 있는 것입니다. 이런 피고가 명백하게 거짓말을 하였습니다. 첫 번째 거짓말은 자신을 위한 방어를 넘어 상대방을 거짓말쟁이로 몰고자 하는 명예훼손의 성격까지 있었습니다.

만일 소외인이 녹취록을 공개하지 않았더라면 지금까지 드러난 피고의 성정 상 "하늘에 대하여 맹세컨대, 나의 분명한 기억에 의하면 절대 탄핵 이야기는 없었다"고 거듭 거듭 주장하여, 대중을 기망할 소지가 없지 않습니다. 두 번째 해명 역시 경험칙 상 거짓이 분명한 바, 피고는 본인 신문에 응하여 법정에서 선서 후 그와 같은 진술을 다시 해야 할 것입니다. 물론 우리 형법이 자신에 대하여는 설령 선서 후 거짓을 이야기 했더라도 위증죄로 처벌할 수 없어, 본인 신문에서도 기존 주장을 되풀이할 가능성이 매우 농후하지만, 원고들은 그럼에도 불구하고 피고의 주장이 거짓임을 신문과정을 통해 밝혀내도록 하겠습니다.

법관이 되는 순간 진실의 선서를 한 피고가 이를 어긴 이상 그 도덕적, 정치적 위증만으로도 피고는 법관의 자격을 상실하였다고 할 것인바, 이런 행위는 비단 피고 개인에 대한 비난을 넘어서, 원고들과 같은 극히 정상적인 국민이라면 사법부에 대한 신뢰가 추락함으로 인해 물질적으로 환산할 수 없는 정신적 고통을 입는 것이 당연합니다. 그렇잖아도 무고와 위증이 범람하는 사회에서 대법원장의 거짓말, 그것도 한번이 아니라 두 번에 걸친 거짓말은 사회적 신뢰를 급격히 무너뜨린 용납할 수 없는 불법행위입니다.

3. 원고들의 고통과 피고의 불법행위의 상당인과관계

가. 원고들의 헌법상의 권리 직접 침해
피고의 행위는 그 발단은 소외인과 둘 사이에 벌어진 것이지만, 그 전후의 전개과정 및 이로 인해 드러난 명백한 피고의 정치판사로서의 뚜렷한 편향성, 부정직함은 공정하고 신뢰성있는 사법기관을 통하여 권리와 의무를 확인받아야 하는 일반 국민이 직접 이해당사자로서 영향을 받고 있습니다. 전 국민이 공정하게, 안심하고 사용할 사법시스템이라는 우물에 그 우물을 지키는 최고책임자가 앞장서서 오물을 뿌린 것입니다. 원고를 비롯한 대한민국 국민은 싫건 좋건 선택의 여지 없이 이 우물에서 물을 길을 수밖에 없습니다.

"모든 국민은 헌법과 법률이 정한 법관에 의하여 법률에 의한 재판을 받을 권리를 가진다"는 헌법 제27조 제1항의 의미에 관하여 헌법재판소는 물적독립과 인적독립이 보장된 법관에 의하여 합헌적인 법률이 정한 내용과 절차에 따라 재판을 받을 권리"라고 부연 설명을 하고 있는 바(2001헌가18), 헌재의 이 결정 내용과 위에서 본 삼권분립의 성격, 역할, 국민의 자유에 관한 고전적, 제도적 전통의 정신에 비춰보면, 국민이 누리는 '법관에 의한 재판을 받을 권리'란 단지 임명과 조직이 별도의 법에 의하여 뒷받침된다는 의미에서 더 나아가 그 '독립성에 대한 신뢰가 있는 법관'에 의하여 재판을 받을 권리라고 보아야 할 것입니다. 그런데 헌법의 명문 규정은 물론 그 근간이 되는 삼권분립의 토대인 사법권 독립을 스스로 해치며, 실정법상 범죄에 해당하는 행위를 하고, 사실상 국민과 국가를 상대로 위증 행위를 일삼은 피고가 대법원장으로서 위에서 본 바와 같이 법관의 임명과 인사 전보를 좌지우지하여 얼마든지 개별 법관에 영향을 줄 수 있고, 이로 인한 피해가 바로 원고들과 같은 국민의 피해로 이어질 수 있음은 짐작하기 크게 어렵지 않습니다.

실제로 피고는 2020. 5. 25 전국법관대표회의에서 "국민 눈높이에서 어떤 재판이 '좋은 재판'인지를 생각하고 실천해야 한다"면서 '국민'을 수 차례 언급하였는데, 그 발언 시기가 청와대의 울산시장 선거 개입, 조국 전 법무부 장관 가족 입시 비리, 청와대의 유재수 전 부산시 경제부시장 감찰 무마, 김경수 경남지사 댓글 조작 공모 의혹 사건 등 여권 인사들이 기소된 재판의 1·2심이 동시에 진행 중인 상태여서, 전직 헌법재판관 등으로부터 "여권 관계자 사건을 맡는 법관에게 부담을 줄 수밖에 없는 발언", "대법원장은 여론과 정치의 외풍을 막아줘야 하는 자리인데 오히려 외부 바람을 들이는 관문 역할을 하고 있다"는 지적을 받은 바 있습니다. [11]

2021. 2. 9 자로 단행한 인사에 있어서도, 예컨대 대한민국의 법원 중 제일 중요한 사건들을 처리한다고 할 수 있는 서울중앙지방법원의 경우, 법관들을 어떤 재판부로 배치할지 정하는 사무분담 권한과 사건 배당 권한을 갖고 있고, 영장전담부장 판사에 대한 배치도 결정할 수 있는 요직들을 자기 편 판사들로 채웠다는 비판을 받고 있는데, 서울중앙지법원장에 임명되는 소외 성지용과 서울중앙지법 형사수석부장판사 소외 고연금은 피고가 초대 회장을 지냈던 국제인권법연구회 출신이고, 서울중앙지법 민사1 수석부장판사 소외 송경근도 정치적 현안에 피고와 의견을 같이 하는 것으로 알려져 있습니다. [12]

헌법상 탄핵의 대상이자 수사와 재판의 대상이 되어야 할 피고가 대

---

11) 조선일보 2020. 5. 26 자 〈https://www.chosun.com/site/data/html_dir/ 2020/05/26 /2020052600110.html〉 최종방문 2021. 2. 7

12) 동아일보 2021. 2. 5 자 〈https://www.donga.com/news/Society/article/all/20210204/1052 90420/1 〉 최종방문 2021. 2. 7

법원 수장으로서 위와 같이 노골적으로 정치적 편향성을 드러내고, 법관 인사권에 반영하는 현실에서 원고들은 헌법이 직접 보장하고 있는 법관에 의한 재판을 받을 권리 및 그 이전의 영장주의 등에 의한 인신보호청구권을 제대로 누린다고 할 수 없고, 이로 인한 큰 정신적 피해를 입고 있으며, 이러한 피해는 직접적이고 현실적인 것입니다.

나. 피고의 불법행위로 인한 원고들의 간접피해

헌법이 보장하는 권리에 대한 이러한 직접적 피해 이외에 원고들은 헌정 질서, 공익과 관련한 엄정한 재판에 있어 정권의 눈치를 보는 편향된 재판을 우려하지 않을 수 없는 바, 특히 공무원들의 경우 설령 피고의 영향력에도 불구하고 하급심에서 소신있게 판결을 하더라도 피고가 대법원장으로 버티고 있고, 그가 지명하는 대법관들, 피고가 내통하고 있는 행정부의 정치적 이해와 같이 하는 대법관들이 자리를 차지하고 있는 최고법원 내에서 불의한 집권 세력의 입맛에 맞는 최종 결론이 나온다는 그릇된 믿음이 퍼지게 되면 헌법상의 직업공무원 제도가 형해화 되어 특정 세력에 부역하는 자들의 득세함으로 인한 피해를 원고와 같은 국민들이 고스란히 받게 됩니다. 결국 파당이 득세하여 국가의 이해관계를 사유화하는 불법의 고착화를 부추기게 되는 셈인데, 이로 인한 원고들의 피해 역시 현실적인 피해로서 원인제공자인 피고가 배상해야 합니다.

그리고 정치적 편향성을 유감없이 드러내는 피고와 같은 자가 이미 저지른 불법행위로 인하여, 또한 그 자리에서 버티고 있음으로 인하여 헌법적 정신에 투철하게 오로지 법관의 직업적 양심에만 기대어 판결을 하는 대다수 법관들의 사기를 저하시키고, 그들의 재판에 대한 열정을 감소시킴으로 인하여 돌아오는 사법의 질적, 양적 저하로 인한 피해 역시 고스란히 원고들의 몫입니다.

다. 사법 제도에 대한 신뢰 붕괴로 인한 분노와 수치심

여기에 피고의 존재 자체가 이미 원고들에게는 씻을 수 없는 치욕입니다. 21세기 이런 자가 대한민국 법원의 수장으로 버티고 서 있다는 것이 원고들로서는 전 세계 앞에서 낯을 들 수 없습니다. 군인, 경찰 등 민중을 상대로 하는 다수의 조직원들이 제복을 입는 것을 제외하고, 공직자의 신분으로서 국민을 대함에 있어 별도의 제복을 입는 신분은 법관이 유일합니다. 우리는 그 옷을 제복이라 하지 않고, 법복이라 부릅니다. 그리고 그 법복을 입은 법관은 법대에 앉아서 내려다 봅니다. 법대를 높여 놓은 것은 법관들의 앉은 키가 작아서 그런게 아닙니다. 법정의 문을 열고 들어설 때, 그리고 나갈 때 적어도 법조인인 변호사들은 고개를 숙여 그 높이 있는 법대에서 법복을 입고 있는 법관에게 인사를 합니다. 법관이 보건 안보건 그것은 관행이고, 그 관행은 모든 자유 근대 문명사회의 관행이기도 합니다. 법관 앞에 나갈 때 변호인이나 소송대리인은 적어도 말끔하게 정장을 차려 입고 예의를 갖춥니다. 어느 법에도 그렇게 하라는 강제규정이 없지만 그렇게 하는 것 역시 자유사회의 명예로운 전통입니다. 죄 중에 법정모욕죄가 있습니다. 일반 공무원 모욕죄는 없습니다. 있다면 공무집행 방해이나, 그 구성요건은 매우 엄격합니다. 법관만이 특별한 옷을 걸치고, 특별히 높은 곳에 앉아서, 그들보다 하나도 못할 것이 없는 동료 시민들로부터 인사를 받고, 그들에 대하여 약간의 모욕적인 언동이 있어도 모욕죄로 처벌받아야 하는 이유가 뭘까요?.

이것은 그 법관 개인이 잘났기 때문이 아닙니다. 그것은 우리가 몽테스키외나 제임스 매디슨의 논지에서 보듯이, 사회의 정치적 자유를 지켜주는 최후의 보루가 법관이고, 법관에 대한 신뢰는 사회적 약속이며 합의이기 때문에, 우리 모두가 우리 모두에게 스스로 경의를 표하며 진실을 다짐하는데서 나오는 것입니다. 그런데 피고는 이 모든 신뢰와 사회적 합의를 깨뜨렸습니다.

앞으로 법정에 들어서는 국민들은 법복이 주는 신뢰가 아니라, 법복 속에 숨겨져 있는 비열한 정치적 야심, 편견, 부정직을 떠올릴지도 모릅니다. 높은 법대는 우리의 신성한 약속을 모셔 둔 곳이 아니라 부역 판사들의 오만함이 똬리를 틀고 있는 것으로 보일 것이고, 아마도 형식적 인사는 하겠지만 그 인사는 욕을 담고 있는 비웃음이 될 수도 있을 겁니다. 법정모욕죄는 얼마든지 속으로 범하고 싶은 갈망의 대상이 될지도 모릅니다. 이 모든 비극과 불행에는 자신이 누구인지, 무엇을 해야 하는지도 모르고, 그 자리를 차지하고 불법을 자행한 피고로 인하여 비롯된 것입니다. 그래서 원고들은 슬프기도 합니다. 우리 세대, 다음 세대, 이 기본적인 사회적 신뢰가 회복되기까지 얼마나 걸릴까, 이 신뢰가 무너진 세상에서 살아야 하는 미래의 세대들은 얼마나 불의와 불공정, 세상에 믿을 것이 없다는 불안함의 실존 의식으로 살면서 고통을 받아야 할까 분노와 슬픔이 교차하는 것입니다. 피고는 경험하지 않았어야 할, 경험할 필요도 없는 이 고통을 원고들에게 안겨준데 대하여 마땅히 금전으로나마 위자할 책임이 있습니다.

4. 결론: 청구의 범위

원고들은 개별적 권리의 피해자로서 뿐만 아니라, 삼권분립, 사법권 독립, 견제와 균형이라는 헌법적 원리가 침해됨으로 인한 주권자로서의 피해도 아울러 입고 있는 바, 이런 제반 사정을 감안하면 피고는 적어도 그 불법행위 중 1) 직권남용, 정치적 중립의무 위반 등의 첫 번째 불법행위에 대하여 20만원, 2) 두 번째 및 세 번째 거짓말에 대하여 각 30만원, 3) 사법권 전체의 신뢰를 실추시키고도 그 자리를 고수하는 부작위에 의한 불법행위에 대하여 40만원, 도합 금 1,200,000원을 위자할 의무가 있다고 할 것이므로, 청구취지 기재와 같은 판결을 구하여 이 사건 청구에 이르게 되었습니다.

2021년 2월 9일
원고들 소송대리인 변호사 이호선
서울중앙지방법원 귀중

즉시항고장

사   건   2021가단5028825 손해배상(기)

항고인(원고)   고○용 외 57인

피   고   김명수

위 사건에 관하여 귀원이 2021. 4. 5 에 한 결정은 2021. 4. 8 에 그 송달을 받았으나 전부 불복이므로 항고를 제기합니다.

원결정의 표시

원고들은 소송비용에 대한 담보로 이 명령을 고지 받은 날부터 7일 이내에 원고들 개인별로 각각 10만원을 공탁할 것을 명한다.

항고이유

1. 귀원의 위 결정의 이유는 다음과 같습니다.

※ 이 사건 기록에 의하면, 소송비용에 대한 담보제공이 필요하다고 판단되므로 민사소송법 제117조 제2항, 제120조 제1항에 의하여 주문과 같이 결정한다.

2. 법원이 소송비용담보결정을 함에 있어서 민사소송법은 두 가지 경우를 들고 있는 바, 위 법 제117조 제1항은 "원고가 대한민국에 주소·사무소와 영업소를 두지 아니한 때 또는 소장·준비서면, 그 밖의 소송기록에 의하여 청구가 이유 없음이 명백한 때 등 소송비용에 대한 담보제공이 필요하다고 판단되는 경우에 피고의 신청이 있으면 법원은 원고에게 소송비용에 대한 담보를 제공하도록 명하여야 한다"고 하

고 있고, 제2항은 "제1항의 경우에 법원은 직권으로 원고에게 소송비용에 대한 담보를 제공하도록 명할 수 있다"고 하고 있습니다.

3. 귀원은 피고 김명수의 신청이 없음에도 직권으로 제2항에 따라 원고들에게 소송비용담보제공을 명하였다는 것인 바, 원고들이 대한민국 국민으로 그 주소지를 명확하게 밝히고 있으므로, 결국 귀원은 스스로 '소송기록에 의하여 청구가 이유없음이 명백한 때'라고 판단하였다는 것이니, 이는 재판을 통해 원고들과 피고 사이의 다툼을 통해 종국적으로 판단에 이르러야 할 사안에 대하여 귀원이 이미 일방 당사자인 피고에게 유리한 심각한 예단과 편견을 갖고 있음을 보여주는 것이라 하지 아니할 수 없습니다. 민사 소송에 있어서는 당사자주의의 대원칙에 쫓아 법원은 중립적이고 공정한 심판자로서 당사자 쌍방의 주장과 입증을 쫓아 판단하여야 함이 마땅하고, 피고의 요구가 없음에도 불구하고 궁극적으로 피고의 경제적 이익에 귀착되는 소송비용을 법원이 앞장 서서 원고들에게 담보제공토록 함으로써 사실상 원고들의 소제기권, 재판청구권을 제한하여서는 안 되는 것입니다.

4. 법원이 직권으로 담보제공결정을 할 수 있도록 한 민사소송법 제117조 제2항은 2010. 7. 23 신설된 조항입니다. 이는 소송비용부담은 원, 피고 쌍방 사이에서 해결해야 할 문제이고, 극히 예외적인 경우가 아니면 법원이 직권으로 나서서는 안 된다는 법적 정의와 민사소송법의 대원칙을 연혁적으로 보여주는 것입니다. 실제로 귀원이 피고의 신청이 없었음에도 불구하고 원고에게 직권으로 소송비용담보제공을 명한 사례가 지금까지 몇 건이나 있었고, 어떤 사건에서 있었는지 묻지 아니할 수 없습니다. 피고가 현직 대법원장이라는 이유로 법원의 직권에

의한 소송비용담보제공 결정이라는 우산을 쓰지 않았기를 바랍니다.

이 결정으로 인해 원고들은 귀원이 이미 본안 심리에 들어가기도 전에 심각한 예단을 갖고 있음에 우려를 표하면서, 부당하게 직권을 남용하여 원고들의 재판청구권을 직접적으로 침해하는 소송비용담보제공결정에 불복하는 바, 위 결정을 즉시 취소하여 주기 바랍니다.

2021년 4월 8일
원고들 소송대리인 변호사 이호선
사회정의를 바라는 전국교수모임 일동

'검수완박' 법률에 대한 헌법소원[13]

●●●

청구 취지문

"검찰청법(2022. 5. 3 공포된 개정법률) 제4조 제1항 제1호 가목, 다목 및 제4조 제2항, 형사소송법(2022. 5. 3 공포된 개정법률) 제196조 제2항, 제245조의 7 제1항은 헌법에 위반된다"라는 결정을 구합니다.

청구 이유서

1. 사건 개요 및 청구인 적격

청구인들은 전·현직 대학 교수들로서 2022. 3. 23 서울중앙지방검찰청에 은수미 성남시장을 비롯한 7인을 특정경제범죄가중처벌등에관한법률위반(배임) 및 직무유기 등으로 고발하여(증제1호 고발장, 증제2호

---

13) 박O아 외 4인의 정교모 공동대표단이 이른바 '검수완박법'의 위헌성에 대한 헌법소원을 청구함.

접수증명원참조), 이 사건은 현재 서울중앙지방검찰청에 계류 중에 있는 바, 청구인들은 대한민국 국민으로서 이 사건 법률조항의 실체적 내용 및 그 입법과정의 위헌성에 직접 영향을 받음으로 헌법소원심판의 적격을 갖고 있을 뿐 아니라, 보다 직접적으로는 이른바 검수완박으로 불리는 검사의 수사 범위 축소, 직접 수사 및 불기소 최종 처분의 권한 박탈 등으로 인해 검찰을 통해 사건의 실체를 규명하고 관련자들을 의법 처리하여 사회정의를 실현할 수 있는 권리를 침해당하고 있습니다. 아래에서 이 사건 조항들의 실체적 위헌성 및 절차적 위헌성을 살펴보겠습니다.

2. 위 규정들의 실체적 위헌성과 청구인들의 기본권 침해

가. 개정 검찰청법(이하 "검찰청법"이라고만 합니다) 제4조 제1항 제1호 가목은 종전 법에서는 부패범죄, 경제범죄, 공직자범죄, 선거범죄, 방위사업범죄, 대형참사 등 대통령령으로 정하는 중요범죄를 검사의 수사 개시 대상에 넣고 있으나, 개정법률에서 부패범죄와 경제범죄만 남겨 두고 나머지 네 개의 유형을 삭제하였습니다. 청구인들은 고발인들 중 은수미, 정건기, 권혁주 등에 대하여는 특정경제범죄가중처벌등에관한법률 제3조 제1항(배임)과 형법 제122조 직무유기로 고발하였는바, 이 법률에 따르면 고발인들의 사건은 특경법 부분은 검찰에서 수사하지만, 직무유기는 공직자범죄에 해당하여 검찰이 아닌 경찰에서 수사를 하게 됩니다.

위 범죄사실은 기본적 사실관계가 동일하고 다만 법리적용에 있어

다소 그 차이가 있을 뿐임에도 하나의 수사기관에서 수사를 하지 않고 이를 분산하는 것은 사건의 실체를 규명함에 있어 결정적 장애 요인이 되고, 무엇보다 청구인들의 경우 고발인으로서 검찰과 경찰, 양 쪽에 출석하여 사실상 동일한 진술을 반복해야 합니다.

이는 입법권이 인위적으로 수사기관의 직무를 법으로 분리시켜 놓음으로써 공익 고발인인 청구인들에게 무익한 일을 하도록 강요하는 것에 다름 아니어서 고발인들의 헌법상 기본권인 행복추구권을 침해하는 것입니다.

나. 또한 위 법 제4조 제1항 제1호 다 목과 같은 조 제2항, 형사소송법 제196조 제2항은 검사는 사법경찰관이 송치한 사건의 공소 제기 여부의 결정 및 그 유지를 위하여 필요한 수사를 하는 경우에는 해당 사건과 동일한 범죄사실의 범위에서 수사할 수 있도록 하고 있는 바, 이것은 검찰이 경찰에서 수사한 범위 내에서만 직무유기 혐의를 수사할 수 있고, 설령 다른 직무유기의 점이 밝혀진다 하더라도 검찰에서는 추가 수사를 하지 못하도록 하고 있어 소위 대장동 사건의 진상을 규명하고, 관련 공직자들의 비위와 가담 정도를 명확하게 밝혀낼 목적의 청구인들의 고발권을 침해할 뿐 아니라, 국가·사회적인 범죄행위를 은폐하는데 입법이 조력하는 결과가 됩니다.

이는 청구인들의 고발인으로서의 지위에서 뿐만 아니라 일반 국민, 범죄로부터 자유롭고, 범죄에 대하여는 국가가 제대로 수사하고, 재판에 회부하여 사회적 신뢰가 유지될 수 있어야 한다는 기대, 그러한 기대 속에서 살아갈 인간적인 권리를 침해하고, 범죄자들은 재판에 회부되어야 한다는 재판회부청구권(헌법 제27조의 유추해석)을 침해하는 것입니다.

　또한 경찰에서 송치한 사건과 동일한 범죄사실에 국한하여 검사의 수사권을 제한하는 것은 헌법 제28조에 명시된 검사의 불기소처분권을 무력화시키는 것으로서, 불기소처분을 위해서는 각종 증거와 다양한 시각의 법리 검토가 필요하고, 불기소라는 최종 처분 역시 여죄를 남기지 않고 이루어져야 함에도, 여죄가 있음에도 동일성이 인정되지 않아 검찰이 수사하지 못하고 불기소하도록 하거나 경찰의 불송치결정으로 사건이 매듭지어진다면, 청구인들로서는 국가 사법기관을 통해 기대하는 사법적 정의를 충족하지 못하게 되어 행복추구권, 주권을 가진 국민으로서의 존엄성이 심각하게 침해됩니다.

　한편 헌법 제26조는 국민에 대한 청원권을 인정하고 있는 바, 고소·고발은 전형적인 청원권으로서 그 성격과 대상이 분명하고, 이를 처리하는 국가기관, 특히 검찰의 경우 청원에 대하여 수사로 응해야 하는 의무를 지고 있었는 바, 위 법은 아무런 합리적 이유도 없이 특정한 사건의 청원(고소/고발)에 대하여는 그 처리 권한을 그 기관의 권한에서 삭제하고, 더구나 그 국가기관인 검찰 조차 반대하는 상황에서 가장 절실한 청원인 고소·고발을 무력화시키고 있어 헌법이 정하는 청원권도 중대한 침해를 받고 있습니다.

　다. 형사소송법 제245조의 7 제1항은 경찰의 불송치결정 통보에 대한 이의신청권자에서 고발인을 제외하도록 하고 있는 바, 이것은 청구인과 같은 고발인들의 경우 경찰의 불송치결정을 종국적 판단으로 받아들여야 하고, 여하한 구제방법이 없도록 하는 것으로서 청구인들의 기본권에 대한 용납할 수 없는 침해이고, 더구나 이미 기존 법률 하에서 고발인으로서 이의신청권을 가진 상태에서 후속 법률로 그 권한을 박탈당하게 되었는 바, 경과규정조차 없는 이러한 법률은 마땅히 기본권의 본질을 침해하는 것으로서 헌법의 정신에 비춰 용납되어서는 안 되는 것입니다.

3. 위 규정들의 입법과정의 절차적 위헌성과 청구인들의 기본권 침해

우리 헌법 제37조는 "국민의 자유와 권리는 헌법에 열거되지 아니한 이유로 경시되지 아니한다"고 하고 있습니다. 비록 헌법에 열거되어 있지는 않지만, 국민에게는 "입법형성과정에서의 합헌 및 적법절차 기대권"이 있습니다. 모든 국가 기관은 합헌적 행위, 사회통념적으로 용인될 수 있는 행위를 통해 의사결정을 할 것이라는 기대는 굳이 명문화되어 있지 않더라도 모든 국민의 마음 속의 헌법이고 불문율이며, 헌법 제1조의 주권재민의 대원칙의 바탕입니다.

그런데 위 규정들은 이른바 '검수완박'이라는 광기를 띤 소수의 정파에 의하여 입법부가 아닌 더불어민주당의 한 정파적 의사결정으로 이루어지고 말았습니다. 그리고 그 과정에서 국회법과 국민 일반의 법상식이 무너졌습니다. 국회의 숙려기간을 위해 만들어 둔 안건조정위원회를 무력화시키기 위하여 여당 의원이 탈당하여 무소속이 되어 야당으로 둔갑하였고, 그것을 야당으로 인정하여 입법절차가 진행되었습니다. 차마 부끄러워 말 못할 억지가 국회 입법과정에서 자행되었던 것입니다. 헌법재판소는 이에 대하여 답해야 합니다. 이런 절차의 무법성은 입법형성의 재량 속에 묻힐 것이 아닙니다.

입법형성이 아니라 21대 국회는 무법천지를 만들었고, 헌법과 국회법을 우습게 보고, 국민의 건전한 법 상식을 조롱하였습니다. 이 부끄

러운 입법절차와 그 결과인 검찰청법과 형사소송법 개정안에 대하여 청구인들은 참을 수 없는 모욕과 분노를 느낍니다. 헌법 제10조가 말하는 인간으로서의 존엄과 가치가 송두리째 무시당하고, 불가침의 인권이란 대한민국에서 앞으로 존재할 것인가, 모든 것이 형식적 날치기로 합법으로 둔갑하는 세상에서 과연 신체와 양심의 자유, 경제적 자유를 누리며 안전하게 살아갈 수 있을 것인가 두렵기도 합니다.

"민주주의는 변덕스럽기 때문에 입법자가 이를 신중하게 잡아줘야 한다"는 말은 대한민국에서는 정 반대가 되었습니다.

입법자가 변덕을 넘어 횡포를 부리기에 국민이 잡아주어야 합니다. 그러나 국민이 나서기 전에 그래도 아직 대한민국 헌법에 최후의 보루가 있습니다. 이제는 헌재가 나서야 합니다. 이 정권, 좌편향으로 기울어진 헌재라는 말이 있습니다. 그래도 믿고 싶습니다. 이 절차적 위헌성, 그 자체만으로도 이 사건 규정들은 위헌 판정을 받아야 합니다.

독수독과의 원리는 형사사법의 원칙으로만 작동하는 것이 아닙니다. 악한 나무에서 악한 열매가 나올 수 밖에 없습니다. 악한 열매라는 실체를 보기 이전에 악한 나무를 이미 봐왔다면 좌고우면하지 말고 헌법재판소는 그 이름에 걸맞는 대한민국의 중심추가 되어 침몰하는 정치, 몰락하는 양심, 부패한 권력을 바로 세우는 복원력의 구심이 되어야 할 것입니다.

2022년 5월 3일
사회정의를 바라는 전국교수모임
청구인들 대리인 변호사 이호선

헌법재판소법에 대한 헌법소원 청구 이유서[14]

●●●

청구 이유서

1. 사건 개요 및 청구인 적격

가. 청구인들의 지위

청구인들은 전·현직 대학 교수들로서 사회정의를 바라는 전국교수모임(정교모)의 중앙집행위원들인 바, 이른바 "검수완박법"으로 불리는 검찰청법(2022. 5. 9 법률 제18861호로 일부 개정된 것)과 형사소송법(2022. 5. 9 법률 제18862호로 일부 개정된 것)이 국회 본회의에서 가결 선포되고, 이어 국무회의에서 공포됨에 따라 청구인들은 위 법률들의 실체적 내용이 헌법에 위반됨은 물론, 그 입법과정에서의 불법·위헌성을 지적하여 헌법소원심판을 청구하고(2002헌마684 검찰청법 제4조 제1항 제1호 가목

---

14) 박O아 외 4인은 사회정의를 바라는 전국교수모임을 대표하여 "헌법재판소법(2022. 2. 3 법률 제18836호로 일부개정된 것) 제41조 제1항 및 같은 법 제68조 제1항은 헌법에 위반된다"라는 결정을 구하는 헌법소원을 청구함(2022년 6월)

등 위헌확인), 관련 법률에 조항에 대한 효력정지가처분(2022헌사388호)을 신청하였습니다.

그런데 헌법재판소는 2022. 5. 17 위 심판청구에 대하여 헌법재판소법 제68조 제1항에 따라 "헌법소원심판은 공권력의 행사 또는 불행사로 인하여 헌법상 보장된 자신의 기본권을 현재 직접적으로 침해당한 사람이 청구할 수 있고 따라서, 따라서 어떤 공권력행사가 헌법소원을 청구하고자 하는 사람의 법적 지위에 영향을 미치지 아니하는 경우라면 애당초 기본권침해의 가능성이나 위험성이 없으므로 그 공권력의 행사를 대상으로 헌법소원을 청구하는 것은 허용되지 아니 한다"는 이유로 청구인들의 기본권 침해의 자기관련성 및 현재성 요건을 갖추지 못했다는 이유로 각하하였습니다.

나. 헌법재판소법 제41조 제1항 및 제68조 제1항의 문제점

당초 청구인들은 '검수완박법률'들이 공포되기 전에 서울중앙지검에 은수미 전 성남시장을 비롯한 7인을 특정경제범죄가중처벌등에관한법률위반(배임) 및 직무유기 등으로 고발한 바 있어, 개정 검찰청법 등에 따라 사건이 쪼개지는 불이익을 받게 되는 지위에 있음을 청구원인으로 삼았지만, 또 하나의 중요한 청구원인은 '검수완박법안'의 국회 통과 및 공포 과정에서의 절차적 위헌성이었습니다. 이미 청구인들은 헌법소원심판을 통해 청구인들은 입법형성과정에서의 합헌 및 적법절차 기대권이 침해되었음을 지적하고 이에 대한 헌법재판소의 판단을 구하였으나, 위 각하 결정에서도 이 부분에 관한 판단은 없었습니다.

현행 헌법재판소법(2022. 2. 3 법률 제18836호로 일부개정된 것) 제41조

제1항은 "법률이 헌법에 위반되는지 여부가 재판의 전제가 된 경우"로, 제68조 제1항은 "공권력의 행사 또는 불행사"를 그 요건으로 국한하여 명시하고 있는 까닭에 "법률 제·개정의 절차가 헌법에 위반되는지 여부" 및 "공권력의 행사의 절차가" 헌법상 보장된 기본권을 침해한 경우는 헌법소원심판을 통해 구제받을 수 있는 길이 막혀 있습니다.

다시 말해, 현행 권리구제형 헌법소원심판청구의 경우 법률이라는 완결형 국가행위, 공권력 행사 또는 불행사라는 결과적 처분만을 헌법소원심판청구 대상으로 해 놓은 탓에 일반 국민은 법률의 제·개정 절차 및 공권력 행사 과정에서의 위법, 위헌성이 뚜렷한 경우에도 이러한 절차상의 문제를 이유로 헌법재판소에 심판조차 청구하지 못하여 국가 공권력에 대한 적법절차 준수 요구권이라는 기본권침해에 대한 적절한 수단을 갖지 못한 상태에 놓여 있습니다.

이는 위 각 헌법재판소법 입법 규정의 결함에 기한 것으로 이른바 '부진정입법부작위'에 해당하는데(1996. 10. 30 94헌마108), 위 법률 제정 당시에는 적어도 국가 기관, 특히 입법부가 그 입법과정에서 불법, 위법, 편법을 일삼아 입법권을 남용하고 헌법질서와 정신을 훼손할 것이라고는 생각하지 못했기에 그 절차상 위헌의 문제를 굳이 헌법재판소법에 명시하지 않았어도 합헌으로 간주될 수 있었고, 이러한 합헌성 추정이 최근의 검수완박 사태까지는 그런대로 정당성을 인정받을 수 있었습니다.

그러나 아래에서 보듯이 21대 국회에서 박병석 국회의장을 비롯한 더불어민주당의 입법권 남용행위, 문재인 전 대통령의 국무회의에서의 위헌·불법적 법률안에 대한 국무회의 졸속 의결과 공포권 남용 등은 헌법재판소의 기존 법률 규정은 더 이상 헌법질서를 수호하는 규정으로서는 적합하지 않다는 사실이 드러나게 되었습니다. 이러한 위헌성을 해결하고 관련 법률 규정이 국민의 기본권을 제대로 보호하기 위하여는 최소한 아래와 같은 내용으로 입법되어야 할 것입니다.

○ 현행 헌법재판소법 제41조 제1항

법률이 헌법에 위반되는지 여부가 재판의 전제가 된 경우에는 당해 사건을 담당하는 법원(군사법원을 포함한다. 이하 같다)은 직권 또는 당사자의 신청에 의한 결정으로 헌법재판소에 위헌 여부 심판을 제청한다.

▶ 위헌성 해소 입법안

법률 또는 그 제·개정절차가 헌법에 위반되는지 여부가 재판의 전제가 된 경우에는 당해 사건을 담당하는 법원(군사법원을 포함한다. 이하 같다)은 직권 또는 당사자의 신청에 의한 결정으로 헌법재판소에 위헌 여부 심판을 제청한다.

○ 현행 헌법재판소법 제68조 제1항

공권력의 행사 또는 불행사로 인하여 헌법상 보장된 기본권을 침해받은 자는 법원의 재판을 제외하고는 헌법재판소에 헌법소원심판을 청구할 수 있다. 다만, 다른 법률에 구제절차가 있는 경우에는 그 절차를 모두 거친 후에 청구할 수 있다.

▶ 위헌성 해소 입법안

공권력의 행사 내지 그 절차 또는 불행사로 인하여 헌법상 보장된 기본권을 침해받은 자는 법원의 재판을 제외하고는 헌법재판소에 헌법소원심판을 청구할 수 있다. 다만, 다른 법률에 구제절차가 있는 경우에는 그 절차를 모두 거친 후에 청구할 수 있다.

다. 직접적 자기관련성, 현재성 및 청구기간 준수

청구인들의 경우 이미 헌법재판소법 제68조 제1항에 따라 헌법소원심판청구가 각하되었기 때문에 청구인들의 적정한 헌법재판청구권 행사를 직접 제한하는 위 조항과 직접적으로 자기관련성을 갖고 있고, 입법부작위의 특성상 위헌성이 해소되지 않으면 현재 및 장래에 향하여 반복적 침해가 예정되어 있어 권리보호의 이익 및 현재성도 당연히 인정됩니다

한편 헌법재판소법 제69조 제1항의 청구기간을 해석함에 있어 헌법재판소는 부진정입법부작위를 포함하여 이미 시행 중인 법률에 대한 위헌확인을 구하는 헌법소원심판 청구에 관하여는 그 법령에 해당하는 사유가 발생하여 기본권의 침해를 받게 된 경우 그 사유가 발생하였음을 안 날로부터 60일 이내로 정하고 있는 바, 위 각하 결정이 2022. 5. 17 내려졌으므로 이건 심판청구일 현재를 기준으로 헌법재판소법 제69조 제1항 소정의 청구기간도 준수하였습니다.

2. 공권력 행사 과정에서의 노골적인 위헌, 불법 행태 및 법치유린 행위

가. 법사위원장 박광온의 공권력 행사 과정에서의 위헌, 불법행위

(1) 국회법 제59조에 따르면 일부개정법률안의 경우 의안이 위원회에 회부된 날로부터 15일이 지나지 않으면 그 의안을 상정할 수 없도록 되어 있습니다. 다만, 단서에 긴급하고 불가피한 사유로 위원회의 의결이 있는 경우에는 그러지 아니하다고 되어 있는데, 박광온은 이 단서에 해당하는 사유가 없음에도 불구하고 자기 소속당의 위원수가 다수임을 기화로 단서 조항을 임의로 악용하였습니다.

(2) 또 국회법 제82조의 2에 의하면 위원장은 회부된 법률안에 대하여 입법예고를 거쳐야 하고, 다만 긴급히 입법을 하여야 하는 경우 위원장이 간사와 협의하여 이를 생략할 수 있도록 되어 있으나, 긴급성 요건이 충족되지 않음은 물론 박광온은 간사와 협의 절차도 거치지 않은 채 입법예고를 생략하였습니다.

(3) 또한 위원회 심사의 경우 국회법 제58조에 따라 안건 심사시에는 전문위원의 검토보고를 듣고 대체토론, 축조심사, 찬반토론을 하도록 되어 있으나 박광온 법사위원장은 이 절차도 거치지 않았습니다.

(4) 검수완박 법안의 처리 과정에서의 박광온 법사위원장의 상식을 넘어서는 위헌, 불법적 행태는 민주당을 위장탈당한 민형배를 야당 몫으로 인정하여 국회법 제57조의 2 소정의 안건조정위원으로 선임한 것에서 정점에 달합니다. 위 국회법 소정의 안건조정위원회는 다수당의 독주를 막고 대의기관인 국회에서의 숙려를 통한 신중한 입법, 대화와 타협을 위하여 도입된 제도임에도 불구하고 박광온과 민형배는 오히려 이를 다수당의 억지와 불법을 포장하는 도구로 전락시키고 말았습니다.

위 조문을 보면 안건조정위원회가 구성되면 그 활동기한을 구성일로부터 90일로 하도록 되어 있고, 조정위원은 제1당 교섭단체와 그 밖의 교섭단체 위원을 3+3 동수로 하여 일단 조정위가 구성되면 다수당이라도 독주하지 못하도록, 최대 90일의 숙려기간을 갖도록 하는 것이 국회법의 분명한 입법 목적입니다. 그럼에도 박광온은 민주당을 탈당한 민형배를 야당인 국민의 힘이 반대함에도 불구하고 비 민주당 몫의 조정위원으로 선임하여 기존 민주당 의원 3명에 민형배까지 4명을 민주당측에 포진시켜 놓고, 나머지 2명의 비민주당 위원들은 아무런 역할도 하지 못하게 함으로써 최대 90일 이상의 숙려기간을 가져야 하는 안건조정위가 불과 몇 분만에 구성되고 민주당 측 4명이 낸 법안을 안건조정위 안으로 의결했다고 박광온에게 보고하고, 박광온은 이를 받아 소위원회 심사를 거친 것으로 간주하여(제57조의 2 제7항) 바로 그 자리에서 법사위 통과를 시켜 버렸던 것입니다.

국회법 제57조의 2 제7항은 다음과 같이 되어 있습니다.

"조정위원회에서 조정안이 의결된 안건에 대해서는 소위원회의 심사를 거친 것으로 보며, 위원회는 조정위원회의 조정안이 의결된 날부터 30일 이내에 그 안건을 표결한다."

이 모든 것이 검수완박 법안 처리과정에서는 박광온의 주도 아래 기립표결로 회의시작 10분만에 끝나고 말았습니다.[15]

이로써 다수당의 일방적 독주를 막기 위해 제1당과 그 외의 당을 동수로 만들어 놓고 최대한 90일의 숙려기간을 갖도록 하고, 이를 통해 나온 안건에 대하여는 소위 심사를 거친 것으로 간주하도록 하고 있는

---

15) 법률신문 2022. 4. 27 https://m.lawtimes.co.kr/Content/Article?serial=178283

안건조정위 제도가 다수당의 독주 수단으로, 그것도 법안 소위 심사도 생략하는 불법적 도구로 더럽혀지고 말았습니다. 도저히 정상적 언어적 표현이 불가능한, 그냥 전대미문의 '저질 양아치 집단의 행패'가 대한민국 국회에서 벌어진 것입니다.

나. 국회의원 민형배의 위헌·범죄행위

국회의원이라는 민형배는 민주당 몫의 법사위원으로 있다가 탈당이라는 형식을 통해 박광온이 선임하는 대로 비민주당 몫의 안건조정위원으로 선임되었습니다. 그의 이런 행태는 탈당 전부터 그러한 의도로 탈당하겠노라 공언한 상태에서 이뤄졌습니다. 그 후에는 민주당 몫의 안건조정위원 세 명에, 본인이 비 민주당 몫의 조정위원이 되어 안건조정위가 만들어지자마자 네 명이 같이 검수완박 법안을 안건조정위에서 의결한 것처럼 하여 법사위안으로 확정시켰습니다. 최소한의 형식조차도 무시한 노골적인 국회법위반이자, 국민 우롱행위이고, 국회의 정상적 업무를 방해한 범죄행위에 다름 아닙니다. 이 자는 국회 법무부 장관 청문회 자리에서 자신의 위장탈당에 대하여 위장탈당이 아니라고 강변하며 발끈하더니, 이제는 민주당에 복당하겠다고 하는 등 잡범들조차 하지 않을 짓을 버젓이 하고 있습니다. 어쨌건 국회의원 역시 개별적인 헌법기관으로서 이런 자의 행동 역시 공권력의 행사에는 해당하고, 이런 행위가 입법의 한 축을 이루고 있습니다.

다. 국회의장 박병석의 위헌, 위법 행위

국회법 제93조의 2는 "본회의는 위원회가 법률안에 대한 심사를 마치고 의장에게 그 보고서를 제출한 후 1일이 지나지 아니하였을 때에는 그 법률안을 의사일정으로 상정할 수 없다. 다만, 의장이 특별한 사유로 각 교섭단체 대표의원과의 협의를 거쳐 이를 정한 경우에는 그러하지 아니하다"고 규정하고 있는 바, 국회의장 박병석은 2022. 4. 26 검수완박 법률안들이 통과되고, 그 다음날인 27. 바로 본회의를 소집하여 이를 상정함으로써 국회법을 위반하였습니다. 위 조문의 단서에 해당하는 교섭단체 대표의원과의 협의도 거친 바 없습니다. 무엇보다 박병석 자신이 민주당 출신으로 박광온, 민형배 등의 범죄적 행위를 인지하고 상호 교감하면서 사실상 지휘·조율하였기에 위와 같은 행태가 새삼스럽지는 않으나 본회의 상정이라는 공권력 행사에 위헌·위법을 자행하였음은 명백합니다.

라. 대통령 문재인의 법안 공포 행위와 위헌성

문재인 대통령은 2022. 5. 3 14:00 퇴임전의 마지막 국무회의를 주재하여 이 자리에서 검수완박 법률들에 대한 공포안을 심의·의결토록 하고, 이를 공포하였습니다. 통상적으로 국무회의는 오전에 열어왔는데, 퇴임을 일주일 남긴 마지막 국무회의는 이례적으로 오전 일정을 뒤로 미루어 오후로 잡았습니다. 이는 국회 본회의에서 그날 오전 법안이 강행 통과되어 이송되는 것을 기다리기 위함이었습니다. 자당의 입법 광란이 법안으로 매듭지어져 바톤이 넘어오면 바로 받아서 처리할 수 있도록 국무회의를 '대기'시켜 놓았던 것입니다. 바톤을 이어받은 문재인 대통령겸 국무회의 의장은 법제처 등 관련 기관의 의견 청취, 심지어 국무회의 내에서의 토론도 없이 일사천리로 의결하고, 그 이후 공포하기에 이르렀습니다.

　그 과정에서 법조계, 언론, 학계 등에서 법안의 내용은 물론 그 입법 절차상의 문제를 들어 대통령의 재의권을 행사토록 하는 여론이 봇물같이 쏟아졌지만, 문재인 대통령 본인에게 가장 수혜가 돌아갈 방탄 입법들은 그대로 공포하고 말았습니다. 헌법상 대통령의 법률안 재의권은 고유한 재량행위일 수도 있으나 국무회의 일정까지 자당이 폭주하고 있는 여의도 일정에 맞춰줌으로써 헌법상의 독립적인 국무회의를 국회 하청 기관으로 전락시켜 놓은 행태는 대통령의 정상적인 법률안 공포권의 범위를 넘어서 그것만으로도 충분히 위헌입니다.

3. 심판대상법률의 위헌성 여부

가. 침해되는 기본권의 개관 및 불완전입법에 대한 위헌심사 필요성

　대상법률은 위와 같이 국회 입법 과정에서의 단계별 위헌·불법성이 명백함에도 일단 입법이 완료되고, 법률이 공포되면 그에 기하여 개별적 공권력 행사 내지 불행사가 있는 경우에만 헌법소원심판을 청구할 수 있도록 함으로써 입법절차상의 위헌성에 면죄부를 주고, 이로 인해 국민에게 따로 헌법질서에 의한 판단을 받을 수 있는 길을 터주지 않고 있어, 헌법 전문(저항권), 헌법 제1조, 헌법 제7조, 헌법 제8조, 헌법 제10조, 헌법 제11조, 헌법 제19조, 헌법 제26조, 헌법 제27조, 헌법 제37조(입법에서의 적법절차 준수원리) 등을 침해하고 있습니다. 국민의 주권이 입법자에게 위임됨에 있어서는 그 입법형성 과정이 헌법질서를 존중하고, 국민 전체의 복리를 위해서 숙려를 거쳐 이루어지는 것이 핵심임에도 불구하고, 이런 모든 절차가 파괴된 이상 그 결과가 어떤 내용으로 입법이 되었건, 이는 귀태(鬼胎)로서 이는 마땅히 위헌심사대에 올려져야 할 것임에도 불구하고, 이를 가로막고 있는 대상법률인 헌법재판소법 제68조 제1항과 제41조 제1항은 불완전입법으로서 위헌심사의 대상이 되어야 합니다.

나. 구체적 침해 내용

(1) 자유민주국가 헌법의 본질상 인정, 그리고 우리 헌법 전문에서 "불의에 항거한 4·19민주 이념을 계승"한다고 하여 저항권은 헌법의 최종 수호자인 국민에게 인정되는 권리입니다. 이 저항권은 물리적 저항 이전에 헌법재판을 통해 그 구제를 요청하는 방식으로도 실현되어야 함에도 불구하고, 현행 대상법률은 국민 개개인이 구체적인 공권력의 행사·불행사로 인한 자기권리 침해의 경우에만 헌법 재판을 구할 수 있고, 정작 더 큰 불의이자 거악 중의 거악인 입법이라는 원천적 샘물에 독을 푼 자들의 행위에 대하여는 국민이 직접 헌법재판을 청구할 수 있는 길을 가로막아, 좀 더 평화적이며 질서있는 저항권 행사를 봉쇄하고 있습니다.

(2) 헌법 제1조는 대한민국의 주권은 국민에게 있고, 모든 권력은 국민으로부터 나온다고 선언하고 있는데, 대상법률은 위임된 주권이 더러운 손에 의하여 절차적으로 오염된 경우에도 헌법재판을 불가능하게 하여 청구인들의 주권을 해하고 있습니다.

(3) 헌법 제7조는 공무원의 신분과 정치적 중립성을 법률이 정하는 바에 의하여 보장하되, 대신 공무원은 국민전체에 대한 봉사자로서 국

민에 대하여 책임을 지도록 하고 있으면서 이에 위반하는 경우 징계와 탄핵이 가능하도록 하고 있습니다. 위에서 본 입법과정에서 공권력을 행사한 자들과 법안을 의결 공포한 자는 국민 전체가 아닌 정파, 소수의 범법자들을 위한 방탄입법을 하였으므로 이에 대한 정치적, 법적 책임을 추궁해야 마땅하고, 무엇보다 먼저 그러한 행위로 인하여 기형적으로 만들어진 법률에 대한 탄핵(헌법심판)을 해야 함에도 불구하고 대상법률이 이를 막고 있어 청구인들이 국민전체에 대한 봉사를 하는 직업적·양심적 공무원들로부터 봉사받고, 그렇지 못한 경우 이들에 대하여 책임을 추궁할 수 있는 권리를 침해당하고 있습니다.

(4) 헌법 제8조 제2항은 '정당은 그 목적·조직과 활동이 민주적'이어야 한다고 규정하고, 제4항에서는 '정당의 목적이나 활동이 민주적 기본질서에 위배될 때에는 정부는 헌법재판소에 그 해산을 제소할 수 있고, 정당은 헌법재판소의 심판에 의하여 해산'할 수 있도록 되어 있는바, 정당은 그 본질에서 헌법질서상 존립이 불허될 정도인 것도 있지만, 이는 극히 예외적으로 만일 그 범위를 넓게 인정한다면 민주공화정은 위태롭게 될 것이므로, 정당 해산은 아주 비상한 경우가 아니면 허용되어서는 아니될 것입니다. 그러나 한편으로 정당의 특정한 행위 내지 개별적 행위가 '민주적 기본질서에 위배'되는 경우란 얼마든지 있을 수 있고, 그 행위가 끼치는 폐해가 크다면 그 개별적 행위를 바로 잡을 수 있는 기회가 주어지는 것이 국가 전체적으로도, 그 정당을 위해서도 바람직하다고 할 것인데, 이 사건에서 입법부란 사실상 형해화되고, 민주당, 그 중에서도 소수의 자기 이해를 갖는 무리들이 저질스러운 행위를 입법행위로 포장한 이상 이러한 행위에 대한 심판은 얼마든

지 허용되어야 하나 대상법률에 의하여 이것이 가로막혀 있습니다. 위 헌법 조항이 위헌정당해산에 대한 제소권을 정부에만 주고 있다면, 국민의 입장에서는 정당해산은 아니라 하더라도 정당의 입법과정에서의 위헌적 행위에 대한 헌법심판청구권은 당연히 갖고 있다고 보아야 하는데 대상법률은 이러한 청구인들의 권리를 침해하고 있는 것입니다.

(5) 헌법 제10조는 모든 국민은 인간으로서의 존엄과 가치를 가지며, 행복을 추구할 권리를 가진다고 하고 있고, 제19조는 모든 국민은 양심의 자유를 갖는다고 하고 있습니다. 청구인들은 절차적으로 더럽혀진 법률이 법의 이름을 빌어 횡행하는 세상에서 살아간다는 것을 상상할 수 없습니다. 대상법률은 '그 법이 어떤 법인가?'에 대하여는 구체적인 공권력 행사·불행사를 전제로 물을 수 있도록 하고 있지만, '그 법이 어떻게 만들어졌는가?'에 대하여는 청구인들의 침묵을 강요하고 있습니다. 이러한 침묵이 강제되고, 당연시되는 세상에서 행복을 추구하거나 인간의 존엄이 제대로 추구될 수 없음은 두말할 나위가 없습니다. 이러한 법에 복종하도록 하는 것 역시 양심의 자유에 대한 심각한 도전입니다.

(6) 헌법 제11조는 법 앞에의 평등을 선언하면서, "사회적 특수계급의 제도는 인정되지 아니하며, 어떠한 형태로도 이를 창설할 수 없다"고 하고 있습니다. 입법과정에서의 공권력 행사의 위헌적 행태가 법률로 공포되는 순간 다 묻혀버린다면 입법부의 구성원들은 그들을 제외한 대한민국 국민 그 누구도 갖지 못하는 법질서 위반의 특권과 특혜를 누리게 되고, 입법자들은 공인된 사회적 특수계급으로 국민 위에 군림하게 될 것이고, 그러한 현상은 검수완박의 입법과정에서 고스란

히 드러났습니다. 더구나 내용적으로 검수완박 법률들은 검찰의 수사를 거쳐 재판을 받고 있거나, 향후 검찰 수사를 받을 개연성이 높은 자들이 주도한 셀프 방탄입법을 의도한 것으로서 위헌적 목적으로, 위헌적 절차를 거쳐서 나온 귀태(鬼胎)입니다. 대상법률은 이러한 귀태의 잉태과정에 대하여 국민에게 눈감고, 귀닫고 있으면서 귀태들의 행진을 허용하도록 함으로써 명백히 위헌성을 지니고 있습니다.

(7) 헌법 제27조는 "국민은 헌법과 법률이 정한 법관에 의하여 법률에 의한 재판을 받을 권리를 가진다"고 선언하고 있고, 제26조는 "모든 국민은 법률이 정하는 바에 의하여 국가기관에 문서로 청원할 권리"를 갖는다고 하고 있고, 국가는 이를 "심사할 의무"를 진다고 하고 있는 바, 대상법률은 위에서 보는 바와 같이 청구인들이 주권자인 국민으로서 당연히 행사할 수 있는 재판청구권을 부당히 제한하고 있습니다.

(8) 헌법 제37조는 "국민의 자유와 권리는 헌법에 열거되지 아니한 이유로 경시되지 아니한다"고 하여, 헌법상 명문으로 규정되지는 않았으나 근대 입헌국가의 헌법적 이념과 지도원리는 당연히 국민 개개인의 기본권을 구성하고, 이를 침해하여서는 안된다는 뜻을 밝히고 있는 바, 헌법의 주요 원리 중 하나인 적정절차의 원리, 적정절차에 대한 국민의 신뢰와 기대권은 공화정적 질서의 토대를 이루는 것으로서 위에서 본 바와 같이 국회법사위원장 박광온, 민주당 위장탈당 의원 민형배, 국회의장 박병석, 국무회의 의장 겸 대통령인 문재인 등이 보여준 일련의 행태는 적법·적정절차의 원리에 정면으로 반하는 것임에도 현행 대상법률은 그러한 점을 지적하여 헌법재판을 청구할 길을 막고 있어 청구인들의 기본권을 침해하고 있습니다.

4. 국민주권과 입법과정에서의 적법·적정절차의 원리 담보 필요성

가. 입법권이 정당한 것으로 인정받기 위한 조건

입법권은 국민의 자기통치의 상징이고 이를 실현하는 수단입니다. 로크는 그의 〈통치론〉에서 모든 정치적 공동체, 국가의 기본이 되는 최초의 법은 입법권을 확립하는 것이라고 했습니다. 입법자의 결단이 사회를 구속하는 것은 그 입법이 내용적으로는 물론, 그 절차적으로도 위임자의 의사를 벗어나지 않는다는 대전제가 있기 때문입니다. 그 내용은 로크 식의 표현에 의하자면 '사회의 보존'이며, 이것은 자연법의 제1계명입니다. 따라서 입법은 주권의 대의적 행사의 방식이지만, 모든 사람의 보존, 모든 사람의 이익을 위한다는 그 한계 내에서만 작동해야 합니다. 그리고 그 입법은 형성과정에서 적법한 절차를 따를 것, 합의된 규칙에 의하여야만 합니다. 국민은 정당한 절차에 의한 입법을 위임하였지, 편법·불법으로 헌법질서를 농단하며 실정법을 노골적으로 위반하면서 법을 만들라고까지 위임한 바는 없습니다.

절차적으로 위법하게 수집된 증거는 그것이 아무리 실체적 진실 규명에 유용하고, 실체적 사안을 뒷받침하는 것이라 하더라도 증거로 쓸 수 없다는 이른바 '독수독과'의 원리는 웬만큼 근대적 형사사법체계를 갖춘 나라라면 다 입법화·제도화되어 있고 재판상의 사법원리로 굳게 자리잡고 있습니다. 개별적 사건에 있어서의 인권보장을 위한 원리가 이럴진대, 한 국가의 입법절차가 위법적으로 진행되었다면, 이것은 한 개인이 아니라 온 국민이 먹는 샘물에 독을 풀어놓는 것과 같아서 여기에서 자유로울 국민은 없습니다. 그 법의 실체적 내용과 법 체계성을 운운하기에 앞서 모든 주권은 정당한 절차에 따라, 적법하게, 헌법적 질서 하에서 행사될 것이라고 당연히 믿고 위임했던 주권자로서의 국민의 기본권은 참담하게 침해된 것입니다.

입법재량은 광범하게 인정되어야 한다는 것은 입법절차상의 재량이 광범하게 인정되어야 한다는 말과는 다른 것입니다. 입법절차가 위헌, 위법으로 점철되었다면, 그 최종 산출물인 법률은 그 실체적 내용을 떠나 폐기하는 것이 '독수독과'의 상식에 비춰서 당연한 것입니다. 그런데 불행히도 우리 헌법재판소법에는 이러한 규정이 미비합니다. 이는 설마 입법자 자신이 불법을 자행하리라고는 생각하지 못했기 때문이기도 할 것입니다. 그러나 '한 번도 경험하지 못한 문재인의 나라'에서는 모든 상식과 신뢰를 깨뜨리는 일이 버젓이 자행되었고, '검수완박' 입법에 이르러 입법부는 패거리의 패악질을 추인하는 기관으로 전락하고 말았던 것입니다. 입법부를 따로 구성하고 주권을 위임하는 것은 그 권한 행사가 즉흥적이고 자의적으로 이뤄지지 않도록 하기 위함입니다. 이것은 절대군주의 전횡에서 벗어나 입헌 시민국가를 만들고자 했던 가장 중요한 동기입니다. 그러나 위에서 본 바와 같이 '검수완박' 입법절차는 자의적이고 즉흥적 행태로 점철되었습니다.

로크는 일찍이 이렇게도 말한 바 있습니다.

"공동체는 자신들이 선포된 법률에 의해서 지배될 것이라는 신뢰 하에 입법권을 그들이 생각하기에 적절한 자들의 수중에 위임한다."

검수완박 입법과정은 이러한 신뢰를 깨뜨렸으며, 이를 통해 입법부를 구성하는 자들이 과연 '(입법권을 위임하기에) 적절한 자들'인지에 대한 심각한 의문을 제기하고 있습니다. 더러운 손이 음식을 헤집고 다닌 것이 분명함에도 아직까지 그 음식이 내 그릇에 담기지는 않았다는 이유로(자기관련성) 이의를 제기하지 못하도록 하고 있는 헌법재판소법은 불완전입법이라는 비판을 면할 수 없습니다.

나. 적법절차 판단에의 사법적 개입 사례

사법은 정치적 의사 형성, 정치적 결단의 장에 적극 개입하여서는 안 됩니다. 이것이 근대 헌법의 기초인 삼권분립의 정신의 기본이며, 공론을 만들고 실행하는 것에 사법적 간여가 있게 되면 주권이 왜곡될 염려가 있기 때문입니다. 그래서 전통적으로 사법은 정치 영역에 대하여는 소극적 성향을 띄게 되며 그것이 바람직한 경우가 많습니다. 그러나 절차적 합법성 여부를 따지는 단계에서는 사법소극주의가 작동해서는 안 되고, 게임 규칙에 대한 해석을 해주어야 합니다. 이것은 사회적 심판으로서 특히 헌법재판소를 둔 이유이기도 합니다.

예컨대, 유럽연합(EU)은 그 구성상 각 회원국의 주권적 속성이 강하게 작용하고 있는 주권국가 연합체이고, 그 중에서도 공동외교 및 안보정책, 공동방어와 같은 분야는 고도의 정치적 판단과 결단이 필요한 분야인 까닭에 "유럽연합최고법원은 공동외교안보정책에 관한 조항들 및 이 조항들에 근거하여 채택된 조치들에 대하여는 관할권을 갖지 아니한다."[16]고 하여 사법적 개입을 허용하지 않는다는 점을 명시하고 있습니다. 그럼에도 불구하고 한편으로는 "그러나 유럽연합최고법원은

---

16) 이호선 역, 완역 유럽연합창설조약(2019). 국민대 출판부. 유럽연합기능조약(TFEU) 제275조 제1단. The Court of Justice of the European Union shall not have jurisdiction with respect to the provisions relating to the common foreign and security policy nor with respect to acts adopted on the basis of those provisions.

유럽연합조약 제40조의 준수 여부 및 본 조약 제263조 제4단에 명시
된 요건에 따라 각료이사회에 의하여 유럽연합조약 제5편 제2장에 의
하여 자연인이나 법인에게 내려진 제한 조치들의 적법성 심사에 대한
관할권을 갖는다"[17]고 하여 절차적 규정의 준수 여부에 관하여는 유럽
연합최고법원이 개입할 길을 열어 두고 있습니다. 이러한 규정은 유럽
연합조약에서도 다시 확인되고 있는데, 위 조약 제24조는 "공동외교
및 안보정책은 특별 규칙과 절차의 적용을 받는다. 이 정책은 조약에
서 달리 정하지 않는 한 유럽정상회의와 각료이사회의 만장일치에 의
해 입안되고 집행되어야 한다. 입법적 채택은 배제된다. 공동외교 및
안보정책은 외교안보수석대표 및 회원국들이 조약에 따라 시행하여야
한다. 이 분야에 있어서의 유럽 의회 및 집행위원회의 특별한 역할은
조약에 의하여 규정된다"[18]고 하면서도, "유럽연합최고법원은 본 조약
제40조 준수 여부에 관한 확인 및 기능조약 제275조 제2항에 규정된
특정 결정들의 합법성을 심사하는 외에는 이 조항들에 대한 사법 관

---

17) 유럽연합기능조약(TFEU) 제275조 제2단.However, the Court shall have jurisdiction to
monitor compliance with Article 40 of the Treaty on European Union and to rule
on proceedings, brought in accordance with the conditions laid down in the fourth
paragraph of Article 263 of this Treaty, reviewing the legality of decisions providing for
restrictive measures against natural or legal persons adopted by the Council on the basis
of Chapter 2 of Title V of the Treaty on European Union.

18) 유럽연합조약(TEU) 제24조 제1항 제2단 1문 전반부 The common foreign and security
policy is subject to specific rules and procedures. It shall be defined and implemented by
the European Council and the Council acting unanimously, except where the Treaties
provide otherwise. The adoption of legislative acts shall be excluded. The common
foreign and security policy shall be put into effect by the High Representative of the
Union for Foreign Affairs and Security Policy and by Member States, in accordance with
the Treaties. The specific role of the European Parliament and of the Commission in this
area is defined by the Treaties.

할권을 가지지 않는다"[19]고 하여 반대해석을 통해 절차적 합법성에 대한 사법심사 관할권이 유럽연합최고법원에 있음을 명백히 하고 있습니다.

비단 공동외교·안보정책 뿐만 아니라 이른바 초정부주의적(super-governmental) 영역이 아닌 정부간주의(inter-governmental)가 지도 원리인 까닭에 각국의 정치적 이해관계가 무엇보다 우선시되는 영역에 있어서도 유럽연합기능조약 제269조는 다음과 같이 명시하고 있습니다.

"최고법원은 유럽연합조약 제7조에 따라 유럽정상회의나 각료이사회가 취한 조치의 적법성 심판에 대한 관할권을 갖되 당해 심판의 청구권은 유럽정상회의 또는 각료이사회의 결정에 의해 영향을 받는 관련 당사국만이 행사할 수 있고, 그 심판의 대상은 제7조에 명시된 절차적 준수 여부로만 국한한다."[20]

"회원국의 제소는 위와 같은 결정이 있는 날로부터 1개월 이내에 이루어져야 한다. 최고법원은 요청이 있는 날로부터 1개월 내에 판정을 내려야 한다."[21]

---

19) 유럽연합조약(TEU) 제24조 제1항 제2단 1문 후반부The Court of Justice of the European Union shall not have jurisdiction with respect to these provisions, with the exception of its jurisdiction to monitor compliance with Article 40 of this Treaty and to review the legality of certain decisions as provided for by the second paragraph of Article 275 of the Treaty on the Functioning of the European Union.

20) The Court of Justice shall have jurisdiction to decide on the legality of an act adopted by the European Council or by the Council pursuant to Article 7 of the Treaty on European Union solely at the request of the Member State concerned by a determination of the European Council or of the Council and in respect solely of the procedural stipulations contained in that Article.

21) Such a request must be made within one month from the date of such determination. The Court shall rule within one month from the date of the request.

이는 사법이 정치적 영역에서의 실체적 사법심사는 피하여야 하지만, 절차적 심사는 그 고유권한으로서 그 어떤 주체도 여기에서 벗어날 수는 없다는 뜻을 담고 있습니다. 하버마스(Jurgen Habermas)의 말처럼 "정치는 법을 사용할 수 있지만, 그와 동시에 법은 정치가 법을 사용하기 위한 절차적 조건을 규정하기 때문"에[22] 이러한 사법적 접근은 너무나 당연한 것입니다. 어떤 절차이건 간에 일단 '저질러 놓고' 입법이 되면 그 다음에는 그 절차적 문제에 대하여는 새삼 재론할 길이 없도록 막아 놓고, 또 그렇게 믿도록 몰고 가고 있는 우리의 후진적 법문화 풍토를 크게 부끄럽게 만드는 대표적 사례가 아닐 수 없습니다.

다. 입법과정의 위헌·불법성에 대한 헌법적 심판의 필요성

헌법은 보편적 인권, 자연법적이고 시원적인 국민의 주권을 선포하고 있는 실체적 선언이지만, 그 실체적 선언 속에는 이러한 실체가 정의로운 절차, 다시 말해 최소한 적법절차에 따라 구현될 것이라는 다짐을 바탕에 깔고 있는 것입니다. 존 롤스는 그의 〈정의론〉에서 "정의로운 헌법이란 정의로운 결과를 보장하도록 편성된 정의로운 절차"이고, "그 절차는 헌법에 의해 규제되는 정치적 과정이며 그 결과는 제정된 입법의 체계"라고 하고 있습니다.[23] 이는 헌법에서 예정하는 입법이 절차적 정당성을 잣대로 판단되어야 한다는 말에 다름 아닙니다. 법률이라는 완성형으로 그 절차 속에서 개별적으로 이뤄진 공권력 행사의 모든 절차적 위법이 묻히고, 면죄부를 주게 된다면 이는 헌법이 예정

---

22) 하버마스, 사실성과 타당성, 한상진 역(2000), 나남출판, 67면.

23) 존 롤스, 정의론, 황경식 역(2009), 이학사

하고 있는 정의에 반하는 것입니다.

"정당한 법은 법을 준수하려는 합리적 동기를 파괴하지 않은 법적 강제하고만 양립할 수 있다"는 하버마스의 말은[24] 주권자인 국민은 '묻지마 입법권'이 아니라 '정당한 입법권'을 기대할 뿐 아니라, 당연히 요구할 권리가 있는 것이고, 그것이 침해되었을 때 헌법 수호자로서 저항권을 행사하여야 한다는 의미도 내포하고 있습니다. 헌법에 명시되어 있건 그렇지 않건 간에 헌법의 최종 수호자가 국민이며, 이를 수호하기 위해 저항권을 행사할 수 있다는 점에 관하여는 그 누구도 이의를 제기하지 않습니다. 독일의 경우에는 아예 이를 못 박아 놓고 있습니다. 즉 독일 헌법 제20조 제3항은 "입법은 헌법 질서에, 행정 및 사법은 법률과 권리에 구속된다."[25] 고 하는 한편, 제4항에서 "모든 독일인은 이러한 질서의 폐지를 기도하는 자에 대하여, 다른 구제 수단이 불가능할 때에는 저항할 권리를 가진다"[26]고 하고 있는 것입니다.

역사상 그 어떤 전체주의, 독재, 폭압 정권도 최종적으로는 법률의 옷을 입고, 합법의 이름으로 국민을 억압하지 않은 적이 없습니다. 그래서 우리에게는 '어떤 법인가?'라는 질문 이상으로, '어떻게 만들어진

---

24) 국가가 현명한 조언자나 절차적 법률을 제공하는 감독관의 역할을 하는 경우에도, 그 절차법을 제정하는 과정은 투명하고, 이해가능하고, 통제 가능한 방식으로 입법 프로그램과 연결되어 있어야 한다. 이것을 위한 특별한 지침은 없다. 의회에 영향을 미치고 정당한 법의 발생조건을 보장하는 것은 공론장이다. 따라서 부당한 권력의 자립화에 대항하여 '자유의 수호자'의 역할을 담당할 수 있는 것 역시 궁극적으로는 충분한 정보를 갖고 의혹의 눈길을 던지며 경계를 늦추지 않는 활기찬 공론장뿐이다. 하버마스, 위 책, 527면.

25) Die Gesetzgebung ist an die verfassungsmäßige Ordnung, die vollziehende Gewalt und die Rechtsprechung sind an Gesetz und Recht gebunden.

26) Gegen jeden, der es unternimmt, diese Ordnung zu beseitigen, haben alle Deutschen das Recht zum Widerstand, wenn andere Abhilfe nicht möglich ist

법인가?' 라는 질문이 중요한 것입니다.

5. 결론

입법은 마치 골고루 내리는 비와 같아서 한번 제정되면 만인이, 지속적, 반복적으로 그에 영향을 받을 수 밖에 없습니다. 입법 과정에서의 위법은 법률안 확정과 통과라는 기술적 선언으로 치유될 수 있는 하자가 아니며, 그러한 귀태(鬼胎) 법률은 수범자인 국민에게 복종을 요구할 수 없는 것입니다. 입법절차가 위헌, 위법으로 더럽혀지고, 그렇게 나온 법이 국민에게 복종을 요구할 때 국민에게 헌법적 판단을 구할 통로가 없다면, 바로 그 길은 헌법 수호를 위한 저항권으로 이어지게 되고, 또 그렇게 되어야 할 것입니다. 그러나 저항권은 최후의 수단인 만큼 기존의 헌법 재판을 통해서도 그 절차적 위헌, 위법성을 드러내고, 이를 통해 '태생적으로 오염된 법률'을 제거하거나 바로잡을 수 있다면 그러한 사회적 완충장치는 당연히 활용되어야 하는 것입니다. 이런 점에서 헌법재판소는 주권자겸 헌법 수호의 최종책임자인 청구인들이 그 고유한 저항권 행사 이전에 제기하는 이건 헌법소원심판을 인용함으로써 헌법재판의 사각지대에 놓인 입법절차상의 위헌성을 헌법질서에 따라 판단할 수 있는 여지를 만들어 놓을 책무가 있습니다.

2022년 6월 일

사회정의를 바라는 전국교수모임

청구인들 대리인 변호사 이호선

부록: 정교모 연혁

2022년

01월 19일   정교모 호남 창립 간담회
                       일시: 2022년 1월 19일(수) 16:00
                       장소: 광주대학교 탐지관 504호 회의실

01월 20일   제5회 정교모 경인 세미나
                       일시/장소: 1월 20일(목) 14:00~16:00 변호사회관5층
                       주제: "2022년 3월 9일 대통령 공명선거 대처방안"
                       연사: 뱅모 박성현 선생

01월 24일   보도자료
                       "6천 대학교수가 대한민국 국민께 드리는 호소문 발표 기자회견"

01월 26일   보도자료
                       "정교모의 대국민 호소문 발표 기자회견 및 호소문 첨부"

01월 26일   국민에게 드리는 호소문 발표 및 거리행진
                       1. 국민에게 드리는 호소문 발표 & 기자회견
                       일시: 2022년 1월 26일(수) 오후 2시 30분
                       장소: 한국프레스센터 18층 외신기자클럽 회견장
                       2.거리행진 : 프레스센터에서 청와대 앞 분수대 광장까지
                       3. 청와대 앞에서 제2차 "국민에게 드리는 호소문" 낭독 및 자유 발언

02월 06일   성명서 발표
                       "근본적 개혁없는 미봉책 선거법 개정으로 역사적인
                       3·9 대선을 치러서는 안된다"

02월 08일   성명서 발표
                       "갑질의전이 아니라 구조적 부패이다"

02월 09일   성명서 발표
                       "선거부결성을 해치는 투표 시간·장소 확대를 중단하라"

02월 17일   일시/장소 : 2022년 2월 17일 14:00~16:00/정교모사무실
                       주제: "사전투표와 당일투표: 쟁점과 대응방안"
                       사회: 최병암교수발표: 조성환 최원목 이제봉 교수

02월 27일	보도자료 "교수 461명 야권후보 단일화 촉구 긴급 호소문 발표"
02월 28일	감사의 글 발송 교수 최종 461명 야권후보단일화 촉구 긴급호소문 발표에 동참
03월 02일	보도자료 정교모/한변 공동 세미나 개최
03월 02일	정교모/한변 공동세미나 개최 일시: 2022년 3월 2일(수) 14:00-16:00 장소: 서울지방변호사회 교육문화관 지하1층 주제: "대장동 게이트, 그후 –거짓과 탐욕으로 건설한 부패의 왕국을 해부하다" 발제: 이호선 교수, 우덕성 변호사, 이헌 변호사, 장영하 변호사
03월 06일	성명서 발표 "사전투표 부정의혹에 대한 선관위의 책임, 국민이 물어야 한다"
03월 25일	성명서 발표 "공직선거, 법에 정한 대로 관리하라!" –공직선거, 제도 및 관리의 문제점
03월 25일	성명서발표 기자회견 일시/장소: 3월 25일(금) 오전 11시 30분 국회 정문 앞 제목: "선거관리, 공직선거법에 정한대로 하라!"
04월 16일	보도자료(입장문) "정호영 보건복지부 장관 후보자에 대하여 자진사퇴 촉구"
04월 13일	성명서 발표 " '검수완박은 사법정의 살해사건이다"
04월 24일	성명서 발표 "이런 정당, 이런 국회가 과연 필요한가"
04월 26일	보도자료/기자회견 일시/장소: 2022년 4월 26일(화)11:00 / 국회정문앞 "검수완박 여야 야합, 헌법파괴 국민능멸" 성명서 및 자유발언〈사회: 박영아 자유발언: 조성환, 이호선, 이제봉, 박은숙 김성진, 최병암, 고재용 교수〉

04월 28일　　긴급성명서 발표
　　　　　　"중앙선관위의 위험천만한 자가 당착을 경고한다"

04월 29일　　중집위/지부집행부 합동 워크샵
　　　　　　일시: 2022년 4월 29일(금) 14:00-20:30
　　　　　　장소: 서울 더케이 호텔 대금홀
　　　　　　주제: "새정부에 바라는 정책제안 및 향후 정교모 전체 활동 방향"

05월 02일　　긴급성명서 발표
　　　　　　"민주당의 국무회의 연기요청, 있을 수 없는 국기문란 범죄이다"

05월 04일　　헌법재판소에 검수완박 효력정지 가처분 신청서 제출 및 기자회견
　　　　　　일시/장소 : 2022년 5월 4일(수)10:00/헌법재판소 정문 앞
　　　　　　발언: 이호선 조성환 교수

05월 16일　　제8회 정교모 경인세미나
　　　　　　일시/장소: 2022년 5월 16일(월)16:00 / 정교모 사무실
　　　　　　제목: " 3·9 대선에서 선거 부실관리"
　　　　　　연사: 맹주성 교수

05월 23일　　성명서 발표
　　　　　　"자유를 사랑하는 서울 시민은 전략적 집중 투표로 전교조 편향 교육감 시대를
　　　　　　끝내야 한다"

2021년

01월　　　　(2020.12.28-2021.1.28)
　　　　　　한변과 연합
　　　　　　'공수처법 위헌 릴레이 1인시위참여'

01월 25일　　국민소추 기록원
　　　　　　차정인 부산대학교 총장 "입시부정행위자 조민에 대한 입학취소 절차 착수 통첩"

01월 26일　　공동 보도자료 발표
　　　　　　"헌법재판소의 존재 이유를 보여주기 바란다"
　　　　　　28일 공수처법 위헌심판 사건 선고에 즈음하여-

01월 29일　　국민소추 기록원
　　　　　　박홍원 부산대학교 교육부총장
　　　　　　"입시 부정행위자 조민에 대한 박홍원 교육부총장의 입장 확인 및 경고"

01월 29일	국민소추 기록원 신상욱 부산대학교 의학전문대학원장 "입시 부정행위자 조민에 대한 박홍원 교육부총장의 입장 확인 및 경고"
02월 04일	제1회 정교모 시민아카데미 개최 발제: 이강국(전 주시안 총영사), "중국의 정치 변화와 국가감찰위원회 설립 및 공수처"
02월 08일	성명서 발표 "툭 까놓고 말해 김명수 대법원장은 탄핵되었다!"
02월 09일	보도자료 발표 김명수 대법원장 국민탄핵 민사소송
02월 09일	제1차 소송제기 김명수 대법원장 민사손해배상 제1차 소송 (58명 참여)
02월 15일	성명서 발표 "조민에 대한 부산대학교의 입장을 규탄한다"
03월 02일	성명서 발표 "민주당은"중대범죄비호청" 추진을 즉시 중단하라"
03월 04일	제2회 정교모 시민아카데미 개최 발제: 이진수 더워드뉴스 대표 "독립언론의 길"
03월 08일	제2차 소송제기 김명수 대법원장 민사손해배상 제2차 소송(55명참여)
03월 15일	성명서 발표 "서울시장 후보들에게 단일화의 시대적 대의를 엄중히 촉구한다"
03월 18일	정교모 전북 출범식
03월 18일	제3회 정교모 시민아카데미 개최 발제: 정기석 한림대 교수 주제: "백신과 치료제" 지정토론: 이은혜 순천향대 교수
04월 01일	제4회 정교모 시민아카데미 개최

발제: 이희천 교수
주제: "주민자치 기본법의 문제점과 체제위기"

04월 09일 　보도자료 발표
김명수, 민사손해배상청구소송에서 소송비용담보제공 요구 관련

04월 29일 　정교모 경인 출범대회 – 출범기념 세미나
발제: 박영아 명지대 물리학과 교수(정교모 공동대표)
주제: "기후변화, 과학인가 이데올로기인가?, 그들의 원대한 꿈과 음모"
– 지정토론 및 Q&A, – 출범식

04월 29일 　제5회 정교모 시민아카데미 개최
발제: 한석훈 성균관대 교수
주제: "박근혜 탄핵/최서원게이트의 법적 문제점"
지정토론: 임상규 경북대 교수

05월 11일 　보도자료 발표
조희연교육감의 직권남용죄를 공수처에 고발

05월 13일 　제6회 정교모 시민아카데미 개최
발제: 정 훈 교수(일본 와세다대 정치외교학과 교수)
주제: "자유란 무엇인가"

05월 18일 　보도자료 발표
공직선거 관리제도의 문제점과 개혁방안

05월 27일 　제7회 정교모 시민아카데미 개최
발제: 정훈 교수 (일본 와세다대 정치경제학과 교수)
주제: "분배적 정의와 정치적 자유주의"

05월 31일 　국민소추기록원
양동훈 서울중앙지검 공공수사1부 부장검사/이성윤 중앙지검장
"최재형 감사원장 수사 관련 질의 및 해명 요구"

06월 01일 　보도자료 발표
양질의 코로나 백신 조기 확보 실패에 대한 청와대와 보건복지부를 상대로 한 국민
감사청구

06월 02일 　국민감사청구 및 기자회견
양질의 코로나 백신 조기 확보 실패에 대한 청와대와 보건복지부를 상대로 한 국민
감사청구(306명 참여)

06월 10일   제8회 정교모 시민아카데미 개최
발제: 천창룡
주제: "전체주의에 맞선 개인의 자유투쟁 경험담"

06월 24일   정교모 경인 세미나
발제: 정상철 인천대교수, 정교모경인 공동대표
주제: "문재인정부 정책형성의 위법성 및 대처방안"

06월 28일   정교모 교육정책 세미나
주제: "한국의 교육 문제와 교육감 선거"
좌장: 이제봉 교수
발제1: 조성환 교수"한국 교육의 문제와 개혁전략"
발제2: 김경회 교수"교육감 선거 및 교육 자치의 문제점과 개선방안"
토론: 홍후조 교수, 이명희 교수, 박영아 교수

07월 08일   제9회 정교모 시민아카데미 개최
발제: 제양규 교수(한동대)
주제: "동성애 이슈의 함정"

07월 09일   정교모 세미나
주제: 중국의 신동북 공정과 국내 공자학원의 실태
발제1: 이제봉 교수 "국내 공자학원의 실태 및 대책"
발제2: 최원목 교수 "중국의 대한반도 정책과 신동북 공정"
사회: 박영아 교수 / 인사말: 석희태 교수
토론1: 이호선 교수/ 토론2:이은혜 교수/ 토론3:박은숙 교수

07월 15일   제10회 정교모 시민아카데미 개최
발제: 정수연 교수(제주대)
주제: "한국 부동산정책의 문제점
– 공시가격제도를 중심으로"

07월 20일   성명서 발표
"자유민주주의를 전체주의 체제로 바꾸려는 평등법과 차별금지법을 강력히 반대한다"

07월 22일   성명서 발표
"김경수의 죄명은 반역이다"

07월 29일   제11회 정교모 시민아카데미 개최
발제: 박휴용 교수(전북대)
주제: "포스트휴머니즘과 교육 및 학습의 미래"

08월 09일	보도자료 발표 "사회정의를바라는전국교수모임(정교모),대구에서 학술세미나 개최"
08월 12일	정교모대경 학술세미나 발제: 제양규 교수(한동대) 주제: "평등법안(차별금지법안)의 법제적/사회적 문제점 고찰" 지정토론: 배병일 교수(영남대)/권오대 교수(대구가톨릭대)/이제봉 교수(울산대) 플로어 토론 총회
08월 12일	성명서 발표 "언론재갈법 입법 중단 촉구"
08월 19일	제12회 정교모 시민아카데미 개최 발제: 홍후조 교수(고려대) 주제: "차기정부의 교육개혁 과제"
08월 23일	성명서 발표 "더불어민주당은 사학의 자율을 빼앗는 사립학교법·초중등교육법 개정을 즉각 중단하라"
08월 25일	『대한민국의 국민주권과 선거무결성』 무결선거네트워크(무선넷) 창립 심포지움 – 사회: 유정화 변호사(한변) – 모두발언: 석동현 변호사(한변) 황교안 전 대통령권한대행 제1부 발표 총조성환 교수(경기대,정교모) 『종이로위장된전자투표: 선거무결성과 국민주권훼손』 민경욱 전 국회의원(국투본) 『4.15 부정선거: 反주권 범죄이자 국헌문란』 도태우 변호사(국투본) 『부정선거 저항운동의 헌정사적 의의』 제2부 발표 이제봉 교수(울산대,정교모) 『선거관리,절차의 문제점과 개혁방안』 박주현 변호사(미라클웨이브 공동대표) 『선거법 개정의 전략과 방향』 박성현(리버티연대) 『선거무결성을 위한 시민운동의 비전』 허민(문화일보 대기자) 『언론과 총평』

08월 26일	제2회 정교모경인 세미나
	발제: 장형윤 교수(아주대 의대)
	주제: 어린이들에게 드리워진 K 방역의 우울한 그림자(비대면 수업이 초래하는 현상)
	인사: 정상철 교수(정교모경인 공동대표)
	주제 발표 / 지정토론

09월 23일	성명서 발표
	"대장동 공영개발 먹튀 의혹, 특검으로 신속하게 풀어야 한다"

09월 30일	제13회 정교모 시민아카데미 개최
	발제: 이미현 교수(연세대법전원 교수)
	주제: "화천대유/대장동 게이트 – 불법, 합법, 탈법"

10월 21일	제3회 정교모 경인 세미나
	주제: 2020.4.15. 국회의원 선거 무엇이 문제인가?
	주제발표: 민경욱 (전) 국회의원

11월 04일	보도자료
	정교모 & 한변 공동주최 세미나 "대장동 개발의 문제점과 책임소재"

11월 04일	정교모·한변 공동세미나
	주제: 대장동 개발의 문제점과 책임 소재
	사회: 박영아 교수 / 이미현 교수
	축사: 이재원 변호사 / 조성환 교수
	발제1: 이한준 한선재단 국토교통연구회 회장(전 경기도시공사 사장)
	"성남 대장동 대해부 보고서 – 도시개발사업 특혜비리의 끝은?"
	발제2: 이충상 경북대학교 법학전문대학원 교수(전 대법원 형사실무연구회 간사)
	"이재명의 대장동개발과 관련한 형사책임"
	토론: 석동현 한변 부회장(변호사), 이호선 교수

11월 08일	보도자료
	"전체주의 도둑정치 척결"을 위한 정교모 제4차 시국선언

11월 11일	제4회 정교모 경인 세미나
	주제: 주택가격 안정화를 위한 정책 방안
	주제 발표: 권호근 교수(국제 사이버 대학교)

11월 18일	제14회 정교모 시민아카데미
	발제: 김용하 교수(순천향대 IT 금융경영학과)
	주제: "2030 세대를 위한 연금개혁 방안"

11월 22일	성명서 발표	
	"김명수 호위무사를 자처하는 법관들, 부끄럽지도 않은가"	
11월 28일	성명서 발표	
	"전두환 전 대통령의 장사에 부쳐서"	

2020년

01월 06일	교육정책분과 정책토론회	
	'문재인 정부의 외고, 자사고, 국제고 폐지 반대 정책토론회'	
01월 15일	제2차 시국선언 발표	
	'좌와 우, 진보와 보수의 대결이 아니라, 거짓과 진실의 전쟁이다!'	
01월 21일	국회 정책토론회	
	'헌법 파괴 정권! 거짓과 진실의 전쟁'	
01월 21일	교육정책분과 내부 토론회	
	'문재인 정부 교육정책의 거짓과 진실'	
02월 04일	논평	
	'법무부의 〈청와대 울산시장 선거 개입 의혹〉 공소장 비공개 결정에 대한 논평'	
02월 11일	성명서 발표	
	'울산시장 선거 개입 의혹에 관한 대통령의 침묵은 피의자로서의 묵비권 행사인가'	
02월 13일	논평	
	'돈은 풀었으니, 입만 막으면 된다는 것인가? 더불어민주당의 고려대 임미리 연구교수 고발 사건에 대한 논평'	
02월 14일	논평	
	'임미리 교수에 대한 민주당의 고발 취하, 없었던 일로 되어서는 안 된다! 고려대 임미리 연구교수 고발 취소에 대한 논평'	
02월 17일	논평	
	'#민주당만_빼고', 이는 민주 수호를 위한 절규이자, 선포이다.	
02월 18일	논평	
	'정부는 국민 생명을 담보하고 중국의 눈치를 보며 방역관리에 있어서 정치적으로 판단하지 말라!! 코로나19 확산을 막기 위해 중국 전역에 대한 입국 차단 조치를 시행하라!!'	

02월 19일	유사 전체주의에 항거하는 자유시민운동 출범 선언

02월 20일 논평
'코로나 바이러스 위기, 권력이 한걸음 물러나 있는 것이 해법이다!!'

02월 24일 기자회견 및 국민 대토론회
'교육 분야 진실 회복을 위한 국민 운동
– 전교조 정치편향 교육으로부터 우리 아이 지켜내기 –'

02월 28일 성명서
'지금 대한민국은 또 하나의 세월호가 되어 침몰하고 있다. 그런데 대한민국,
정권만 보이는 무정부 상태이다!'

02월 29일 논평
'스마트 교육으로 코로나바이러스를 극복하자 – 스마트교육 비상 체제로 전환하여
학교 문을 열고, 중국 유학생들은 중국에서 또는 자가 격리를 통해 수업을 듣게 하자 –'

03월 01일 선언서
'자유대한민국 제2 독립선언서'

03월 03일 성명서
'문재인의 친중 정책, 사대주의를 넘어 매국인가'

03월 05일 논평
'때늦은 국회의원 지역구 확정 소동을 보면서, 선관위와 여야는 법치주의를 더 이상
농락하지 말라!'

03월 06일 논평
'문재인 대통령은 더 이상 탄핵 사유를 키우지 말고, 코로나 19 사태로 인해 국가가
통제 불능으로 빠져들기 전에 전문가들의 손에 맡겨라!'

03월 08일 성명서
'아무나 개정 발의할 수 있는 헌법 – 코로나 사태로 인해 나라가 마비되는 사태가
일어나고 있는데, 그 틈을 타서 아무나 개정을 발의할 수 있는 헌법을 만들겠다고
헌법개정안을 발의한 국회, 제 정신인가? –'

03월 18일 기자회견
'대한민국을 더 이상 문재인 정권에 맡길 수 없는 이유' 100가지

03월 24일 성명서
'국정 농단 세력의 발호 – 독사의 알을 낳게 한 자들에게 준엄한 심판을 내리자! –'

03월 25일   보건의료분과 좌담회
                '코로나바이러스 감염증-19(COVID-19) 극복을 위한 좌담회'

04월 02일   기자회견
                '4.15 총선은 거짓 세력에 대한 심판이다!'

04월 07일   학술 토론회
                '문재인 정부의 편향된 이념에 따른 탈원전 정책의 문제점'

04월 30일   성명서
                [정교모 중앙집행위] 4.15 총선 선거 의혹, '국민주권 원칙'에 근거하여 신속하고
                명백하게 밝혀져야 한다!

05월 21일   제2차 시국 심포지움
                '대한민국, 종중의 늪에 빠지다. –문재인 정권의 신사대(新事大)·종중(從中) 정책의
                실태와 비판 –'

05월 22일   성명서
                '4.15 부정선거 의혹 털지 않으면, 백 명의 윤미향, 백 명의 조국도 막을 수 없다!'

05월 26일   기자회견
                '4.15 총선 진실 규명: 교수와 청년이 묻는다.'

05월 28일   헌정법제위원회 긴급 좌담회
                '헌법 기관들의 위기와 21대 국회의 과제'

05월 28일   논평
                '헌법 재판관들, 진영을 벗어나 정도를 걸어야 한다.'

05월 28일   성명서
                '중국 전인대의 〈홍콩 보안입법에 관한 결정〉은 反인권·反민주·反문명의 행위임을
                규탄하고 법제화를 반대한다.'

06월 05일   기자회견
                '중국 전인대의 〈홍콩 보안입법에 관한 결정〉 규탄 성명서 발표 기자회견'

06월 11일   성명서
                '반헌법, 법치유린의 정부·여당의 대북전단 살포금지 추진, 당장 중단하라!'

06월 17일   자유민주통일교육연합(자교련) 발족
                '헌법을 생각하는 변호사 모임'(헌변)과 '사회 정의를 바라는 전국교수모임'(정교모),
                '한반도 인권과 통일을 위한 변호사 모임'(한변) 등 12개 단체

06월 25일	기자회견 및 국민 대토론회 '대한민국 교육 자유화 운동을 시작하며'
07월 07일	세미나 '인천국제공항 사태, 불공정 뒤의 진실'(국회의원 윤희숙, 사회정의를 바라는 전국 교수모임 공동주최)
07월 07일	성명서 발표 '4.15 부정선거 공익제보자 구속 규탄'
07월 13일	보도자료 '박원순 서울시장의 자살 사건에 대한 입장문'
07월 14일	성명서 '고 박원순 시장의 성추행 사건의 진실 파악 책임은 추미애 법무장관에게 있다'
07월 17일	논평 '해산되어야 할 것은 자유북한운동연합이 아니라 통일부이다'
07월 22일	보건의료위원회 좌담회 '우리나라의 자살현황과 예방'
07월 28일	성명서 '사법·언론 장악 전체주의에 맞서는 자유시민·지식인 운동을 벌이자!'
07월 29일	성명서 '여당의 입법 폭주를 강력히 규탄한다'
08월 03일	보도자료 '누구를 위한 민주시민교육지원법인가?'
08월 03일	보도자료 '위력에 의한 성범죄 근절을 위한 전문가 긴급 간담회'
08월 04일	공동입장문 발표 '위력에 의한 성범죄 근절'위한 전문가 긴급 간담회 및 공동 입장문 발표
08월 06일	보도자료 '지금은 의대정원 논란이 아니라, 코로나19 전쟁에 집중할 때!'
08월 07일	성명서

08월 10일	'자국민 주거권을 위협하는 외국인 투기세력 방치는 매국 행위이다' 보도자료 '사회정의를 바라는 전국교수모임' 제3차 시국선언
08월 11일	보도자료 정교모 2020 하계학술대회 - 자유대한민국과 백년전쟁 -
08월 13일	시국선언문 '사회정의를 바라는 전국교수모임' 제3차 시국선언문 발표
08월 19일	시국선언문영문자료 (대사관 공보실) 'The 3rd Proclamation of the Professors' Solidarity for Freedom and Justice, Republic of Korea'
08월 24일	성명서 '코로나19 확산 방지는 희생양 찾기가 아니라 정권의 반성에서 찾아야 한다'
08월 31일	성명서 초등학교 학생들에게 성관계를 조장하고 사회적 합의도 없는 동성애와 동성결혼을 권리라고 가르치는 여성가족부 '나다움어린이책'사업 중단을 환영한다!!
09월 03일	성명서 사회정의를 바라는 전국교수모임은 대한민국의 의료제도를 지키려는 의사파업을 지지한다!
09월 09일	보도자료 '정교모, 인국공 경영진 등 고발'
09월 12일	사회정의를 바라는 전국교수모임 발기 설립
09월 28일	성명서 '종전선언이 아니라 인권선언이 먼저이다'
10월 08일	성명서 '코로나19는 현 정권의 독재 바이러스이다'
10월 22일	성명서 '대법원은 지금이라도 선거소송심리 제대로 하라'
10월 24일	대한민국 주권 수호 의지 없는 문재인 정권 규탄 행사

'국민을 지키지 않는 정권은 필요없다'

11월 18일   세미나
'문재인 정부 규제법안의 문제점과 대응방안'

11월 19일   리쏠(LISOL, 리버티연대) 발족 기념 컨퍼런스

11월 20일   성명서
'신의주학생의거'는 지금 대한국민을 거리로 소환한다

11월 25일   성명서
'검찰총장에 대한 직무배제, 수사방해를 위한 대통령과 장관의 역할 분담인가'

11월 25일   정교모 충청지부 출범행사

2019년

09월 12일   사회정의를 바라는 전국교수모임 발기 설립

09월 13일   27개 대학 대표자 임명

09월 13일   조국 교수 법무부장관 임명을 반대하는 서명 시작

09월 16일   서명 교수 840명 돌파

09월 17일   서명 교수 2,104명 돌파

09월 17일   허위 서명자의 사이버 테러

09월 19일   제1차 기자회견(청와대 앞)
'조국 법무부장관 임명으로 사회정의와 윤리가 무너졌다!!'

09월 27일   제2차 기자회견(청와대 앞)
* 9월 22일(일) 오후 5시 기준 299개 대학 4,366명 서명
'조국 법무부장관 임명으로 사회정의와 윤리가 무너졌다!!'

10월 07일   '조국의 검찰 개혁, 무엇이 문제인가?' 학술 토론회

10월 22일   제3차 기자회견(국회 정문 앞)
*서명자 명단 최종 발표 - 377개 대학 6,214명 서명
'공수처 졸속 설치 즉각 중단하고 국민적 합의 도출하라!!'

10월 22일	성명서 발표 '공수처 졸속 설치 즉각 중단하고 국민적 합의 도출하라!!'
10월 29일	성명서 발표 '탐욕적 권력욕에 따라 국민을 무시하고, 국회의원 정원을 늘리려는 시도를 즉각 중단하라!!'
11월 02일	제2차 대학 대표자 회의
11월 07일	공수처 설립에 관한 10가지 질문 소책자 및 카드 뉴스 발간
11월 12일	성명서 발표 '헌법재판소와 국회 그리고 중앙선거관리위원회의 국법준수와 책임있는 직무수행을 강력히 요구한다!!'
11월 13일	기자회견(헌법재판소 앞)
11월 26일	'패스트트랙 저지 긴급 기자회견(국회정론 앞) 헌법파괴 공수처법, 법률위반 선거제도, 즉각 중지하라!!'
11월 26일	성명서 발표 '공직선거법 개정안 및 공수처 법안 패스트트랙 처리는 자유민주주의를 말살시키는 폭거다'
11월 26일	조선일보 전면광고 '대한민국 자유민주주의와 법치를 지켜내야 한다'
11월 28일	공수처법 반대 및 헌법재판소 규탄 전단지(신문 광고형) 3만장 배포
12월 06일	문재인 정부 '거짓과 진실의 전쟁' 내부 토론회(서울역 AREX제1회의실)
12월 10일	청와대 국기문란 사건 수사 촉구 기자회견(대검찰청 앞) '윤석열 검찰은 산 권력을 엄정히 수사하여 공수처 악법 퇴장시켜라'
12월 31일	공수처법 국회통과 규탄 성명